中国科学社档案资料整理与研究

《社友》人物传记资料选编

张剑 姚润泽 编注

上海科学技术出版社

图书在版编目（CIP）数据

《社友》人物传记资料选编 / 张剑，姚润泽编注
. -- 上海 : 上海科学技术出版社，2020.10
（中国科学社档案资料整理与研究）
ISBN 978-7-5478-4774-9

Ⅰ. ①社… Ⅱ. ①张… ②姚… Ⅲ. ①科学家－生平事迹－中国－现代 Ⅳ. ①K826.1

中国版本图书馆CIP数据核字(2020)第020052号

丛书策划　张毅颖　段　韬　曾　文
责任编辑　姚晨辉　张毅颖
装帧设计　戚永昌　陈宇思

《社友》人物传记资料选编
张　剑　姚润泽　编注

上海世纪出版(集团)有限公司
上 海 科 学 技 术 出 版 社　出版、发行
(上海钦州南路71号　邮政编码200235　www.sstp.cn)
上海中华商务联合印刷有限公司印刷
开本787×1092　1/16　印张20
字数300千字
2020年10月第1版　2020年10月第1次印刷
ISBN 978-7-5478-4774-9/N・200
定价：128.00元

《中国科学社档案资料整理与研究》编委会

序　言

一百年前，留美中国学生创办的《科学》杂志在上海问世，开创了将科学作为一种现代知识体系和创新文化形态在中国进行传播的事业。当时，中国国势衰弱、民族危亡，为办好这份刊物，《科学》创办人集结同志成立了中国科学社。中国科学社成为近代中国社会第一个以科学为目标的综合性学术团体，并在近代中国开创了各项科学事业，如出版科学书刊、开创学术交流、成立研究所、增设图书馆等等，为中国科学的体制化做了艰苦的探索，并对中国近代科学体制做出了卓越贡献。他们提出的通过发展科学来寻求国家富强之道的“科学救国”，影响甚大、甚深、甚广。

一百年过去了，中国社会已经取得了巨大的进步。经过几代人的艰苦奋斗，中国现代科学也已进入新的历史发展阶段。追索近现代中国科学发展的百年历程，有助于我们承古创新，探究当代中国科学发展之道。中国科学社的档案资料是一笔珍贵的历史遗产，不仅可以从中了解中国近代科学社团的本身，诸如创建、发展乃至消亡的历程，理解它们在复杂多变的近代中国如何生存与发展；而且可以了解中国近代科学的发展与科学社团之间的互动关系，理解中国科学发展的艰难；还可以从科学社会学视角分析科学发展与制度创新、社会经济文化的互动。

国内外学术界对中国科学社的研究成果虽然不少，但中国科学社档案资料没有得到充分的利用。时值《科学》创刊100周年，此次对相关档案资料的整理出版，具有重要的意义。它必将进一步提升对中国科学社研究的水准，也为进一步研究中国近代科学发展，特别是科学发展与科学社团之间的互动关系、民间学术团体与政府之间的关系，乃至中国近代思想文化史提供坚实而丰富的史料，为创建国家科技创新体系，特别是学术社团在万众创新中的独特作用提供借鉴。

衷心希望《中国科学社档案资料整理与研究》能够成为广大科学史学者和科研人员的益友，为中国科学事业的发展做出一份贡献。

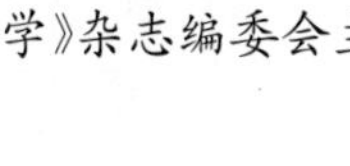

（《科学》杂志编委会主编）

前　言

20世纪初叶，以爱因斯坦相对论为代表的科学革命横空出世，世界科学技术日新月异，其对社会发展和人类生活影响所展现出来的伟力，极大地刺激了正留学科学先进各国、寻求强国方略的中华学子，"科学救国"一时间成为他们的共同认知因而成为时代最强音。他们求学之余，怀抱复兴中华民族之志，以英国皇家学会、美国科学促进会等为模范，创办学术社团、发刊书报、翻译书籍，将西方先进的科学技术知识及其体制、精神输入中国，并由此建立中国科学技术体系，中国科学社就此应运而生，并发展成为近代中国延续时间最长、规模最大、影响最为广泛的综合性学术社团，促进并参与了中国近代科学技术体系的发生发展。

一

中国科学社(The Science Society of China)，原名科学社，1914年6月10日由留学美国康奈尔大学的胡明复、赵元任、周仁、秉志、章元善、过探先、金邦正、任鸿隽、杨杏佛等九人在纽约州小镇伊萨卡(Ithaca)创议并成立，宗旨为"提倡科学，鼓吹实业，审定名词，传播知识"。其主要目的是集股400美元创办《科学》杂志，因此采用股份公司的形式，在董事会下设立营业部、推广部、《科学》编辑部、总事务所、通讯处等。1915年1月，《科学》在上海出版发行，开始对什么是科学、科学方法、科学精神以及科学的社会功用等方面进行全面讨论，填补了自鸦片战争以来中国引进西方科学技术这一方面的空白，开创了中国科学发展的新纪元，切合了当时国内文化革命与文化建设的需求，在一定程度上为新文化运动"德先生""赛先生"的吁求提供了坚实的基础，成为以《新青年》为旗帜的新文化运动的先导。

创办者以为有股东在后面监督，《科学》可以避免当日大多数刊物有始无终的命运。

可《科学》的实际运作表明区区 400 美元的股金杯水车薪，即使股东人数与股金数目远远超过当初的设想，也根本无法维持《科学》的继续刊行。同时，仅仅一份《科学》杂志也不能达到提倡科学的宗旨。于是创办者们开始筹备将股份公司形式的科学社改组为学术社团形式的中国科学社。1915 年 10 月 25 日，由胡明复、邹秉文、任鸿隽三人起草的《中国科学社总章》得到社员赞成通过，中国科学社宣告正式成立，宗旨为"联络同志，共图中国科学之发达"，严格规定了社员入社的条件、权利与义务，在董事会下设立分股委员会、期刊编辑部、书籍译著部、经理部、图书部和年会筹备委员会，初步具备了一个学术性社团的组织结构与功能。除继续发刊《科学》而外，更有一个全面发展中国科学技术的规划，书籍译著部从事科学书籍的翻译引进与撰著，图书部专门筹设科学图书馆以为科学研究做准备，年会筹备委员会筹备年会特别是学术交流的论文征集。更为重要的是，设立分股委员会将不同学科专业的社员分股，不仅是未来各专门学会的雏形，也有将未来成立的各专门学会统摄在中国科学社的考虑，惜乎这一规划与设想最终未能实现，也使其在 20 世纪 30 年代转化为中国科学团体联合会角色的设想未能成功实现。

中国科学社改组后，社务不断扩展，影响日渐增大，得到了爱迪生、蔡元培、黄炎培、张謇、黎元洪、伍廷芳等中外名流的赞许与支持，并连续召开了三次年会，在当年以学生会年会为特征的留美学界独立发展出一个学术性年会，在情感交流之外学术交流共同体日渐形成，不仅得到了留美学界的激赏，更锻炼了留学生们的学术能力。1917 年 3 月，向北京政府教育部注册，正式成为法人团体。到 1918 年，社员人数已超过 400 人。

二

随着主要领导人周仁、胡明复、过探先、竺可桢、任鸿隽、杨杏佛等的学成归国，中国科学社也于 1918 年搬迁回国。与大多数留学生创办的学术团体回国后面临生死存亡境地一样，中国科学社也面临这一困窘。首先是新入社社员急剧下降，还有经费奇缺，旗帜《科学》稿源缺乏以致无米下炊，没有固定的社所等现实困难。更为重要的是，当时国内政局不稳，社会不宁，留学归国者显身手的舞台极其狭窄，真正能开展科学研究的机会更是少之又少。然而，与大多数留学生社团回国后销声匿迹不一样，中国科学社有一个强有力的领导群体，他们通过各种途径和方法，逐步解决了生存的困难。通过蔡元培获得了北京大学每月 200 元的《科学》出版资助；发起 5 万元基金募捐，任鸿隽等北上南下、东走西奔，终有所获；通过张謇等关系获得了南京成贤街固定社所；吸收丁文江、李仪祉、秦汾、翁文灏等国内学界先进进入领导层，并选举丁文江为社长，进一步在学界扩大影响。

当时的中国，真正意义上的科学研究极端稀缺。中国科学社领导人深刻认识到，科学若仅仅停留于口头言说的宣传，无论多么动听，总是空谈，只有进行实实在在的科学研究，中国科学才能真正发展。因此，他们不仅在舆论上（主要是《科学》杂志）鼓吹科学研究，社员们也身体力行具体实践，并于 1922 年 8 月创建中国科学社生物研究所。生物研究所作为中国科学社宣扬科学研究、从事科学研究的载体，是中国科学社创办最为成功的事业之一，也是民国科研机关的典范。它筚路蓝缕，对中国科学无论是科研人才的培养、科研成果的产出，还是科学研究氛围的形成、科学精神的塑造与传播，都有不可估量的贡献。生物研究所通过科研成就在国际科学界为中国赢得了崇高荣誉，是中国科学走向世界科学共同体的最为重要的通道之一，同时也极大地扩展了人类知识的视野。

为了进一步适应中国社会，1922 年 8 月在南通召开的第七次年会上，中国科学社再次修改社章，进行第二次改组，将原来执掌社务的董事会改为理事会，设立全新的由社会名流组成的名誉性董事会，专门进行基金捐款与管理，并于当年冬天选举张謇、马相伯、蔡元培、汪精卫、熊希龄、梁启超、严修、范源廉、胡敦复等九人为第一届董事，由董事会向财政部申请，获得江苏省国库每月 2 000 元的资助。宗旨改为“联络同志，研究学术，共图中国科学之发达”，第一次旗帜鲜明地提出“研究学术”的口号。社务达九项之多：(1) 发刊杂志，传播科学，提倡研究；(2) 著译科学书籍；(3) 编订科学名词，以期划一而便学者；(4) 设立图书馆以便学者参考；(5) 设立各科学研究所，施行科学上之实验，以求学术实业与公益事业之进步；(6) 设立博物馆，搜集学术上、工业上、历史上以及自然界动植矿物诸标本，陈列之以供研究；(7) 举行科学讲演，以普及科学知识；(8) 组织科学旅行研究团，为实地之科学调查与研究；(9) 受公私机关之委托，研究及解决关于科学上一切问题。除继续从事科学传播与科学普及而外，核心是宣扬与具体从事科学研究。

此后，中国科学社按照社章规定日渐扩展社务。在科研机构设立方面，除生物研究所外，还有理化、数学、卫生、矿冶及特别研究所等计划；在科学教育方面，设立科学教育部从事《科学》杂志的编辑发行、"科学丛书"的编辑出版和通俗科学演讲，计划设立通俗观象台、科学博物院(分为自然历史与工业商品两类)、科学书籍编译院、仪器制造所等；在科学图书馆方面，除南京社所已有外，还计划在上海、广州、北京等处设立分所。按照任鸿隽的说法，总图书馆及自然历史博物馆设在文化中心北京，理化研究所及工业商品博物馆设在工业中心上海，生物与卫生研究所设在南京，矿冶研究所设在广州，其余分图书馆与特别研究所根据各地需要随处可设。这是一个宏伟的规划，欲在全国建成中国科学社的一个学术机构网络。

理想很丰满，现实很骨感。上述宏大计划大多未能实现，即使曾多次向社会募捐，一再筹设的上海理化研究所、数学研究所也没有最终结果。但无论如何，获得发展机会的中国科学社走上了蓬勃发展道路。入社社员年年增长，至 1927 年已达 850 人。1922 年开始汇集年会论文，用西文发行《中国科学社论文专刊》(*The Transaction of the Science Society of China*)，成为中国科学走向世界科学界的通道。生物研究所亦自 1925 年开始发刊研究成果。

社会影响大为扩展的中国科学社在中国科学发展事务上的发言权也大大提升，特别是在当时英美日庚款退款应用上表现得最为充分。中国科学社提出退还庚款在中国所办事业必须是中国最根本最急需的，能为中国谋求学术独立的永久文化基础，能增进全世界人类之幸福的事业。这一主张反响强烈，也成为各国退还庚款使用的重要标准。同时，中国科学社不少领导人进入对中国科学影响最大的美庚款管理机构中华教育文化基金董事会领导层，为中国科学社生物研究所的发展争取到不少的经费资助。在发展过程中，中国科学社不仅取得国内学术社团的领导地位，在国际学术界也占有一席之地，成为国立中央研究院成立前中国学术界代表。

三

1927 年南京国民政府成立后，制定积极的科技政策，设立国立中央研究院、北平研究院等国立专门研究机关，充实大学科研力量，中国科学技术的发展步入新天地。这虽在一定程度上挤压了民间学术社团相关方面的发展，但中国科学社还是获得了发展契机，步入一个空前的扩展时期。

首先，通过蔡元培、杨杏佛等人的努力，获得国民政府 40 万元二五国库券，是中国科学社历史上最大一笔款项，也是其后来发展最为重要的基金，专门设立了由蔡元培、宋汉章、徐新六等组成的基金管理委员会进行管理。第二，国民政府将南京社所及其围墙外的成贤街文德里官产划归中国科学社永久使用，进行改建与扩充。第三，得中华教育文化基金董事会专项资助后，改建生物研究所，分植物研究室、动物研究室、动物生理实验室、图书储藏室、阅览室、标本陈列室与储藏室等。第四，有了大笔基金后，购定上海法租界亚尔培路(今陕西南路)309 号房屋为社所，并将总办事处由南京搬迁到上海，将社务重心由南京转向上海，南京仅留下生物研究所及其附属图书馆。

中国科学社还创建明复图书馆、设立科学图书仪器公司、发刊《科学画报》和《社友》、设立学术评议与奖励基金、成立科学咨询处、联合其他团体召开联合年会等等。1931 年元旦，中国第一座专业科技图书馆明复图书馆(为纪念英年早逝的重要领导人胡明复而命名)落成，为钢筋混凝土结构三层楼房，建筑费用 8 万余元，设备费用 3 万余元，完全免费向国人开放。明复图书馆建成后，成为上海社会和学术生活中的重要活动空间。战时更成为保存图书仪器等学术资料之地，为中华文化的存续与接续贡献力量。

为解决《科学》印刷发行脱期等问题，中国科学社创设中国科学图书仪器公司，最初专门从事印刷，后扩展业务，发展成为中国最为有名的科学出版机构，专门印刷科学书报，分为印刷部、图书部、仪器部三个部门，在南京、北平、汉口、重庆、广州等地设分公司，在中国科学图书的印刷、科学仪器的制备上有着十分重要的地位。

为了进一步加强社友间联络，1930 年 10 月发刊《社友》，专门刊载社务、社友往来及社友消息，至 1949 年共出版 93 号(期)。广泛记载了社员的活动与社务进行状况，是了解当时中国科学界“实态”的一份重要资料。1933 年 8 月创办科普刊物《科学画报》，时任总干事杨孝述具体负责，在当时众多科普刊物中异军突起，成为至今仍延续发行、影响极为深远的科普读物，也成为中国科学普及的旗帜。

学术评议奖励是一个完善的学术共同体主要任务之一，也是学术体制化最为重要的方面之一，更是学术独立运行的重要基础。自 1929 年以来，中国科学社相继设立、管理的学术奖金有高君韦女士纪念奖金、考古学奖金、爱迪生纪念奖金、何育杰物理学奖金、范太夫人奖金、梁绍桐生物学奖金、裘氏父子科学著述奖金等，这些学术奖励的评审颁发不仅是对年轻科研工作者的承认，而且对获奖人员来说更是巨大的鼓励，是他们在未来科学研究道路上披荆斩棘、奋勇前进的动力之一。中国科学社也曾有向国内科学研究最著名者颁发“中国科学社奖章”的设想，并制定了章程，但最终没有结果。

中国科学社成立伊始就有科学咨询业务，但一直未能有所行动。1930 年，国民政府号召学术机构开展科学咨询事务，并订立了“科学咨询处办法”。中国科学社积极与政府合作，设立了科学咨询处，并将咨询的问题和答案刊布在《科学》杂志上。《科学画报》创刊后，“科学咨询”移载该刊，每月咨询者达 50 件左右，1936 年度更超过 1 000 件，后改为“读者来信”，成为《科学画报》几十年不变的特色栏目。

中国科学社年会日渐成为国内学术交流的重要平台。1934 年，中国科学社联合中国植物学会、中国动物学会、中国地理学会等专门学会召开联合年会，宣告中国学术界联合年会的开启。1936 年，中国数学会、中国物理学会、中国化学会加入，在北平举行七学术团体年会，到会 456 人，论文 292 篇，被誉为全面抗战爆发前“最大也是最后”的学术盛会。联合年会的召开与各种综合、专门学术期刊的创刊发行，标志着中国科学交流系统正式建成，极大地促进了中国科学的发展。

中国科学社旗帜《科学》发刊到 1935 年，走过了 20 年的风雨，面临着专门科学期刊、大学学报、研究机关集刊等众多学术刊物的挑战。中国科学社专门聘请山东大学生物系主任刘咸出任主编，对其进行改组，定位读者对象“首为高中及大学学生，次为中等学校之理科教员，再次为专门学者，最后为一般爱好科学之读者”，设有“社论”“专著”“科学思潮”“科学新闻”“书报介绍”“科学通讯”“科学拾零”等栏目，旋增论文摘要性质的“研究提要”。改版后的《科学》下接续完全通俗的给一般读者阅读的科普期刊，上接续各专业学会的专业期刊，“实居中心枢纽地位，……其宗略规托英国之《自然》周刊，美国之《科学》，德国之《自然科学》等杂志”。

到 1937 年，中国科学社的整个事业发展到巅峰，有上海总社所（有总办事处、明复图书馆及编辑部等）、南京社所（有生物研究所与图书馆）和广州社所。董事会由马相伯、蔡元培、汪精卫、熊希龄、吴稚晖、宋汉章、孙科、胡敦复、孟森和任鸿隽组成。理事会由翁文灏（社长）、杨孝述（总干事）、周仁（会计）、赵元任、胡刚复、秉志、竺可桢、马君武、胡适、任鸿隽、胡先骕、李四光、王琎、孙洪芬、严济慈组成，个个都是学术界响当当的人物。秉志为生物研究所所长兼动物部主任、钱崇澍为植物部主任兼秘书。图书馆委员会由胡刚复、尤志迈、王云五、杨孝述、刘咸组成，刘咸兼任馆长。《科学》编辑部集中了当时学术界的精英如范会国、杨钟健、吕炯、吴定良、卢于道、冯泽芳、吴有训、曾昭抡、张江树、张其昀、顾毓琇、王家楫等。全国还有12个社友会，由各地学术界领导人物主持。此时的中国科学社，已经成为民国学术生活和社会生活中一个具有广泛影响力的社会组织，被誉为"社会之福，民族之光"。

四

当事业蒸蒸日上的中国科学社正筹备联络各专门学会在杭州浙江大学召开联合年会时，日本帝国主义的全面侵华中断了中国科学的正常发展。为了保存中华民族发展的火种，除明复图书馆、《科学》和《科学画报》编辑部、中国科学图书仪器公司等事业和机构因地处法租界而留在上海外，其他事业和机构如南京社所、生物研究所及图书馆，与当时大多数学术单位一样汇入了世界历史上罕见的千里搬逃的洪流中，内迁重庆，落脚于西部科学院，后建造简陋研究室，继续积极从事学术研究。

南京社所、生物研究所在内迁重庆时，限于人力物力，只将小部分书籍标本迁出，留下人员照顾所址并保管价值连城的书籍仪器和标本，不想侵华日军占领南京后，首先派军队强占生物研究所，并肆意破坏所内设施。后来原驻防部队调访时，竟然放火将生物研究所烧毁，标本、仪器、书籍均荡然无存。曾是那样蓬勃发达、活力四溢、成就卓著的生物学中心生物研究所就这样被毁了。

生物研究所内迁时，秉志因夫人生病而留守南京。生物研究所被毁后，秉志到上海，与刘咸、杨孝述等中国科学社核心成员，在"孤岛"上海及沦陷区克服各种困难维持中国科学社社务，继续发刊《科学》《科学画报》，坚持明复图书馆的开放，提供了科学交流的平台，记载了科学进步的历程，保存了中国科学发展的火种；千方百计坚持科学研究，并关注后辈学人的成长，为战后中国科学的发展奠定了坚实的基础。他们深知科学在抗战中的作用，毅然走出书斋，以自己之所长，通过《科学》《科学画报》《申报》等媒介发表言论，宣扬科学抗战报国、抗战救国、抗战建国。他们在抗战期间的所作所为，尤其是对敌斗争，与真枪实弹的正面战场、敌后游击战以及暗藏杀机的沦陷区谍报战一起，构成了中华民族反抗外敌入侵的壮丽画卷，展现了一代知识分子不畏强敌的崇高情怀与情操，是名副其实的另一种抗战。

太平洋战争爆发后，上海“孤岛”不存，1942 年 3 月中国科学社总社内迁重庆，上海社所由照料委员会照料，留职工 3 人看守。上海社务除《科学画报》继续维持外，《科学》在发刊第 25 卷后首次宣布停刊，明复图书馆关闭。1942 年 9 月，上海社友会协同照料委员会将明复图书馆重新开放。翌年 3 月，《科学》第 26 卷在重庆出版，宣告了这份刊物的重生。同时，随着内迁的学术界日渐稳定下来，中国科学社先后于 1940 年、1943 年、1944 年联合多个专门学会召开联合年会，不仅进行学术交流，更为抗战建国献计献策。

虽在广大社员的努力下，社务一直坚持，但从抗战伊始，中国科学社事业不可避免地逐渐走向衰落。抗战胜利后，中国科学社力图有所作为，终因环境制约，维持现状已告艰辛。南京社所被毁，生物研究所不能复员，研究人员星散，只有秉志等少数几个人在上海明复图书馆坚守。鉴于雷达技术的广泛应用，曾有设立射电研究所的计划，亦因故不能实现。面临恶性通货膨胀，即使国民政府 1947 年曾拨助复兴修建费法币 3 亿元、图书仪器购置费美金 2 万元，也不能满足日常维持需求。

中华人民共和国成立后，中国科学社领导人曾满心希冀继续充当民间科学代表，为新社会的科学事业贡献力量，然而在当时的形势下，民间私立社团已经没有继续存在的合法性和可能性。1951 年《科学》刊发一期增刊后停刊。为继续维持生存，中国科学社于 1952 年 2 月修改社章，将宗旨改为“团结同志，继续研究科学，交流经验，并协助生产事业之发展”。1954 年为庆祝成立四十周年，在上海举办了中国科学史料展览，组织编纂出版“中国科学史料丛书”“科学史料译丛”等。1957 年“双百方针”期间曾将《科学》复刊，延续不及两年又告停刊。其后，中国科学社相继将各种事业移交给人民政府后，维持至 1960 年 5 月 5 日发布《告社友公鉴》，正式宣告退出历史舞台。

1985 年，由 12 位科学家建议，在中国科学社老社友，《科学》的老编辑、老作者、老读者的支持下，经中国科学技术协会批复，《科学》再次复刊。复刊后的《科学》承接前辈的科学梦，努力地传播科学，播撒科学的种子，又继续在科教兴国的旗帜下奋力前行！

五

从1914年美国纽约州小镇伊萨卡走来，到1960年在上海结束，中国科学社在其近半个世纪的存续期间，保留了大量的档案资料。据调查，目前这些档案资料主要保存在上海市档案馆、中国近现代新闻出版博物馆(筹)、复旦大学档案馆、美国哈佛大学燕京学社图书馆和康奈尔大学东亚图书馆等处。

上海市档案馆藏有中国科学社全宗和散布在其他全宗的相关中国科学社档案资料。中国科学社全宗共有档案资料280卷，起止时间为1914—1960年，大致可分为五类，综合类有中国科学社概况、会议记录、社员名单、入社志愿书等；科研类有中国科学社生物研究所相关档案如工作报告、征募基金等，中国科学社主持的各种奖金相关档案；建设类主要有南京社所、上海社所、明复图书馆、中国科学图书仪器公司相关建筑档案；实物类有中国科学社摄影集、剪报资料等；其他科学团体档案有中国气象学会、中国工程师学会、中华教育文化基金董事会、中华学艺社等档案。散布在其他全宗档案资料也有120卷左右，比较重要的有中国科学社结束时期与上海市文化局等机关往来函件、中国科学图书仪器公司档案等。中国近现代新闻出版博物馆(筹)有档案30余卷，内含中国科学社发展史上最为关键的部分档案资料，诸如中国科学社生物研究所发起书、中国科学社结束时移交清单等。复旦大学档案馆主要藏有长期担任《科学》杂志编辑部主任刘咸与学界同仁的往来函件，如翁文灏、竺可桢、秉志、胡先骕等当时中国学术界顶尖科学家与刘咸围绕《科学》杂志及学术界相关情况的通信。哈佛大学燕京学社图书馆藏有中国科学社留美分社的档案资料。康奈尔大学东亚图书馆藏有中国科学社初创时期的一些档案资料，特别是早期社员留学档案。

这些档案资料忠实地记录了中国科学社自身的创建、发展、消亡的过程，更反映了作为民间科学社团在中国近代社会剧烈变迁中如何苦心孤诣发展中国科学的艰难历程，见证了中国近代社会的发展与变革。因此，对中国科学社留存下来的大量档案资料进行整理出版，并在此基础上进行深度和缜密研究就有其不言自明的重要意义。有鉴于此，长期致力于中国科学社研究的上海社会科学院历史研究所张剑，联合上海市档案馆邢建榕、何品、王良镭，复旦大学档案馆周桂发、杨家润，中国近现代新闻出版博物馆（筹）林丽成、章立言，上海科学技术出版社段韬等学术同好组成课题组，共同开展国内所藏中国科学社档案资料的整理出版及研究工作（哈佛大学燕京学社图书馆和康奈尔大学东亚图书馆相关档案资料留待机会成熟再行整理研究），缅怀中国科学社先辈们发展中国科学事业的业绩，并纪念中国科学社成立及《科学》创刊一百周年。

本课题组织实施以来，得到各相关单位领导的大力支持，《科学》杂志编委会主编、中国科学院院长白春礼欣然担任编委会主任，并撰写序言。本课题受上海市哲学社会科学基金、上海市新闻出版专项资金资助。

编选说明

中国科学社成立后，社友之间的消息互通作为维系团体活力的方略之一，一直是社务具体主持者最为关注也最为头痛的事务之一，并多次成为年会讨论的议题，也一直是难以很好解决的难题之一。最初几年，社友消息一直刊登在《科学》上。《科学》影响日渐增大、学术性日渐增强，作为一份公共性的学术杂志，继续登载社员消息之类相对私人性的内容，似乎不太合适，而且也与杂志宗旨相背离。因此，寻找一个平台或载体，交流彼此之间的信息，是社友们一直关注的问题。1930 年 10 月 25 日，中国科学社成立十五周年之际，专门创办了《社友》。时任社长、中央研究院化学研究所所长王琎在《中国科学社十五周纪念与〈社友〉》一文中说："这几年来，我们社员数目增加不少。他们的行踪现况，事业学问，我们都应该晓得，他们对于本社社务有什么意见批评和建议，我们都应该听到。各处社友会的设施和联络，我们也要知道。这种种消息和议论，多可在《社友》这刊物内发表。有了《社友》，本社就像人身的血脉流通，增加康健，各种事业便都要跟着进步。"

《社友》创刊后，具体事务由中国科学社总干事、《科学画报》总编辑杨孝述负责，设有"建议""评论""各部消息""分社及社友会消息""社友通讯""社友消息""社友文艺杂录"等栏目，每期 16 开 4 页(间有 6～10 页不等，1949 年 10 月 25 日复刊的第 93 期也是最后一期，创纪录有 16 页之多)。计划每月出刊一期，亦有一月两期或两月一期，并不完全固定，到 1937 年 7 月 20 日，共正常出刊 61 期。后停刊一年有余，直到 1939 年 1 月 15 日才复刊出版第 62 期，其"编者谨启"说：

在此期间，国家遭遇空前惨劫，各地社友颠沛流离，人事变迁，交通阻梗，彼此消息，致多隔阂，急应复刊，藉资联络，甚望各地社友时通音讯，以实本刊为幸。

此后正常出刊到 1941 年 11 月 5 日第 72 期，因太平洋战争爆发，上海社务基本停止而停刊。之后中国科学社内迁重庆，《社友》虽由卢于道负责编辑出版了 1943 年第 23 次年会和 1944 年第 24 次年会暨中国科学社成立三十周年两个特刊号，以及几期川版《社友》，但并未像《科学》一样在大后方宣告正式复刊。直到抗战胜利两年有余后的1947年6月30日,《社友》第73期发行,宣告复刊,具体负责人于诗鸢在《复刊辞》中说:

迩者复员粗就,社友行止之变动綦繁,社务整展之头绪尤夥,因之《社友》复刊之需要愈亟。理事会以纂录之职责愚,未敢却也。爰略事部绪,于三十六年六月起继续梓行,一切方针有萧规在,不多言。深冀社友诸公时赐督教,俾小小刊物堪为科学家团结之枢,从而共肩科学兴邦之大任,则斯刊之复为不虚矣。

正常出刊至1949年1月31日第91—92期合刊,因政权转换等原因停刊。1949年10月25日,借助庆祝中国科学社成立三十五周年之际,《社友》也复刊出刊第93期共16页,为面临空前困境的中国科学社发展寻找出路,并宣称:

将来本社还是本着原来的宗旨,以推进我国科学为职志,对于新中国的经济建设、文化建设多多尽力。如何尽力呢?方法虽然很多,不必在此列举,但是联络各门各类的专家,调查推荐各项特长的人才,就是本社重要的任务和尽力的方法之一。至于实行这种方法的工具是什么?就是本社即将复刊的《社友》。有了这个工具,就是想利用这一把桨来在顺风的新中国里甚至于在顺风的和平世界里划进这一艘老的帆船,……

可惜事与愿违,此次复刊号为绝唱,在《科学》等各项事业日渐没落之期,中国科学社这艘"老帆船"慢慢沉没之际,《社友》"这把桨"也不得不宣告退出历史舞台。

《社友》除刊载中国科学社一般社务活动(诸如理事会记录、年会记录、各种社务报告、各地社友会动态等,是了解与研究中国科学社社务活动的重要资料)而外,还刊载了不少社友的私人行踪与人生轨迹,是他们传记的重要资料,可以修正已有不少人物传记中的不确之处。如目前相关传记都认为,中国体质人类学第一人吴定良1935年应蔡元培邀请,从英国回国就任中央研究院历史语言研究所专任研究员,但1934年1月15日出版的《社友》第45期明确记载,吴定良"已由欧洲返国,现任中央研究院历史语言研究所研究员,通讯处南京北极阁该所"。中国科学社是民国时期影响最大的综合性学术团体,聚合了数千人的知识精英,因此《社友》的人物传记资料在相当程度上反映了那个时代中国知识分子的变动时态,是了解与理解那一代知识分子的重要史料,特别是抗战等艰难期间,他们的抗争、奋斗与为生活而奔波的实况。这些文字不仅有他们的职业变动、研究著述记录,更有不少日常生活的记载,诸如姜立夫、王琎等的"新婚燕尔"(第57、64期),蔡元培、秉志、姜立夫等的“弄璋之喜”（第4号、40期、62期），徐渊摩、王琎等的“鼓盆之痛”（第13号、61期）。

《社友》刊载人物传记资料主要集中在“社友消息”一栏。早期几期还有“社友通讯”栏也有相关资料，但自第9号后，“社友通讯”取消，完全归并到“社友消息”一栏。“社友消息”后亦曾用“社友通讯”（如第33号）、“社友通信”（如第43期）等名，但期数极少。后来改名为“社员动态”（第86期）、“社友动态”（第91—92期合刊）似乎更恰如其分，惜乎几期之后，《社友》就完全停刊。此外，也有社友去世之后的专门传记，诸如《故社友杨克念君略传》（第7号）、《杨杏佛先生传略》（第34号）、《李仪祉先生之治学行谊》（第63期）、《社董马相老行述》（第65—66期）、《黄伯樵先生传略》（第81期）等，为数不多，自然弥足珍贵；还有“社友文艺”栏中也有极少数的传记资料，诸如《过先生探先之墓碑》（第12号）、《为本社挽许寿裳君》（第82期）、《寿张葆灵社耆七十》（第86期）等；更有杨铨（第34号）、蔡元培（第67期）这样的核心社友追悼会实况记载。

自第35期开始，“社友消息”一栏，按社友通讯处区域划分排序，当期分美国、上海、平津、河南、武汉、其他各地等六区域；第36期分美国、上海、广州、北平、重庆、厦门、云南、广西、杭州、南京及其他各地，排列顺序基本上以该区域本期社员人数为标准。当然，因社员人数无多，此后并非每期都有这样的分区，如第37、38期。也许是鉴于社友行止的分区有时并不恰当，或许是有时社员信息实在是太少，从第47期开始分区排列取消。第73期复刊时，“社友消息”一栏专门标明“以姓氏笔数为序”，首次宣示排序标准。同时将社友社号在名字前标出（第三次复刊的第93期社号在最后的括号中）。

值得指出的是，《社友》的排序，先称“号”，自第35期才改称“期”。在重庆北碚出版的川版《社友》，仅见到第3、4两期和两次年会特刊号，到底出版了多少期，目前还不清楚。当然，并不是每一期都有“社友消息”专栏或相关的人物传记资料。

为了保持原貌，一些约定俗成的异体字与繁体字仍然保留；外文译名，因人而异，如“康奈尔大学”，有人称“康乃尔大学”，有人称“康南尔大学”；“雷士德医学研究院”，有人名之“李施德医学研究院”，有人叫“李斯德医学研究院”；诸如“支加哥”“伊理诺”“密切根”等，不求统一，完全照录不改。对于当时的通行名词术语与习惯用法也不径改，以反映时代特色。

凡　例

原文标点符号有些地方并不符合“现代汉语”，诸如没有书名号、顿号等，也有逗号、句号与现行规范不一致等，径行添加或修改，不一一注明。凡改正原文中错、别等字以〔 〕标示，添加的漏字以[ ]标示，衍字以〈 〉标示，认识不清者以□标示。有些称谓与表达不宜直书，代之以……标示，还望读者见谅。

目 录

第1号　1930年10月25日

社友通讯

厉德寅君：本社简章十八份及概况八份，于日昨收到。此项印刷品即将分寄麻省理工、哈佛、康乃尔、支加哥、普渡、加省理工、伊理诺等各大学之学友，请为罗致优秀分子为社员。观“概况”中之社员学科统计，组别为物质科学、生物科学、工程科学、社会科学，足见科学社为各科科学之学会，即有国家学会之趋势。故函请学友之征求社友也，不以理科为限，工程科与社会科学，均所欢迎。

兹拟在美国波士敦、纽约、支加哥、伊理诺、密切根、加利福尼亚及默迪生，各设通讯处或社友会(以地点为界分)，以便接洽进行。次则依学科分别负责投稿，所以灵便学术界出版界之消息，庶可略尽介绍著作于国内学子之义务。一俟负责有人，并与各地学友函商就绪后，再行详陈。

鲁德馨君：鄙人因身体失健，得长假一年休养。适科学名词审查会亟欲出版历年审查之医学名词，召鄙人来沪，藉资监校，并商假吴淞中央大学医学院为办公处。该处滨海，空气清鲜，于轻微工作之余，或尚宜于摄养。拟在吴淞小住数月，始返济南服务。

许炳堃君：本人自十七年一月，供职浙江省民政厅，继续服务。病后孱躯，幸能支持，内子同居杭寓，大小女已有子女五人，大儿肄业医专，次儿肄业工学院，三小女肄业弘道高中，客岁与嘉兴金君订婚，尚未完娶。昔年友好，音间久疏，藉此一笺，聊资告慰。住址杭州蒲场巷六十六号。

梅贻琦君自华盛顿发：

Dear Mr. Yang

I have the pleasure to acknowledge the receipt of your letter of August 10th. It came just a few days before the annual meeting of the Science Society members in America, held from Aug.30 to Sept.1, in New York, at the International House; and the members, most of them new, were very glad to get some news of the Society in China. Our meeting was a very successful one considering everything. It was held jointly with the Chinese Engineering Society with an attendance of 17 scientists and about twenty-five engineers. We had some very good papers presented at the meeting and I am trying to get the papers, some in English, in a form so that they can be published in the "Science". I shall also have a copy of the minutes sent to you later.

How was the meeting at Tsingtao? It was particularly interesting to hear of the gathering of these scientific people in the midst of severe fighting almost all over the country. It is but a manifestation of the people's utter despair which results in loss of all interest in one thing, and their strong faith in the other.

Here it is also a good sign that so many students are taking a great deal of interest in the Science Society. I think we should by all means cultivate that interest, for it will not only be a good thing for them in all their intellectual training, but it will also go far to counteract a bad influence which has come to take such a deep root in our students' activities in this country. That is, the party politics among our students, which has reached a just rotten stage at present. I was glad to get the names of old members who are still in America, and will try to get in touch with them as soon as possible. As new members, I understand Mr. Y. T. Ku has sent you a list of the new members who recently joined at Ithaca. About a dozen more will come in soon. But we are very short of literature and application blanks. Will you please send me application blanks, 60 copies of the Constitution, and as many copies of other material as you can spare. We shall soon have a complete list of all members here.

With best wishes.

Y. T. Mei

社友消息

邹树文君：任职浙江昆虫局两年余。一草一木，皆系手植，一人一职，皆经训练。宣传及研究二方面，均极有成绩。近日该局改组，已调任浙江建设厅技正。现正在办理交代手续并编印前昆虫局研究论文多篇，以资结束。现暂住杭州石塔儿头一号上善庵。

柳克准君：向在湖南大学主任土木工科，前月……烧劫长沙，仓皇携眷逃出。现应浙江大学工学院之聘，担任测量学教授。

姜立夫君：于参与青岛年会后，遄返故里温州一行。在沪住本社数日，业于上月底返天津南开大学矣。

钱天鹤君：现任浙江省农林局局长。通讯处杭州里横河桥六十九号浙江农林局。

陈茂康君：已辞去唐山大学教职，就中央研究院物理研究所之聘。现住上海法租界劳尔东路青云里廿四号。

陶烈君：于八月廿一日，在日本患胫结核病殁。陶君于生理颇有研究，遽而逝世，吾党又弱一个，不胜悲悼。

社友

中國科學社刊行

九一叟相伯

上海亞爾培路五三三號

中華民國十九年十月二十五日

第一號

中國科學社十五週紀念與社友

季梁

中國科學社自民國四年十月廿五日正式成立以來，忽忽已十五年了。在這十五年中，雖然我們不敢說社務如何有進步，對於社會有什麼貢獻，不過我們所進行的事業，的確是種類甚多。對於研究方面，我們設立一個生物研究所，這幾年做了不少生物調查與實驗室的工作，將新智識獻與國內外科學界。對於普及科學智識方面，我們出版了科學雜誌和科學論文專刊，十幾年來多沒有間斷，把世界科學的新聞與狀況，介紹給國人。又設立科學圖書館，供給留心科學的人們去利用。并且創辦科學印刷公司使要傳布科學和研究科學的人，都得了種種的便利。這些事業，有的是辦理有年，有的是開辦未久。他的成績如何，在社會上有什麼影響，自有社會上的公平評判，用不着我們自己多講。不過我們曉得辦理這些事業，即使經濟寬裕，也要用去不少的精神與時間方能稍有頭緒，何況本社的經濟并不寬裕呢？本社的所以有今日和各事業的可以勉強進行，可說全靠着各社員的熱心和合作。我們在十五週紀念的時候，應特別感謝社友和希望社友。感謝的是他們過去的維持和贊助，希望的是他們繼續的努力。我們新出版的『社友』，便因為要達到這希望而產生的。這幾年來，我們社員數日增加不少。他們的行踪現況，事業學問，我們都應該曉得，他們對於本社社務有什麼意見批評和建議，我們都應該聽到。各處社友會的設施和聯絡，我們也要知道。這種種消息和議論，多可在『社友』，這刊物內發表。有了『社友』本社就像人身的血脈流通，增加康健，各種事業便都要跟着進步。那末到了二十週紀念的時候，我們真正可以慶祝了。

論文專刊變更發刊辦法

本社社友在年會宣讀之論文，均係極有價值之作。每年將所收論文，彙為專刊，分贈國內外各學術機關。現已出至第六卷。顧每年著作者交稿先後不一，且印刷方面因力求精美之故，亦不能迅速，故歷年以來，出版每至延期一年半以上，頗感困難。本年青島年會議決論文專刊每年分數期發行，凡先到者積有相當頁數，即先行付梓，『隨到隨印』。如此可於一年內全數出版。現七卷第一號七篇，已交科學印刷所排印，不久即可出版。凡本年宣讀之論文，請從早寄社，以便趕印。惟著者宜將原稿自行校對清楚，插圖尤宜清晰，以免錯誤。又此項論文專刊之分送，限於繳費社員。第六卷已於本年六月間出版，如有未收到者，請通知上海總辦事處照寄。

明復圖書館工程完竣

明復圖書館自去年八月開工以來，由周子競楊允中二君親自督工，進行頗見順利。本年七月間本已竣工，祇以油漆粉刷，不甚滿意，未予接收。復由營造廠全部重做，始於雙十節前完成。其他如鋼書架煖房衛生電燈等工程亦已接收滿意。日來正在趕辦內部佈置，以期早日開幕。

社友編輯部啓事

本刊至少月出一期，內容分建議、評論、各部消息、分社及各社友會消息、社友通訊、社友文藝雜錄等欄。尚望各社友發舒意見，時通音訊，以實本刊為幸。

徵求新書介紹及書評

各國科學名著，時有出版。亟宜廣事調查，以介紹於國內學者。本社科學擬於十五卷起，專闢「新書介紹」一欄，凡我社友對於中外科學新書，摘要評論，隨時投登科學，無任歡迎。

甯社圖書移滬

本社南京圖書館所有藏書，不下四萬冊。茲以滬社新館，業已落成，除將生物學及農學二類書籍仍留甯社，以供生物研究所參考外，其餘已於本月十四日包定貨車，由京滬路運滬。南京生物圖書館管理方面，將來仍由上海總館派員主持，以資統一。

《社友》创刊号首页，刊名由九十一岁的董事马相伯书写

第2号　1930年11月10日

社友通讯

姜立夫君：弟为俗累所牵，仆仆风尘者两月。归时重过青岛，秋深客散，车马萧条，两月前游观之盛，已不可寻，益觉年会聚乐之光阴为可宝也。弟北来过沪时，住科学社社所内数日，因得目见明复图书馆建筑情形，甚佩兄等经营之力，计划之周，既为故人留永远之纪念，又为社友造读书之机会，是真明复之精神所寄，可以传之社中后学而无愧。抑弟不能已于言者，明复之志在算学，虽困于环境，未获充量发展，其所创获，已足传世。后之认识明复、敬仰明复者，亦必仍以明算之人为多。故明复图书馆对于象数图籍，似宜特别注意。且科学社之图书馆，以财力言，以性质言，皆不能泛事搜罗，以量的丰富，与北海、中央诸馆抗衡，须有一节之特长，方见储藏之精彩。现在理化生物地学医学，俱经有力机关之提倡，在国中已有相当设备，可资观摩。独算学，虽为凡百科学之基本，以其性质极端抽象之故，与社会人士接触最少，其专门研究所需之工具，至今尚付缺如(周美权先生捐赠之书，弟此次亦已细加检阅，除三五套专集与杂志外，以中等程度参考书为多，英日以外文字全弃不收，与专门研究之设备相去甚远，即欲在明复图书馆中另占一室(据允中先生说)，亦须划定范围，继续添购，力加充实，否则难免为方家所笑，非所以爱周先生也)。明复生时，感此缺陷最甚。明复不死，弟敢保其努力者，必已集中此点。若能于明复图书馆预算中，指定若干确数为算学书特别费，收买专家汇刊之学术文集(每部数十元至数百元)，购求一科精华所在之大部期刊(每部千数百元至五六千元)，为明复弥补遗憾，为后之有明复之志与明复之才者减轻工具方面材料方面之困难。弟窃为纪念明复之法，莫此为宜。弟为南开、厦门、浙江、北海诸馆选购算书，为时已久，海外各大书贾，常以书目寄赠，标选开单，不过一举手之劳，愿捐微力，为明复留此身后之遗思，或亦诸兄之所许也。

尤志迈君：弟近来旧病复发，迄今未愈，已一月余矣。因患病之故，致将各老友疏远，往来殊鲜。科学社日见其伟大，各处之新屋，均次第落成，弟仅于纸上见之，不能亲来参观，然五中欣慰，莫可言喻。图书将运沪储藏，尤觉快乐。近来弟所读之书，均系自置，所费甚大，无书读实不能过去。所引为憾事者，即农学书籍不能运沪耳。

社友消息

汪胡桢君：现任导淮委员会设计主任工程师。该会成立一年余，由本社社友李仪祉先生担任总工程师。设计组聘有正工程师五人，对于水利工程均深有研究。关于阐明导淮计划原理之论文，现已积有三十余篇，正谋陆续刊布。该会导淮计划书已于本年五月底告就，九月初〈会〉召集国内水利机关代表等加以讨论，十月初将开导淮委员会全体大会为导淮计划之最后决定云。

许炳堃君：本人于本年七月间辞去浙江民政厅职务，就考试院之聘，来京服务，寄寓友人汪子宾兄家。眷属则仍住杭州蒲场巷六十六号。《社友》第一号所载通讯，系七月以前所发，故职务住址均有不符也。现住南京闺奁营十号汪宅。

凌道扬君：已辞去中央大学森林科主任职，现任中央模范林区管理局局长兼首都建设委员会专门委员。通讯处南京中央模范林区管理局。

洪绅君：近任中央建设委员会港务科长兼中央大学副教授。比来颇致力研究中国水利及建筑问题。住址南京西华门头条巷三益里一号。

邹树文君：自办理浙江昆虫局移交后，业将浙江建设厅技正职一并辞去。其在昆虫局长任内所编之丛刊六刊，业已出版。现在通讯处为苏州通和坊巷六十号雷宅。

胡焕庸君：自十八年九月起辞去中央研究院气象研究所研究员兼秘书兼职，改任中央大学专任副教授，现任中大地理系主任。通讯处南京中央大学地理系。

黄国璋(海平)君：现任北平清华大学教授。

顾世楫君：回南任事，适已一年。初在导淮委员会任技正，本年三月间调任苏州太湖流域水利委员会测绘课长，常在内部工作。新近加入中国气象学会为会员，对于水文和气象，极喜研究。年前曾译竣《满立孟氏最小二乘方法》一本，惟以出版非易，原稿在搁置中。现住苏州平江路联萼坊。

李仪祉君：现任导淮委员会工务处长兼浙江建设厅高等顾问。

桂质庭君：于八月间离沪江，现任武昌华中大学教授。

社员住址最近调查

段育华：上海宝山路商务印书馆编译所。

唐庆贻：上海徐家汇路交通大学。

唐钺(擘黄)：北平大方家胡同五十七号。

钱端升：北平府右街饽饽房八号。

陈衡哲：北平大羊仪宾胡同十九号。

张广舆(仲鲁)：河南开封中山大学。

李汝祺：北平燕京大学。

刘半农：北平大阮府胡同三十号。

胡正详：北平协和医学校。

傅孟真：北平北海静心斋。

吴宪(陶民)：北平协和医学校。

陈儆庸：北平祖家街权度制造所。

孙继丁(丙炎)：北平东总布胡同东口大牌坊六十三号。

朱霖：北平石驸马大街二十二号熊宅(似未入社)。

第3号 1930年11月25日

社友通讯

程时煃：蒙难日记

福州一六之变，省政府委员被绑，惹起绝大风波。是篇为本社永久社员闽教长程柏庐君自福州至南平途中之记载，关于当日被绑情景叙述綦详，阅读之下，令人愤懑。此外，尚有在监日记，俟程君整理后，容再刊登。编者附识。

一月六日公毕，往英华中学评判学生国语竞赛成绩尚佳。华南女子大学王校长约于毕业典礼及校长就职典礼时前往演讲，皆已允诺。晚赴韵珊兄寓宅宴会，宴前出示书画多件，有文衡山草书手卷最佳。八时许就坐，同席者有党部省府各委员，欢饮约二十分钟，忽闻窗外哗声，有武装兵士十余人，蜂拥而入，座客皆已惊起，主人急问何故，正诧异间，林知渊、郑在义、许成谋三兄背后，已有兵士数人监守，将各人两手向后束住。少顷，余手亦背束，旋即释放，方希孔兄亦然。卢委员兴荣顾余后，指挥兵士再束余手，并向众云："不必惊恐，惟请往少坐而已。"于是将余等四人弹压出门，至隔壁某宅后进室内。将麻绳紧缚两手，动弹不得。林许两兄缚手后，又加缚颈背，所谓五花大绑也。缚后一群兵士，争向余等身畔搜索，口询有无手枪，实则藉谋抢劫，在莪兄怀内新领月薪四百余元，知渊、成谋两兄衣内钱表等件，均已搜索一空，惟余身外无物，故无所获。在该室内，留一小时，除守兵外无人往来，但见床榻设鸦片器具而已。十时许，又来兵士数人，以白布塞余等之口向颈部紧束，使不能成声。束毕遂监令出门，拥上汽车，驶走如飞，不知前往何地，意以为将在校场执行枪决也。车中念及福州市之安全，省防司令自有责任，何无一人驶救？正焦念间，已抵目的地。黑夜茫茫，似认为洪山桥畔，下车后，即驱入汽船，向船客丛中蹲坐片刻，兵士又向余等作二次之搜索，成谋兄戒指亦被掠去。数分钟后，船停，遂监令余等登岸，往兵工厂一间破屋中。嘱令坐下，口中白布随即脱卸而绳缚如故，且将两人绳扎联系一处，如牵家畜。守兵则荷枪实弹，插上刺刀，轮流监视。枯坐约一小时，又缚一人至，视之乃吴艺父兄也。入未片刻，忽将艺父兄手缚解去，使脱外衣，又复加索，始知其意乃在外衣矣。心中窃念陈爱吾兄，亦为若曹所嫉视，恐亦难免于难，半小时后，果见爱吾兄又〔也〕被缚来矣。爱兄卧病日久，骤由病榻中拘束而来，束时又呻吟不已，欲向室中一榻侧卧休息，守兵亦不之许。时夜色已深，寒气袭人，余等坐久，皆欲小解，而苦于手缚，不能解衣，遂婉请守兵代解，亦遭呵斥。然而溺急不得不再事请求，始代解之。溺后又不代为系上，不得已乃由各人背立身前以所缚之手，代为拴紧。守兵之无人情，乃至于此！幸尚有少年兵士一人，稍具同情之心，时时送茶入口也。余大难骤临，惊魂莫定，然内省无疚，亦觉了无忧惧，不过政变之剧，何因而至，令人百思不解。每向同难诸兄细语问之，皆置不答。乃念若辈虎狼，必将加害余等，故同人至此无语可告，遂亦置而不问。任此洁洁之身，为福建教育之牺牲而已！二时许，又增兵数人，监令余等出门，成谋兄曰："彼辈动手矣！"乃出门后，不数步又令登舟，拥挤一舱，如运猪仔。十余兵士又来三次搜索，料亦更无所得矣。余等被缚既久，手腕生痛，遂婉求兵士向长官声请暂释重缚，因已抵船上，且船已行，守兵监视，安有脱逃之理？守兵初不允许，坚请乃去，少顷告之曰："官长已睡，不敢请矣。"夜深寒重，坐卧皆苦。尤以林许二兄，身被重缚，每一辗转，痛彻心骨，作呻吟之声，尤觉万箭钻心，不能成睡也。

七日，天明起坐，盥漱皆无。闻守兵询船主云："犯人饭已备齐否？"盖已将"犯人"视余辈也。早餐前，兵士为解手缚，以便饮食。餐后，仍缚于前，二三小时后，始将手缚弛缓，仅缚两臂，谓系奉长官之命也。船中窗壁，皆以铁制，六人对坐两舱，恍若铁窗风味矣。因念去年春间，曾因视学北闽，道经此地，舟触石礁，船身被一大孔，船机三损其二，当时曾有"危舟如鸟卵，性命值鸿毛"之咏，今则艰危，胜前数倍矣。舟行迅速，忽而水口，忽而尤溪口，傍晚已抵下道。惟舟行愈北，寒气愈增，夜间北风尤劲。在家则必拥重被，今则无一袭之覆，船主与以衣包一个，亦盖之足部，聊胜于无。无枕，则从船主借柴木一束以枕之。余与在我、爱吾两兄，共宿一舱，互相偎抱，以求温煖，每一入睡，则为寒气惊醒。长夜沈昏，身如僵石。爱兄久病，更无一堪！知渊、成谋、艺父三兄，皆衣西服，外衣则皆被劫去，从船主借得外衣一袭，三人相抱而卧，想更寒冷也。八日，匆匆早饭。由兵士监令登陆，然岸口布满排木，舟不能近，六人皆走浮木而过，摇荡颠簸，不能成行。爱兄因病，尤难举步。抵岸后又登石级，爱兄几不能支，经余扶挽始克上达，然已喘坐石基，不能动矣。良久乃云：“请速枪毙我，此苦不能受也！”少顷，有黄副官长至，六人中许、吴与余往南平，余三人往尤溪，匆匆一别，恍若生死之隔矣！抵南平后，另有日记。十月十三日补记。

社友消息

李仪祉君：新膺陕西省政府委员兼建设厅长之命，近将携眷回陕云。

秉农山君：于九月初赴北平静生生物调查所工作，留平两月。业于本月十八日返南京社所矣。

李赋京君：服务于上海中央卫生试验所，现正研究传染疾病之螺。数月来在显微镜下日夜工作，已颇有成绩。

冯兰景〔景兰〕君：本年暑假，曾到辽宁沈海铁路沿线，调查地质矿产月余，时值盛夏，草木丛茂，山野旅行，数次几与匪遇，幸地方军警保护周到，得以平安返津云。通讯处天津西沽国立北洋大学。

翁咏霓君：本月初自平南下取道京沪前往四川调查地质。

张广舆君：已辞河南大学校长职，不日返平云。

程时煃君：于本年一月间，在福建教育厅长任内，为卢兴邦部〈被〉绑，监困尤溪，凡十阅月。兹以卢部溃败，于本月初脱险来沪。现住上海西门内静修路八十五号。

郑权伯君：自辞去青岛港务局长后，仍回上海工务局任事。

曾昭权君：现住上海祁齐路福履里路建业里四十二号。

刘朝阳君：本年十月，离粤来平，现任国立清华大学及私立燕京大学讲师。住址北平成府蒋家胡同二号。

朱庭祜君：本人于民国十八年十二月，应浙江省建设厅调用，前往浙江省调查地质，于本年十月初已返广州两广地质调查所，现正编辑浙江省地质报告，以备出版。通讯处广州市文德路两广地质调查所。

陈隽人君：最近通讯处为上海大东门外沙场街正兴坊五号。

吴文利君：新地址为广州东山中山大学农科学院。

汤震龙君：现任湖北省会工程处主任，编有《武昌市政全部具体计划书》一部，俟出版允即寄送本社一部。通讯处武昌转角楼前街三十二号。

林逸民君：现住上海法租界福履里路三百二十五号。

唐昌治君：前任江苏省立淮阴农业学校校长三年，现任江苏省农矿厅技正。

邓鲁学君：现任职于镇江江苏教育厅。

任鸿隽君：于月初由北平来沪，十日晚搭轮赴川。

丁绪贤君：本年逢休养之年，通讯处可由苏州省立女子中学校陈校长转。

刘树杞君：新自美国返，现任南京中央大学化学系主任。

马育骐君：现住南京乾河沿马寓。

周子竞君：近年来雅好陶瓷之艺，在南京创办陶瓷试验场，成绩极良。近刊《中央研究院陶瓷试验场工作报告》一厚册，插图甚富，由上海中国科学公司承印，业已出版，优美可爱。

李殿臣君：现已返广州，通讯处广州市文德路两广地质调查所。

韩竹坪君：已辞去青岛市教育局长职，现住青岛大学路新三号。

崔宗埙君：现在安徽大学任教职。

冯家乐君：现住四川重庆莲花池后街一号。

傅德同君：现住上海南成都路诸家宅二六六号。

金大钊君：现在通讯处为北平东城王府井大街大甜水井二号。

吴南薰君：现住湖北武昌龙神庙三十五号。

宋文政君：现住武昌三道街四十二号。

第4号 1930年12月15日

社友通讯

曹梁厦君：读第二号《社友》姜立夫先生通讯，对于本社行将开幕之明复图书馆，特别搜罗算学书籍，以继明复之精神，而示储藏之精彩，热忱宏论，欣佩奚如。特文中述及周美权先生所赠书籍之处，在不知周先生赠书之经过与内容者，恐致引起误会。明复在日，群与之朝夕过从，关于周先生搜罗算学书籍经过，已耳熟能详。且群又为当时代本社接受周先生赠书之一人，故特据所知，录述如左。

周先生研究算学，历又年所，逐渐增置算书不少。曾拟先从筹备藏书楼着手，再创立一中国算学会。当时明复极赞成其主张，并代为筹划购书方法。曾向英美日本各国通讯调查，并陆续购买，历一二年。于当时英文现行出版或绝版未久之标准参考书，以及著名之专家著作，已十得八九。于是又在每期算学杂志告白中，寻觅新出版之算书，除属于教科性质与应用性质者不采外，凡属高等纯正算学书籍，一有所见，即设法尽量收买。至于杂志方面，搜罗又煞费苦心。据明复之意，搜罗绝版已久之旧书，不如搜求历年所出之旧报。盖前人稍著名之论文，当时无不在专门杂志上发表，若将有名之算学杂志，从第一期起全部购得，则一切算学上之发明，均有根柢可寻矣。乃又向英美两国尽量搜罗，曾从某大学教授处转让而得几种极难价买之杂志。至一九二三年止，数十年间完全无缺，价值固甚昂贵，实为稀世之宝。即此一端，可见周先生之书库，虽只限于英日文，耗去心血，实已不少。明复曾评之曰，近数十年英国畴人心血之结晶，尽萃于此。亦可见其价值矣。近年周先生因鉴于独创算学会之不易，而又不愿将其书库私为己有，故于一九二八年割爱移赠于本社，公诸同好。其书目早已经刊布于《科学》第十四卷一二两期，无庸赘述。犹忆其捐赠时，曾以从速补购法德文标准书籍杂志，及继续购买新书及杂志为要求。本社最重要之一事，可见周先生亦早注意及法德文方面也。今姜先生之要求，与周先生不谋而合，诚所谓英雄所见略同。故群乐为读姜先生之函者告。

郭克悌君： 我于去年由天津来沈阳，经理东省大昌实业公司事宜。年余来，时常奔走于吉林、哈尔滨、洮南、龙江、长春等地，对于东三省情形，颇多注意。以为东省将来果欲自保，须先设法谋经济之独立，以抵制日俄两国之侵略。因现在日俄之谋东三省者，不完全在政治军事，而确在经济方面。日致力于交通、矿产、森林、农产品之开拓及发展，使东省经济势力渐渐脱离日俄两国之把持，则东省将来问题将已解决大半矣。现住沈阳三经路大昌公司。

邓植仪君： 自去年夏从广西辞却农务局职务回粤后，回任中山大学教授兼农场主任，专意整理所学及开发中大第二农场荒地，并就近调查土壤状况。至本年秋季，农矿部农产物检查所姚所长醒黄，及农林局副局长廖崇真，与本校农科沈主任鹏飞等，发起筹设本省土壤调查所，约本人主持其事。查土壤调查关系农林发展甚大，为研究土壤分布与分类之事。十余年来，各省提倡举办者，时有闻之终鲜实行。年来两广地质调查积极进行，此间地质专家极愿帮忙，而土壤专家集于广州者亦有数人。因勉尽绵力，于十月一日成立土壤调查所，罗致专才，襄助办理，冀于土壤科学研究方面，有所贡献。现已开始出发调查广州附郊土壤，并希望于一年之内，先完成南海、番禺两县土壤调查，其计划大纲，附上备览。现住广州中山大学农科学院(《广东土壤调查进行计划书》已送《科学》编辑部，当在三期或四期内发表)。

社友消息

蔡孑民先生： 于本月三日又庆弄璋之喜。

陈宗贤君： 于七八月间，在欧出席巴黎国际微菌学大会及伦敦国际兽医会议。九月回国，先于五月二十六日蒙国民政府简任为中央防疫处处长，十一月五日宣誓就职。住址北平东城顶银胡同十四号。

胡适之君： 以应中华教育文化基金董事会编辑主任之聘，并谋著作之便利起见，已于上月底携眷迁居北平。通讯处由基金会转。

朱翙声君： 前住之油栏直街义章号，因拆铺筑马路，现已迁住恩宁市逢庆西约十九号门牌。

林一民君：向在河南大学任化学系主任兼教授，现改就国立北洋工学院之聘，任化学教授。住址天津西沽国立北洋工学院。

陈剑修君：现在通讯处为武昌国立武汉大学。

谢玉铭君：现任北平燕京大学物理学系正教授兼主任。

杨虎卿君：现任北平燕京大学物理学系副教授。

顾蓥君：最近通讯处为南京鼓楼西金银街三号或金陵大学蚕桑系。

丁求真君：现在杭州西湖葛岭办理西湖疗养院，兼任浙江省立医药专门学校教员。

朱君毅君：现任厦门大学教育学院教育心理系主任及教授，并兼大学秘书。

邹秉文君：于月初移居上海法租界萨坡赛路三一二号。

张延祥君：业由上海赴首都服务，通讯处南京西华门建设委员会。

荣达坊君：近移居上海平凉路近胜路口福特巷十五号。

黎照寰君：现住上海海格路八六二号交通大学校内。

赵莲〔连〕芳君：现任国立中央大学副教授兼农艺垦殖科主任及稻作技师，通讯处南京三牌小门口农学院。

李得庸君：现住汉口法租界德讬〔托〕美领事街二十三号得庸公司。

第5号 1931年1月12日

社友消息

严济慈君：于十七年冬赴法继续研究，历时两年。业于上月底回沪。路过沈阳时，曾在东北大学理工学院演讲法国之理工教育，沈阳社友会并为洗尘。在公宴席上，严君报告本人在法国及社员饶育泰等在德国之研究生活。

竺可桢君：于十一月初由上海移居南京北极阁山下鸡鸣寺隔壁。上月杪庆弄瓦之喜。

任叔永君：于本月四日由川返沪，参与中华教育文化基金董事会议，会毕返北平。

赵元任、胡适之、蒋梦麟诸君：均以参与中华教育文化基金会于本月初由北平来沪。

周烈君：通讯处四川成都少城栅子街新编五五号。创办四川会理县天宝山银铅铜锌矿业，集资本金二十万元，号曰会昌矿业股份有限公司。用新式锅炉及一切新式机械，采掘冶炼，月可出锌四五十万觔，铅铜十余万觔，银数百觔。并创立四川全省矿业总会，联合会友，集资建筑总会于成都羊市街，不日落成，以图发展四川矿业。

冯元勋君：现任四川建设厅长。

文澄君藻卿：现任廿四军军部建设委员长。关于上下川南及一切建设事项，皆由彼规划办理，并审察他人之计划等。

韩楷君子揆：现于成都南门外设立榨油厂并营电灯事业。

须恺君：自十八年八月起，任导淮委员会副总工程师职。近奉令代理总工程师，现正积极筹备导淮第一期工程之开工事宜。通讯处南京复成桥导淮委员会，住南京大砂珠巷十号。

徐作和君：现任沪江大学化学系正教授兼主任。

陆士寅君：现任沪江大学教育系教授兼中学部主任。

周美权君：于上月迁居愚园路二百八十六号，电话二八零九八号。

许厚钰君：现住上海吕班路万宜坊五十五号。

陆费执君：辞去江苏农矿厅农业推广委员会主任委员，改任该厅第一科科长兼技正。最近又任该厅秘书兼技正。

贺闿君：现任上海复旦大学国防化学教授。曾自制毒瓦斯多种，现存该校化学系。前次复旦大学廿五纪念会中之军用烟幕表演，系由韩祖康及贺君共同指导化学系全体同学所特制。详情曾志十九年十月十八日之《时报》。通讯处上海法租界吕班路蒲柏坊一百四十四号。

吴承洛君：前以工商部简任技正兼任度量衡检定人员养成所长。现由实业部调兼全国度量衡局局长。局址在南京水西门内下浮桥前军事参议院旧址。

刘寰伟君：现住上海施高塔路施高塔里四号。以前所租用之一一二二号信箱已取消。

丁燮和君：现任沈阳东北大学土木工程教授。此次寒假期中出外旅行，本年三月前通信处为上海霞飞路1014号内四号。

李赋京君：于上月移居江湾路一百二十八号。

郑肇经君：现住上海甘世东路三德坊五号。

李垕身君：现寓上海福煦路成和村六百零五号。

丁绪贤君：近任安徽大学理学院院长兼化学教授。

徐宗涑君：曾于上月在东北大学自然科学会演讲，讲题为“温度”。

程时煃君：于上月中旬赴福州，复任福建教育厅长职。

孙国封君：曾于上月赴辽宁北部八县，为东北大学募建筑费。

萧纯锦君：曾于上月中在辽宁沈阳县村长副训练所演讲“农村合作的利益”。

朱光焘君：现任纬成股份有限公司董事长兼总经理，住杭州市板桥路十二号。

梁伯强君：现任国立同济大学病理学副教授，通讯处上海白克路二十二号病理学研究馆。

郜重魁君：现任国立暨南大学生物学教授，住址仍旧。

方子卫君：现任国民政府整理招商局总管理处工程师兼物料审核委员会委员。方君并无别字，新印“社员录”内误刊“公安”二字应删去。

何育杰君：曾任北京大学物理学系主任有年，现任东北大学物理学系主任。今年适值何君五十正寿，于本年元旦由何君高足孙国封等，假社员冯祖荀宅庆祝。到者十九人，并为纪念何君，发起何育杰物理学奖金，当场认集二百三十元。除何君学生外，有严济慈、庄长恭、冯祖荀、吴诗铭诸社友均在捐款之列。

邓福培君：现任江苏省电业管理处长，常驻镇江办事，通讯处镇江江苏省电业管理处。

社友住址调查

曾昭权君：南京建设委员会。

徐尚君：南京建设委员会。

潘铭新君：杭州浙江省电气局。

朱世昀君：长兴煤矿局。

陈广沅君：浦口津浦机厂。

曹珽君：常州戚墅堰电厂分办事处。

程宗阳君：蚌埠淮南煤矿局。

蔡雄君：号声白，上海美亚织绸厂。

以上据张延祥君报告。

王季苣君：苏州振华女校。

季警洲君：南京外交部副科长。

陈方济君：南京金陵大学农学院教授。

常宗会君：南京太平门外合众蚕桑会制种场。

张自立君：南京中央建设委员会。

张海平君：辽宁沈阳沈海铁路公司工程师。

汤兆丰君：上海大马路华英药房。

以上据陆费执君报告。

蒋育英君：天津英大马路一百七十三号。

蔡翔君：青岛冠县路四十号博昌公司。

刘运筹君：南京实业部。

刘乃予君：上海邮政储金局。

杨承训君：南京铁道部。

杨曾威君：北平清华大学地理系。

黄钰生君：天津南开大学。

王兆麒君：上海市卫生局。

王瑞林君：南京建设委员会。

王赓君：南京财政部缉私处转。

朱彬君：上海仁记路三十五号基泰建筑师事务所。

李昶君：天津大陆银行转。

林士模君：杭州里横河浙江省农矿处。

周佛海君：南京中央党部。

陈端君：南京实业部。

郭任远君：江湾复旦大学。

卢其骏君：江西南昌地质调查所。

谢家荣君：北平地质调查所。

以上据徐韦曼君报告。

第6号　1931年2月10日

社友通讯

丘峻君：科学的重要，想谁都晓得，尤其是在事事落居人后的中国。我们想提倡科学，想使国人注重科学，而从事科学的研究，则关于提倡科学、宣传科学的刊物不能无有。我们中国虽有多少宣传科学的刊物，而求其为纯粹的科学刊物，就如凤毛麟角。至于通俗的科学刊物，可以说简直没有。就拿我们的《科学》来说，从前所出的固非普通一般人所能阅读，就是近来所出的，所谓在求通俗化的，也许是已经通俗化了，仍非普通一般人所能懂得。关于《科学》通俗化这点，我以为把《科学》来通俗化，虽然有相当的理由，到〔倒〕不如《科学》还是照从前一样出下去，作为专门的科学刊物，以供专门人才的应用。此外我们可另出一种通俗的科学刊物，以供普通一般人的阅读，使科学能早普及中国好了。诸位社友以为怎样？

至弟个人数年来的生活，也得在这里顺便说几句。弟自民十五离开广州，便到梧州广西实业研究院任技正职。后来该院迁往柳州，我便到南宁去。时建设厅要我入厅任职，卒以事未果，便匆匆返粤。道经梧州时，适遇广西省立二中校长，邀弟任教务主任职。到前年桂乱起，便离开该校。回粤后即在国立中山大学附中任自然科主任职，一直到现在。诸位社友有何见教，请按址赐下。

读丘峻先生通讯，建议本社另出一种通俗科学刊物，以供普通一般人之阅读，使科学能早普及，极佩卓见。去年青岛年会中韩竹坪先生亦有此项正式议案提出。本社历年年会社务会中对于科学通俗化问题，亦经迭次热烈之讨论，足见我社对此问题早视为重要，实为今日本社事业中之一要端也。述于去年春间，亦曾草拟《通俗科学周刊》办法意见，油印分送各理事及关心此事之社友。只以社中经费竭蹶，试办之费不易筹，且编辑人才不易得，遂至搁置。兹以丘先生提议及此，特将述前拟周刊办法，略加修正，再披露于此，以供诸社友之讨论而希望能作再进一步之具体计划。倘承诸社友表示意见，曷胜欢迎。杨孝述志。

附:《通俗科学周刊》办法

甲　周刊内容

一、本刊以普及科学常识、介绍科学新闻,供给学生兴趣为宗旨。

二、本刊分读物、故事、常识、新闻、传记、发明、游艺、问答等数栏。取材务求新颖有趣,文字通俗,插图丰富,以能供给高小以上学生之阅读,并切实用者为准。

三、本刊体例照美国之《通俗力学》与《通俗电学》等杂志。

四、本刊每星期出版一次,每年五十二期。

五、本刊尺寸为三十二开。每期正文十六页约一万五千字。用报纸印,五号字横排,加新式标点。封面用道林纸,精印五彩图,每期更换。

乙　办事组织

一、本刊为中国科学社事业之一,隶属于本社编辑部,以中国科学社名义发行。

二、本刊另设委员会,监督财政并主持进行事宜。

三、本刊设编辑兼经理一人,由委员会聘任,常川办事,主持本刊编辑印刷及推销事宜。

四、设编辑若干人,由委员会就热心本刊者特约聘任。

五、设编辑助理一人或二人,事务员若干人,分任编译、文牍、会计、校对、发报事宜。

丙　本刊预算

每期发行一万册,每期支出如下:

编辑兼经理一人,月支＄140	每期＄35
编辑助理一人,月支＄70	18
事务员二人,各月支＄40	20
公役二人,各月支＄13	7
印刷费,一万册	145
稿酬	32
办公邮电	15
广告费	30
文具纸张杂支	10

总计每期开支　　　　　　　　　　　　$302〔312〕

每册成本计大洋三分零二毫

兹假定每期零售每册洋四分，批发每册洋三分五厘，预定全年五十二期，亦照批发价，全年报资一元八角三分，邮资另加，则全年一万份收入为一万八千三百元。

全年支出：薪水十二个月三七二九元，印刷稿酬广告五十二期一〇七六四元，杂支十二个月一二〇〇元，全年总计一五六八三元，每年尚可盈余二千六百元。

丁　筹款办法

一、本刊创办之始，销路未广且起首数期须广为赠阅，宜预备垫本一年，假定以七千五百元为限。

二、集合热心赞助本刊之同志或团体一百五十人，为本刊发起人，每人垫资五十元，分七期缴纳，第一个月二十元，其次六个月各五元，俟有相当收入时，加利偿还。

三、本刊特组委员会，由发起人推举委员五人，本社编辑部主任及总干事为当然委员，共计七人，负责监督财政及主持进行之责。

四、中国科学社供给本刊办公房屋及其他办事上之便利。

五、本刊有盈余时，专款提存为扩充本刊之用，或补助本社举办其他通俗科学事业之用。

六、本刊对于创办人，每年奉赠本刊两份。

七、本刊所订一切章程，概由本社理事会核准施行。

观上述预算一项，每年支出须一万五千余元，为数不可谓不巨。是以创办之始，不得不审慎周详，集众力以赴之。所最要者，本刊须能推销至九千份，方可独立维持。是在同志之努力合作，不难垂之久远也。以上各项办法，未妥善处，在所不免，幸诸社友有以教之。

李协君：新就陕西省政府委员兼建设厅长职。唯陕西新遭荒乱，元气摧残殆尽。目前施政以休憩生息为主。财政奇窘，建设之事，殊难积极也。目前举办者为省政府与华洋义赈会合办钓儿嘴引泾水利及筹划开办陕西第一纺织厂耳。

社友消息

何育杰君：在此寒假中来上海编辑《波动力学》及《高等电磁学》讲义。住新闸路富康里六百二十三号半。

何鲁君：现任安徽大学算学教授。一月底曾赴沪一游。

柳克准君：据浙江大学工学院友人来函，谓已离杭州返长沙原籍云。

邓胥功君：于一月十三日离沪回川，以后通讯处为成都省城刀子巷二十一号佘季可君收转。

徐世大君：现在天津义租界华北水利委员会任工程师职。

周烈君：通讯处四川成都少城栅子街新编第五号。上期《社友》中误刊为五五号，特此更正。

赵进义君：现任北平师范大学教授。

许应期君：去年因病辞去上海交通大学教职。暂时通讯处为无锡北瀰。

孙昌克君：现任建设委员会矿业管理室副主任。

唐启宇君：现在南京红纸廊中央政治学校任职。

贺闿君：已辞去复旦大学教职，将于日内赴汉口实业部商品检验局之任。局址汉口扬子街九号。

杨承训君：任职铁道部，最近住址为南京小门口妙乡十二号。

沈燕谋君：大生纺织公司事务所已自九江路廿二号迁至南京路保安坊。以后通讯请寄新址。

茅以升君：十九年五月辞去北洋工学院院长职务，由天津南来就任江苏省水利局局长。

裴益祥君：原任安徽蚌埠市政筹备处处长兼工务局，十九年五月改就江苏水利局总工程司〔师〕。

金国宝君：现任上海交通银行副理，住福煦路成和村十一号。

第7号　1931年2月15日

社友消息

丁绪宝君：于此次寒假期内，有平津京沪之游，并为故社友杨克念君家属奔走抚恤之费。在沪时住本社宿舍多日，业已北上。

翁文灏君：已由四川旅行返平，对于四川石油产量，认为颇有希望。

陈衡哲女士：现为太平洋国际学会主编英文《中国文化论集》一书。中有蔡孑民、胡适之、丁在君、秉农山、翁咏霓、陶孟[和]、任叔永诸社友及本人之论文。不久即可出版。

孙国封君：于上月中来上海。曾与社中讨论本年沈阳年会问题。

杨杏佛君：于本月十日又添一男，闻讯与夫人来沪共庆获麟。

崔宗埙君：已移住苏州濂溪坊二十九号。

严济慈君：已赴北平任事，通讯处为北平东皇城根北平研究院物理研究所。

张正平君：通讯处暂改南京中央大学地质学系转。

王金吾君：于去年冬改任浙江大学农学院农艺主任。通讯处杭州笕桥农学院。

李昶君：通讯处改为天津法租界大陆大楼中国大陆商业公司。

王季茝女士：兹据陆费执君来函，王女士现仍在美国，其通讯处如下：Dr. C. C. Wong, Children's Hospital, Elland and Bethsda Ave. Cincinnati, Ohio, U.S.A.。

何炳松君：自民国五年留美回国以来，即在北大及北高担任历史教授。民国十一年秋应蒋梦麟、马夷初诸先生之命，南下办理浙江第一师范及第一中学两校，前后凡两年。民国十三年夏又应王云五、朱经农诸先生之命，转入上海商务印书馆编译所服务，自民国十八年以后改任该所所长。

鲁德馨君：于去岁十一月自吴淞中大医学院遄返济南。当于岁杪销假，仍服务于博医部编译部。前在沪为科学名词审查会所整理之《医学名汇》，已经在上海中国科学公司印刷所付印，不久当可出版也。通讯处济南齐鲁大学，或南新街八十七号。

许植芳〔方〕君：现在浙江建设矿产调查所。(1) 研究浙江各县出产桐子四十余种;(2) 研究中国各省出产之漆六种;(3) 化验本省产天然肥料;(4) 计划调查全省土壤及荒山荒地。

李永振君：现任南通大学农科科长,兼附中主任及军山气象台台长。

黄俊英君：现任福建莆田哲理中学校长。

杨培芳君：现任〔住〕天津英租界五十八号路三十二号。

阎敦建君：通讯处为杭州新民路浙江省立民众教育实验学校。

范赉君：现任浙江大学农学院植物分类学及园艺植物学副教授。前兼任园艺系主任一职,业已辞去。通讯处沪杭线笕桥农学院。

姚传法君：现住首都东厂街八号。

胡博渊君：现在实业部矿业司。住南京汉西门天主堂街二十五号。

高露德君：现迁居广州市大北直街西华二横巷第五号。

柳叔平君：于本学期起辞去浙江大学教职,回任湖南大学工学院。上月中率领学生来沪参观工程事业,并面讬〔托〕杨君允中代为物色土木及电机工程教授各一位。惟迄今尚未得人。

冯锐君：通讯处为河北定县城内瘟神庙后中华平民教育促进会农业教育部。

郭任远君：通讯处杭州浙江大学文理学院。

张道藩君：新任浙江教育厅长。

周烈君：现任成都工科大学院化学系电气化学教授,并兼任成都工业高等中[学]校电气化学教员。住址见《社友》六号。

王希闵君：初由海外回省,现住成都省城东胜街十四号。

王国树君：通讯处成郡〔都〕省城顺河街王公馆。现任外文院教务长。

曾德钰君：现任重庆曾家岩工业中学校〈校〉长。

伍应垣君：现任重庆曾家岩工业中学教员。

江书祥君：现任成都东门外农业大学院教授。

张大斌君：现在成都实业街女子实业学校任职。住成都省城桂花巷。

彭钟琯君：通讯处成都学道街工科大学院。

韩楷君：现住成都磨子街井旁公馆内第一家。

杨维桢君：现住成都东胜街建设厅内。

黄钰生君：通讯处天津南开大学。

张泽熙君：现任东北大学土木工科教授。

徐乃仁君：现任中央大学工学院教授。

程其保君：现任中央大学教授兼教育行政系主任。住南京成贤街安乐里二号。

胡庶华君：现住上海本社宿舍。

田世英君：与沈素文女士于一月二十六日在安庆结婚，已于二月中旬偕抵沈阳，住东北大学西村十九号。

杨克念君：于去年十二月十四日夜已积劳病殒于长沙原籍。君医界泰斗，急公好义，仁者宜寿，而竟不永其年，呜呼彼苍。

故社友杨克念君略传

杨君名克念，字希圣，长沙人，前清光绪二十四年七月初二日生。幼即自知力学如成人。光绪戊申岁，入明德小学，每试辄列前茅。辛亥春，学部开办清华游美预备学校，君考入该校肄业。民国七年夏毕业，得派送留学美国。初入芝加哥大学，毕业后转入波士顿哈佛大学专习医学。民国十五年毕业得博士学位，复在美实习二年。十七年夏归国，任湘雅医院内科主任。嗣任湘雅医学院教务主任，仍兼理医务。君器量宏深，识见高远，勇于任事，不避艰苦。虽生长寒素家庭而性极廉介，不屑屑于权利。培植后进，尤著热忱，戚友中缺乏学费者必极力助之。堂弟克观，在沪复旦大学年需六百余元，皆君独立担负。且于每月所得薪水项下捐出五十元为医校基金。其急公好义，大都类此。戚友中有来院就医者，必尽心疗治，往往代付医疗费用。在院任职二年有奇，薪金所入，绝无储藏，亦不计也。平日体质健全，疾病甚少。十九年十二月十四日以疾遽归道山，得年仅三十有三。妻谭振先女士，于民国七年夏结婚，仅一星期之久，君即赴美求学。至十七年归国，始团聚一堂。生女一，名亦孑，现仅二岁。母周氏，尚存，年六十三岁矣。

第8号　1931年4月15日

社友通讯

丘峻君： 阅杨孝述先生《社友》上所发表的《通俗科学周刊办法》，高见卓识，钦佩钦佩。弟对于这种办法，想贡些浅见，聊供大家的参考。关于“宗旨”，弟拟改为：“本刊以供给科学常识介绍科学新闻，引起一般人研究科学的兴趣，共谋科学的普及为宗旨。”关于“筹款方法”，除杨先生所拟办法外，弟加拟办法两种：第一年请中华文化基金会补助一万元，余由热心同志或团体垫足；第二年以后，如有不敷，仍请由中华文化基金会逐年补助，补助到本刊自身能够维持为止。

其次，“发起人”与“创办人”两名词须求一律，只用“创办人”或“发起人”好些。以上所陈愚见，未知诸社友和杨先生以为如何。

廖慰慈君： 弟现在私立福州中学担任些钟点。此校教员多此间欧美留学者，强半系义务。此间对科学有兴趣者颇亦不少，甚欲联合同志，共创一社友会。乞将本社所定设立社友会章程检〔捡〕赐为盼。通讯处福州城内吉庇巷二十一号。

社友消息

金仲藩君： 现就上海银行北平分行经理职务。刻寓北平西交民巷上海银行内。闻金君眷属将于本年夏间由津移平。南中金君旧友如有信件，可寄至北平上海银行甚妥。

严济慈君： 于本年二月间就北平研究院代理物理研究所所长职务。现寓东皇城根弓弦胡同十五号。于二月三十日获庆弄璋。严夫人与新出世之小严先生皆甚平安。已于三月十三日由法国医院迁回本宅。闻严先生现共有三位少君，想皆将来之科学家。特此奉告严先生之南中诸友，以慰系念。

秉农山君与竺藕舫君： 均于上月中先后来沪应亚洲文会之演讲。秉君讲“南京之自然历史”，讲稿系英文，现由本社于君译成中文，刊入本社将出版之《科学的南京》一书。

萧纯锦君：现任沈阳东北大学经济学教授。近译述 Hugh Dalton's *Principles Public Finance*，业已脱稿，行将付印。Dalton 为英国工党内有名之经济学者，现在麦克唐诺内阁任外交次长。其学说新颖，题材简括，允为欧战后财政学之名著。

胡刚复君：近被东北大学委员会推举为该校理学院研究改进设计之专家。业由该校电请于四月中旬北上。东北大学经费饶裕，其理学院之设备经社友孙国封博士历年之惨淡经营，素称充实。有若干部分如物理系、化学系等，其设备之完善周至，远出欧美一通常大学所有设备之上。在全国除清华大学外，实无其比拟。此次再得胡博士为之指导设计，将来发展，尤无限量。吾人为科学前途计，皆当拭目俟之也。

庄长恭君：因父丧于三月初间请假三星期回福建泉州原籍。现已仍回辽宁东北大学任职矣。

尤乙照君：现任平绥路局正工程司〔师〕，兼机务处课长。近以国基渐固，建设正始，机械学一科实属至要。惟我国关于此门专书太缺，致吾人研究时异常不便。决先将历年在北平各大学讲授之“机关车”一部分讲义整理出版，并拟编辑铁路建筑等书。通讯处平绥路总局或北平南太常寺街七号。

华凤翔君：前年(民国十八年)由广州至唐山担任教授。唐山乃河北省最大的实业区，有工人六万上下。不知本社有若干社员在此？通讯处河北省唐山交通大学土木工程学院(按唐山社友仅有三四人)。

徐渊摩君：敝寓门牌原为蒲石路五十六号，经法公董局重编后改为九十六号。徐韦曼君同。

吴树阁君：前在中央大学，现改就上海亚尔培路中法大学药学专修科教职。

卢平长君：已辞去青岛市工务局科长职务，赴沪他就。

熊正理君：旧住南京成贤街，现迁居丹凤街六十五号。

陈纳逊君：现任南京金陵大学动物系正教授兼主任。住址南京平仓巷八号。

蔡怡庭君：现住青岛黄县路新五号。

胡经甫君：现任北平燕京大学动物学教授兼生物学系主任。

李孤帆君：通讯处为上海威海卫路一五〇号中社。

许植芳〔方〕君：现到上海中央研究院化学研究所任事。

孙宝墀君：现任胶济铁路工务处桥梁工程司〔师〕。住址青岛莱阳路十九号。

王维克君：去年在湖南大学，担任算学、物理学等课，现因家事辞职，在家编译文理各书。住址江苏金坛西轿巷七号。

何吟苢君：通讯处为沈阳东北大学理工学院物理学系。

钮因祥君：民国十五年因病离哈，赴青岛养病近五年。去年秋，重来哈尔滨。现任中东铁路车务处秤磅厂主任。通讯处哈尔滨南冈龚子胡同四号。

张绍镐君：现任中东铁路三十六棚总工厂工程师。住址哈尔滨里斜纹街马街拐角。

盛绍库君：现任中东铁路阿什河站公务副段长。通讯处同。

冯家乐君：现应川省刘主席之约赴成都任化学顾问。通讯处成都大红土地庙街里仁巷王希文先生转交冯和生。

第9号　1931年5月10日

社友消息

萧纯锦君：近日鉴于东三省经济之凋敝与农村金融之困难，曾做数次公开讲演，竭力提倡农民信用合作运动，一时颇动听闻。沈阳县已将此次领到省政府救济农商之贷款三十万元，根据合作方法贷出。将来更拟将该县积谷经费均改充农民信用合作社之基金。其章程已请萧君草拟云。

胡刚复君：胡刚复与胡庶华两君前此同被东北大学聘为专家委员，于四月十九日联翩莅沈，受该校当局热烈之欢迎。胡刚复君所担任设计者为理学院，二十日即开始视察。凡关于课程设备、教授方法、学生程度等项，均曾为详密之调查。留沈十日，旋即有极精确之改进计划书提出于该校。委员会准其计划，现在理学院各学系咸将作有次第的充实。科学前途殊可庆幸也。

刘大钧君：已改就国民政府主计处统计局职务，以后函件，请迳寄该局。

丁嗣贤君：住南京石婆婆巷九号。现任中央大学化学工程科教授。近与管中仁女士订婚，管女士现肄业于上海持志大学法律系，今夏毕业，即行结婚云。

关汉光君：住上海胶州路胶州坊三百〇六号。去夏辞北宁铁路职，来申从事商业，写字间在仁记路廿五号六楼五〇九号兆福公司，电话一九四二三。

胡先骕君：现任北平静生生物调查所植物部主任。与社友陈焕镛教授共编之《中国植物图谱》第三四两集，已交商务印书馆付印，不日可以出版。与秦仁昌君共编之《中国蕨类植物图谱》第一卷，已由静生生物调查所与国立中央研究院合资刊印，已出版数月。前年由第四次太平洋科学会议推举为天然纪念物保存委员会中国代表。去年由第五次万国植物学会议推举为植物学名审查委员会中国代表。今年得受北京博物学会舍〔金〕氏奖章。

陈焕镛君：现任国立中山大学农林学院植物研究所所长，并任广州市植物园园长。去年代表静生生物学会议，被举为植物学名审查委员会中国代表，四月底可以回国。去年创刊一种英文之植物学杂志，名为 *Sunyatsenia*，颇为杰出。现又拟创刊一中文之植物学杂志，名为《南方植物》。

朱庭祜君：住广州文德路两广地质调查所，现任该所技正兼副所长。近将去年在浙江调查地质之结果编成报告，不久出版。

陈宗南君：去月担任广州市国货展览会出品审查会主席委员，现已审查完竣。并以校务曾来沪公干。

陈汉清君：住下关二马路七七号。已辞去司法行政部之职，现在南京执行律师职务。事务所设下关二马路七七号，嗣后亲友通讯迳寄事务所可也。

冯景兰君：三月中旬曾赴宣化烟筒山及平绥路鸡鸣山等处视察煤铁各矿。通讯处天津西沽北洋大学。

张广舆君：因各方敦促，已回河南焦作就福中矿务大学校长任。

曾义君：去年暑期返四川省亲，同时在成都组成川康建设协会，在重庆组成西南建设协会，并考察川省桐油，现均完毕，仍回中央研究院化学研究所服务。上月初与社友胡泽女士在上海新新酒楼结婚，并即偕赴杭州度蜜月。

胡泽君：现寓上海辣斐德路淞云别墅四号，从事著书。

宋希尚君：现任扬子江水道委员会委员兼工务处长。自去年依据实地测量之结果，拟具扬子江汉口吴淞间整理计划方案，惟需款项五千数百万两。最近曾往下游一带视察沿江形势，闻下半年将该会测量队移测江阴以下一带，对于扬子江江口之整理加以研究云。

马名海君：现任大夏大学物理系主任、暨南大学教授。通讯处上海劳勃生路致和里二十三号。

许应期君：去年暑假后因病辞交通大学物理副教授职，在家休息半年。本学期得四处之聘，因素闻东北大学规模宏大，故决到东北。现任该校理工学院专任教授。

谢家荣君：近奉实业部之命，赴皖南当涂、繁昌、铜陵等处调查铁矿。同行者有地质调查所孙健初君。返沪后承华东煤矿公司之邀，又赴贾汪勘察煤田，研究钻探结果。于四月廿一日事毕返北平。

顾世楫君：现已辞去太湖流域水利委员会测绘课长职务，改任导淮委员会秘书处第二科科长兼工程处工程师，主管编辑调查及统计事项。已于四月十二日到京供职。通讯处南京复成桥导淮委员会。

陈清华君：现任中央银行总秘书，近译《中央银行概论》一册，由商务印书馆出版。

鲍国宝君：建设委员会专门委员兼任南京首都电厂厂长，本年该厂向德国西门子洋行订购五千启罗瓦特透平发电机二座及锅炉等扩充新厂，约明秋可完工，以树立首都电气化之基础。

郑华君：现任首都轮渡工程处处长，即衔接京沪、津浦二路之火车轮渡，已动工打椿，将来落成为我国第一个铁路轮渡也。

汪胡桢君：任导淮委员会设计组主任工程师。以该会副委员长庄崧甫及委员许世英、沈昌等有勘淮之行，曾于四月廿二日随同出发赴淮阴蒋坝一带视察，现已公毕回京矣。

赵进义君：于去年七月就国立北平师范大学数学系主任职。现寓北平西城宗帽四条后身柳树甲十号。

丁求真君：于上月中旬赴沪出席中华民国医药学会大会，演讲《几种芳香药品及香料之镇静性的实验研究》及《各国医学教育制度之比较》。

陈翰笙君：原名陈枢。自民国十六脱离北京大学教授职务后，再赴德国留学，专门研究农村经济。十八年春返国，加入中央研究院社会科学研究所，现专任中国农村经济之研究工作。通信[地]址上海福开森路三七八号，电话七一二一四。

赵正平君：现住上海贝勒路恒庆里四十一号，从事编撰《上海市市志》。

沈百先君：本年二月起，已辞去中央大学土木科教务，现任导淮委员会秘书处处长。导淮第一期工程计划已经国府确定，一俟工费拨到，即可实施。通讯处南京复成桥导淮委员会。

荣达坊君：新住址为上海华德路第四百五十五弄 JG 七十三号。

许炳堃君：于上月移居南京绸巾市十号世界学会。

周钟岐君：现已奉铁道部令调任平汉铁路管理局委员。

何文俊君：去年于四川华西协合大学任教，旋得罗氏基金委员会研究金，于去夏赴北平燕京大学生物系研究经济昆虫学。现通讯处同。

李冈君：现已迁居上海担任中央大学医学院耳鼻喉科教授及中国红十字会总医院耳鼻科主任。住址极司非而路中振坊十八号。

陈隽人君：前在上海任中国银行调查部职务，现已改任济南中国银行分行襄理。闻不久将携眷同往济南云。

刘朝阳君：住北平成府蒋家胡同二号。去秋离粤来平，现在国立清华大学、私立燕京大学及国立北平师范大学女子师范学院等校教书。

第10号 1931年5月30日

社友消息

赵燏黄君：现在中央研究院化学研究所担任研究中药的工作。其最近著作名《中国新本草图志》，其第一集第一卷月底月初可以出版。本月九日赴杭州西湖采集药用植物，并采得防己科植物三四种，为今日医药上最有价值之研究材料。其新鲜者栽培于霞飞路研究所后庭中。

郭美瀛君：于公余之暇，办有化学工业原料厂一所。三年以来，专造制革玻璃等厂应用化学药料。社友中有精究化学工程者，或于该科具有兴趣、愿相与研究探讨者，能得时相过从，指示改良，或有所试验，皆其欢迎。使国产发达，工厂有所取料，不致徒言抵制，反而束手待毙。凡我同志，尽兴乎来。请于任何星期日驾临虹口岳州路东华昌皂厂面叙为幸。

黄人望君：现在浙江嵊县县政府。前本在北京大学、北京师范大学、武昌师范大学充当中史、日本史等教授十余年。民国十五年秋，因奔走革命，转入政界，忽忽数载，自审政界非己所长，现仍拟充当教授，乞为介绍，以遂素愿，不胜企祷。

黎照寰君：前以母夫人年高八十，卧病转危，遵电回粤省侍。获中医诊治，幸渐复原，经即返沪。据言离粤多年，此次目睹广州市政，成绩佳异，道路警察，办理完善，实较上海租界更为优胜。希望中国科学社年会能在广州举行，藉资观察云。

方子卫君：近奉国民政府整理招商局总管理处令，继任国营招商局航务专门学校总务长职，仍兼总局总工程师职。现郭外峰专员已接事，方君正协助计划种种建设事宜。方君近与陈愫鹃女士结婚，迁寓上海法租界万宜坊七十一号。

唐之肃君：现任山西民生炼钢机器厂厂长之职。厂设山西太原北门外，为前山西育才炼钢及育才机器两厂合并而成。该两厂系于民国十三年成立，开办费约一百万元。在前六七年中，炼钢厂因设有电炉，专制刀具合金炭素等方圆上等钢料。机器厂制造车洗擦刨各床，并枪炮等机器，成绩甚良，然仅供给军用。此次合并后，纯改为营业性质。各地拟设经理处，推广销路，担任工厂计划并售卖钢料及机器事项。现值我国建设时期，如各处购买钢料及机器时，均可承揽，并存有现货单样，函索即寄。通讯处山西太原民生炼钢机器厂。

杨炳勋君：发明国音速记，惨淡经营，创设炳勋国音速记学校。现各地学员已至三四百人之多，而沪上大学中学如法政学院、复旦大学、商学院、上海中学、清心中学等等亦有添设国音速记班者。闻该速记学校初发明时大有改进，《速记报》（已出）、《习语成语速记词典》现已编辑完备，即可出版。凡名人演讲、会场记录、公司年会，学员亦能实地工作。现杨君仍继续努力，以求普及。凡我社友对于此种新学术新技能，当乐为提倡也。

许心武君：住南京高楼门一号。半年游历日本、朝鲜及华北各省，因便收集水利工程材料不少。征尘甫卸，尚未暇细加整理，近以各方敦促，勉任河南大学校长。该校基础甚好，规模亦宏，已成立文理法农医五院。惟经常费比较为少，正有待充实与发展也。

傅涣〔焕〕光君：通讯处南京中山门外总理陵园。任职陵园已届四年，对于陵园之建设有具体之计划，如农林生产、植物研究及公园布景等，均逐步推行。故中山门外颇具特殊之气象。

卢平长君：现在余杭有所经营，通讯处余杭兆佳桥夫人巷丁元藻寓。

顾鼎梅君：于民国三年迄民国十年止，膺河北道尹范君之聘，纂修《河朔古迹志》八年之久，深入太行，发现自汉迄元止，古人未见碑刻七百余种，成《河朔访古新录》十四卷、《河朔金石目》十卷，凡河朔区域之古物，详记靡遗，刻已排印成书，不日出版。顾君现为上海科学仪器馆总经理，近则从事科学仪器之制造，营业日有进步。余暇仍从事于考古编辑，颇多新著也。

徐调均君：近膺上海大中华火柴公司之聘，担任总务科整理档卷职务，并研究归档方法。通讯处仍在科学仪器馆。

何德奎君：现任上海租界纳税华人会及江海关二五附税国库券基金保管委员会英文秘书，兼上海法学院经济系主任。其通讯处为上海银行公会内三〇三号。

陈茂康君：现迁居于极司非而路元善里四十六号。

王助君：本年三月辞去福建马江海军制造飞机处处长职务，改就上海中国航空公司总工程师之职。通讯处上海亚尔培路逸安里一号。

李寅恭君：现教授于南京中大农学院。拟于本年夏假，偕森林科本科诸生，游历黄山，藉资采集。刻正函询徽属校学，沿山有无匪扰及向导，遍入胜境等事。闻钱雨农君亦有结伴同行之约云。

张天才君：近迁居南京龙王庙堂子巷十号。现在国民政府建设委员会服务。

程振钧君：现在实业部工业司。

刘大钧君来函云：嗣后凡蒙惠赐函件，除京内朋友外，皆请迳寄上海霞飞路兴业里六号，或北京路五十号中国评论周报社转交。

朱世昀君：现在中央建设委员会长兴煤矿局主持局务。最近长矿局每日产额已将过六百吨。本年三月新电厂完成发电，并扩充矿区，另开广兴新井，现亦日出五六十吨。于最近期间，可至百吨。并已拟有继续扩充计划。

黄际遇君：自十九年五月转任青岛大学理学院长兼数学教授。现从事编纂高等数学丛书。

李雪初君：通讯处青岛湖南路工务局自来水厂。

徐敬候君：青岛市教育局。

唐家珍君：青岛胶州路青岛市立医院。

李运华君：清华大学化学系教授。

李继侗君：清华大学生物系教授。

第11号 1931年6月27日

社友消息

唐焘源君：现在国立中央研究院化学研究所。最近研究用竹制造竹浆，已有结果。吾国产竹丰富，为造纸最佳原料，而国内新式纸厂利用者尚少。盖因竹成分中含有易于变为胶质之 pectose 与淀粉量颇多。前者妨碍蒸解剂之作用，后者遇苛性曹达即成褐色之沉淀，难于漂白。唐君对于免除上述缺点，经多时试验，已告成功。所制竹浆颇为洁白，而所用蒸解漂白等剂，较诸用于芦草浆者，尤为低廉。如与适当纸料及填料配合，可纺〔仿〕制富士纸及二号纸等。至用以制连史及毛边尤为适宜云云。

王应伟君：现编《近世地震学》一书，理论与实用并重。全书共十余万言，业已脱稿，交由中国科学公司印刷，不日出书，由青岛观象台发行。该书共分十一章，其章目如下：(1) 地震之一般事项及其统计；(2) 弹性波动；(3) 地震波之反射及曲折；(4) 地震波之传播；(5) 地震机械之理论；(6) 地震计；(7) 地震计之常数；(8) 地震记象；(9) 地震波之观测；(10) 震央及震源；(11) 杂论。

余泽兰君：东北大学化学教授。最近编成《实用化学》一书，材料丰富，插图甚多，适合各种专门学校及高中第一年级或第二年级作教本之用。书中文字极平易畅达，即初中第三年级亦可采用此书作教本或参考书。此外更含有编译者历年来之教学经验及中国化学材料如农产、矿产及各种制造品等，使吾国读者对于国计民生无隔靴搔痒之病。此书已于日内付印并预约云。

邓植仪君：广东土壤调查所自去年十月成立以来，弟主持其间。于十一月即着手开始调查，研究番禺县土壤，迄今半载，经将全县土壤大致调查完竣。现继续研究整理报告，大约下月可整理就绪，即拟将报告付梓。并拟于下月开始调查南海县。又菲律宾大学农科土壤教授潘打罗顿氏(R. L. Pendleton)现应北平地质调查所之约，担任调查土壤。潘氏以调查中国土壤，宜有相当联络，会约弟相晤，并于本月上旬过港时，来广州参观敝所接洽一切。

茅以新君：民国十八年三月来杭州襄助筹备杭州至江山之杭江轻便铁路，担任机务事务。民国二十年六月一日通车一小段至尖山，七月一日可通车至诸暨。预计民国二十一年三月可通至兰溪。通信处杭州里西湖三号杭江铁路局机务股。

郜重魁君：自民十七由粤中大自然科学科主任，转任上海国立暨南大学生物系教授。后民十八率领暨大生物学系员生赴浙江天台山采集，民二十率领暨大生物学系员生赴江西庐山采集。两次所得动植物种类甚多。本年五月中国生物科学会上海分会在沪大开常年大会时，郜君曾将两次采集观察所得，著为《天台山与庐山植物之比较观察》一文在会宣讲，不日将由该会刊发。郜君本年仍当选暨大生物学会主席及中国生物科学会上海分会执行委员。现仍寓上海虬江路宝德里七号。本年暑假间，将应中国海滨生物研究会之请，前赴厦门大学研究厦门之蕨苹植物云。

顾毓琭君：在康奈尔大学机械工程院治博士学业，现论文已经毕事。下月考毕后，拟去各地考察调查，秋间返国。

高志君：业已由美返国，在武汉大学担任教席。六七八月三个月间通讯处为广州定海中约八号。

赵正平君：现任上海市通志馆专任委员。馆设城内邑庙内园，每日赴馆，收集并整理上海史料外，常到中社图书馆研究中国史及苏俄政治经济。

薛绳祖君：现在上海经营建筑事业，事务所在九江路十四号五楼开宜公司。住麦特赫司脱路七十二弄八号。

卢平长君：现在友人所创办之德昌贸易公司服务。公司事务所系在上海四川路一百十二号四楼。公司现与永富矿厂合资经营一矿，矿在余杭富阳间。系奉派来此从事勘探工作。开工以来，已四十日，再两阅月当有头绪。将来正式开采，尚须常驻此间管理一切也。

李永振君：自十九年春任南通大学农科科长(现称南通学院)，苦心整理，日见起色。该校基础极佳，环境适宜，有垦地十一万亩，正在经营开垦。并以当地著产棉花及鸡猪，故该校特注重该项之育种工作，已有成绩者为南通鸡脚棉及狼山鸡两种，至泰兴猪尚在研究中。

徐凤石君：业已移居上海静安寺路一六九九弄三号。

黄伯樵君：通讯处甲上海新西区市政府路公用局，乙上海环龙路九八号。

鄘恂立君：七月一日以后通讯处为浙江嘉兴徐家埭五十六号。

葛敬中君：五年以来，在镇江四摆渡垦荒植桑，养蚕制种兼营牧场、苗圃等公私事业，经垦植成林之桑园三千亩以上，制造改良蚕种自万张扩至五十万张，风行于江浙皖各省。通讯处镇江四摆渡。

陈思义君：近由香港来沪，通讯处上海爱文义路二五七号。

第12号　1931年7月11日

社友消息

赵廷炳君：来函略云，廷炳于去夏以浙江大学副教授资格，由浙省政府派遣来美，现在康南尔大学研究。拟继续两年，然后赴欧。在二年中社中如有嘱委事件，廷炳能力所及，极愿效劳。通讯地址如下：Ting Ping Chao，100 Cook St，Ithaca，N.Y.。

沈君怡君：自上海市政府成立以来，任职工务局长，四载于兹。并兼上海市市中心区域建设委员会主席，主持建设市中心区域及建筑市政府新屋等事宜。现市政府新屋已于本年六月在江湾正式开工，预定二十一年年底完工。届时市政府及各局即将全体迁入。就一片空地创造新市区，此举在国内尚属创见。

谭友岑君：现任建设委员会模范灌溉武锡区办事处工程师，专事办理电力农田灌溉。现武进、无锡两邑已有农田五万余亩以电力灌溉。现拟从事扩充，并计划芙蓉圩低田四万余亩之灌泄工程。通讯处武进城内磨盘桥新屋二楼。

蔡无忌君：现在实业部上海商品检验局担任畜产品出口检验事务。检验局地址在上海博物院路十五号。凡由上海运往外洋之商品，如棉花、生丝、茶叶、火腿、肠衣、猪油、蛋产品及生皮等，与由国外运入之肥料、蚕种等货物，均须经过检验，方准运销。局中于用科学方法办理检政外，并注意研究事业，期于商品改良有所贡献。

胡泽君：现在中央研究院化学研究所生物化学实验室研究川省银耳之化学结构。

陆法曾君：担任首都电厂总工程师三年，功绩卓著，本年兼任上海闸北水电公司电气总工程师，往来京沪道上，仆仆劳苦，洵为我国电机界杰出之人才。

庄秉权君：前任太湖水利委员会技正，兹悉早已辞去，现在上海江西路东亚建筑公司任职。

张可治君：已离杭州，赴南京就实业部技正职，并主管中央工业试验所之机器厂，今则正进行五百万元之中央机器厂也。

林士模君：南京建设委员会秘书。

陈器君：上海博物院路八号建委会购料委员会材料课课长。

陈广沅君：济南大槐树津浦路机厂厂长。

王善佺君：现任国立北平大学农学院教授兼农艺系主任。

冯锐君：现任中华平民教育促进会定县实验区农业教育部主任之职。最近因病将暂时请假休养。

王兆麒君：计划上海市公共宰牲厂，现正在进行筹款，建筑费为一百万元。住上海麦赛而蒂罗路一七一号。

社友文艺

过先生探先之墓碑

先生姓过氏名探先，出江苏无锡县北乡望族。当其少时，世界更大通，远识之士悟中国不能尚沿旧习，专为无用之学。故无锡名儒吾友胡先生雨人，首集其亲故群子弟督促之，使研泰西有益人群之智能成就，而能探学奥有高名者都十余人，先生其一也。先生为胡先生女侄竟英女士之婿，夫妇皆以硕学闻当世。不幸前年女士仲兄胡博士明复中年遇险猝殒，昨年先生又以疾逝，年亦仅逾四十。设竟两人研讨之所得，皆足为学术界增益新发明，故两人之早谢，其损失关系世界全人类，非独中国而已。先生治农学，初成业于美利坚之惠斯康辛及康奈尔两大学。归国教授于东南大学及主任金陵大学之农科，一时公私所有农林事业争倚恃先生擘画指导，得全国惟一之信仰者，亘十余年。而其他科学界，亦共推先生主持重要组织。先生不惟学术为一时领袖，而性行尤超乎群伦，其详自有传状学史备书之。今因全国学子议葬先生于汤山之教育林，永纪念其农学界之先哲，故于其下砭之碑，镌记大端，并系之以词曰：

先生之学，穷高极远。衣我粒我，早夜黾勉。汤之阴，手植有木，应勿伐而勿翦。

中华民国十有九年十月，武进吴敬恒撰书并篆额

第13号　1931年8月10日

社友消息

秉农山君：由中华教育文化基金董事会聘为动物学研究教授，仍在本社生物研究所及北平静生生物调查所施行研究。业经本社认可，生物研究所所长一职仍由秉君负责担任。又秉君近撰《南京自然史略》一文，原稿为英文，由本社职员于星海君译为中文，编入本社将出版之《科学的南京》一书中。

顾毓琭君：在康乃尔大学已得实业工程科博士(Ph. D. in Industrial Engineering)。现在尚留该校，冀于暑暇中完成一“新式高压蒸汽锅炉”之计划，然后赴各地考察实业经理法标准化等。秋间赴欧考察，约年底回国。

陈宗南君：近由广州来沪，为中山大学招生，业于本月三日考毕。陈君须俟参与年会后，方可返粤。现寓中国青年会二十五号。

胡先骕君：以江西乡耆有重修《庐山志》之举，其中植物志部分推胡君担任。先定于七月中旬起程赴赣，对于庐山植物为详尽之采集，以为编志之资料。约于八月底回平。

王季梁、路季讷、朱觉卿三君：于上月二十五日偕赴南通小学教员暑期讲习会演讲。

艾伟君：现仍担任中央大学教育心理学系主任及中华教育文化基金会科学讲座。最近基金会委托调查中学英文教学状况，以为改进张本。现在研究计划之一为各大学入学试验英文试题与试卷之研究。日前已通函各国立私立大学，采集此项材料，以便研究。关于著作方面，积六年之教学经验，已成《高级统计学》一厚册。去夏寄商务书馆付印，将于本年八月底或九月初出版。又本年夏间，应中华书局之请，正忙编《高级师范用教育心理学》一册，希望于八月底脱稿。

阎敦建君：新近加入本社生物研究所，专门从事国内贝壳动物之研究。

徐韦曼君：于上月底又庆弄璋之喜，母子均甚平安。

徐渊摩君：于上月中悼鼓盆之痛，徐夫人系病盲肠炎云。

宋希尚君：上月因扬子江在南通一带坍削日甚，影响于水道变迁甚巨，故特前往该处详细察勘。估计保坍经费一百万元，已覆呈交通部。最近以疏浚吴淞口外神滩有关扬子江整理计划，已由交通部指派前往浚浦局参加会议云。

邓植仪君：现鉴于坊间土壤学之书本殊形缺乏，而外国教本又难得适用者，因与同事彭家元先生(中山大学农科土壤学教授兼土壤调查所技正)将历年来所编教材与研究所得，合著一《土壤学》，作农科大学或农业专门学校之教本，或供中等农校之参考，现在印刷中，大约本年八月可以出版。

张一志君：现移往上海南市小东门民国路中央大旅社二楼一二七号。

曾昭抡君：已改就北京大学之聘。八月一号起，通讯处改于北平北京大学化学系。

曾诒经君：现寓上海亚尔培路五百号逸安里十号。

常宗会君：在首都太平门外经营蚕桑及养蜂事业。现共有蜂群百余箱，代友人经营桑园八百余亩。现并有在京学农同志发起创办私立农科职业学校，即以其所经营之太平蚕种制造场为校址。该校之董事长为蔡孑民先生，闻已经市教育局备案，不日开始招生，秋季即将开课云。

黄绶君：现任四川富荣西盐场场长，通讯处富荣西[盐]场场长公署。

上官尧登君：现任江西省立一中生物学教员，颇希望社友中能介绍其前往南洋华侨中学担任生物学教员。因南洋生物种类甚多，本人亟愿一往研究之也。通讯处商〔南〕昌花园角一号。

黄人望君：自八月一日起移杭州西大街狮虎桥三星里一号。

李书田君：现任华北水利委员会常务委员兼秘书长。自从国务会议议决华北水委会由建设委员会改隶内政部后，李君仍任原职。惟建委员〔会〕方面以设计工作正在积极进行，须广延专门人才，始克有济。特敦聘君为建设委员会专门委员。最近李君又新由永定河堵口工程处聘为咨询工程师云。

陈伯庄君：原住南京铁道部，现住上海北四川路永安里十八号。

葛敬应君：现任青岛市农林事务所所长。对于该市林政之计划设施，农业之试验推广，颇著成效。计任职二年来，造林达一千五百余亩。该市各重要农作物之试验，亦俱有端倪。余如市内各处公园，陆续计划布置，悉见改进。通讯处青岛公园路农林事务所。

罗河君：通讯处为镇江京沪铁路驻镇工程处。

阮志明君：现住上海法租界菜市路三裕里老十一号。

胡庶华君：已迁居萨坡赛路兴业路内仁里四十八号。

赵正平君：已迁居陶尔斐斯路二十五号。

许应期君：已辞东北大学教授职，赝〔膺〕国立中央研究院气象研究所之聘，任研究员之职。通讯处南京北极阁气象研究所。

曹元宇君：通讯处改为南京中央大学理学院。

第14号 1931年9月15日

社员建议

本社致力于科学丛书之发行，日就广罗，良用钦佩。惟所出丛书，似多偏于专刊方面。而十余年前出版通俗性质单印本之《科学通论》，内刊名论，颇能引起研究科学者之兴趣，可谓欲研究科学者之入门，于提倡科学方面，亦具有宣传之至意。惟此书绝版已久，管见所及，实有重印之必要。迩来在《科学》杂志上曾刊之论文，不妨择尤〔优〕撷取，增订再版。试观去年翁文灏君所著《锥指集》一书，虽属地质学居多，但问世以后，在沪不数日销售一空，可见国人研究科学者日益众多。又德人柯泼氏巨作《化学史》，绝版数十年，最近居然经莱卜齐城罗伦次书局重版发行，要亦为化学之重要名著故也。是以本社如能将此《科学通论》重编或增订发行，则当此国内提倡自然科学方兴之候，销数谅必匪鲜。是否有当，幸希明察。此致中国科学社理事会。

陈可培 八，二〇，三〇

社友消息

曾昭抡君：已就北京大学化学系主任之职。以后通讯请寄北平北京大学化学系或弓弦胡同内黄米胡同八号。最近研究为与朱汝华女士合作之《调味粉制造手续改良之研究》，已得有重要之结果，现仍在继续进行中。住址北平弓弦胡同内黄米胡同八号。

许浈阳君：在岭南大学教授物理多年，曾与该校附中自然科主任赖福合编《初中日用物理》一书。该书优点颇多，取材日常生活为中心，实验富有兴趣，插图特别新颖，有清华大学物理学教授吴正之、中山大学物理教授黄巽及美国葛理佩教授作序，经〔已〕于八月间出版。又闻许君曾于去年与朱志涤、黄巽（俱中山大学物理教授）、卢希仲（国民大学物理教授）等合编《高中物理》一书，该书亦经付梓，八月抄〔杪〕即可出版。现许君领得洛奇斐鲁辅助金，再赴美从事研究，已于八月十八日由香港趁〔乘〕林肯总统船放洋。在美通信地址如下：Mr. C. Y. Hui, Fellowship Service Department Rockefeller Foundation, 61 Broadway, New York, U.S.A.。

钟心煊君：业已由欧回国，现任武昌武汉大学理学院教授。

褚一飞君：新从法国留学回国，现通讯处为上海体育会东路春晖草庐一号。

汪胡桢君：京寓已迁至西华门四条巷良友里二十一号。良友里共有屋三十余幢，咸以钢骨混凝土构造，为首都最先采取欧陆新作风之住宅，系汪君及知友数人所合建。汪君鉴于首都优良房屋之缺少，已与京内工程师数人合组金陵房产合作社。即在行政院东首竺桥街建设桃源新村，建屋二十余座，本月底正式开工。又在金陵女子大学南小仓山左近购地五十余亩，建设凤山新村，一二月内亦可开始建筑，闻可布置花园住宅五十所左右云。

冯景兰君：曾于七月初领导北洋大学矿科旅行团到山西大同口泉、云冈等处调查地质，参观煤矿。月底返津。

张广舆君：自长河南焦作福中矿务大学后，对于该校力谋扩充，近已增加经常费五万元，添设土木工科，该矿务大学为焦作工学院云。

陈方济君：原在金陵大学任教授，现就浙江省农业改良场场长。本场在杭州拱宸桥，于今年七月由前农林总场改组成立，注重稻麦园艺及土壤肥料等改良事项。

何育杰君：于七月向东北大学辞职。本年拟在家休养，兼事著作。现住上海新闸路福康里六二三号。

孙荣君：已辞东北大学教职，现已移寓北平崇文门内东城根抽屉胡同一号。

王崇植君：现在建设委员会任技正，通信处同上。去年冬季，在里读书，曾与恽震君合著《无线电与中国》一书，详论国内外无线电通讯之经济价值。全书计二百页，本社图书馆代售，请同社诸友加以批评。

李冈君：现任国立中央大学医学院耳鼻喉系教授及中国红十字会总医院耳鼻科主任。并设诊所于上海静安寺路一二〇五号，专治食道气管及耳鼻咽喉各疾。

孟森君：现将移寓北平，住址须俟到平后再定。

邓莪岑君：沪寓已迁至静安寺路沧州别墅四号，电话三七八四一号。前白克路住址及电话号码已取消矣。

吕子方君：现任重庆大学教务长兼物理教授。以后信件请交重庆菜园坝重庆大学。

吴旭丹君：于八月起悬壶上海，诊所在北京路七十三号三楼二十七号，电话一四〇〇五号。

王化启君：已就吉林大学物理教授职。自八月廿五日后，所有函件请寄至吉林大学理工学院。

谢家荣君：现兼任清华大学教授并代理该校地理系主任事务，通信处仍为北平地质调查所。

刘拓君：现任北平国立师范大学校理学院院长兼化学系主任，北平北海酒醋局十号。

徐仁铣君：原任浙江大学工学院教授，现改在文理学院教学矣。

程其保君：现任国立中央大学教育学院院长。

薛光琦君：向住南京马泥巷，现已移至成贤街大纱帽巷四十五号。

陈可忠君：曾任中山大学教授四年半，去年秋得咯血症，在粤医治多时，未获痊愈。已于四月初辞职回籍调养。现在通信处为福州胪雷。

查谦君：现任中央大学物理学教授，寓南京网巾市十五号。

曾义、胡泽伉俪：已移居上海善钟路蒲石路口合大里三百三十号。

高践四君：通信处为无锡江苏省立教育学院或三下塘七十号。

郑法五君：通讯处为武昌华中大学化学系。

陆凤书君：从十九年秋季起任武汉大学工学院教授。家住无锡百岁坊十号。

徐乃仁君：上海住址为新闸路和乐里一九〇八号。

陈为桢君：通讯为南京三牌楼中央大学农学院。

万宗玲君与张贤君：通讯处均为中央大学女生宿舍。

曾义君：现受中国建设协会之讬〔托〕，续主编《中国建设》化学专号二期。社友们对于我国之各种化学建设上倘有鸿文见赐，甚表欢迎，尤以关于化学工厂设计者为最宜。通讯处上海霞飞路八九九号中央研究院化学研究所。

朱庭祜君：自七月份起任两广地质调查所所长。所著《浙江地质报告》即日出版，现整理云南地质材料，不久亦可付印。

第15号 1931年10月15日

社友消息

吴定良君：于本年三月间被举为国际统计学社会员。同时中选者有美国 R. Pearl 与英国 R. A. Fisher 诸教授。又五月间由该社行政会议议决邀请吴君为该社研究委员会委员。

李仪祉君：因全国救灾会之敦促，特由陕来沪，担任该会总工程师之职。现住四川路中华青年会，约须勾留数月云。

胡步川君：因温岭建筑水利工程来沪招标，现住本社宿舍四号。

刘仙洲君：因东省事变，已赴北平。通讯处为北平西长安街大六部口三十二号。

顾世楫君：已辞去南京导淮委员会职务，改就杭州之江文理学院教授。

周癸叔君：现任安徽大学国文教授，住安庆杨家塘一号。

李赋京君：已辞去上海中央卫生试验所职务，改任开封河南大学医学院教授。明年五月间仍须返所，以完成其研究工作云。

邓胥功君：前在上海暨南大学任师范科主任五年，现转任成都大学文学院教授兼成都师范大学教育系主任。近编成《教育学大纲》一部，分上下两卷，共四十余万言，已交上海华通书局印行，约定年内出齐。又著有《教育通论》一书，为世界书局新教育丛书之一，不日亦将出版云。其通讯处在四川成都省城吉祥街第十七号邓寓。

卢于道君：新通信处为北平东城芳嘉园一号心理研究所。

富文寿君：已辞去上海中国红十字会医院小儿科主任之职。现自设诊所于上海静安寺路一二〇五号，专治小儿各症。

卢恩绪君：已辞去江苏省水利局科长职务，现住南京小西湖六号。

程瀛章君：自本学期起兼任浙江大学文理学院化学教授。一半时间仍在上海中华化学工业研究所，其梅白格路住址原为六三九号，现改为三四五衖一七号。

张君谋君：已移寓上海大西路四九号。

李俨君：研治中国数学史有年，近来发表关于中国科学史论文散见于《北大月刊》《学艺》《东方杂志》《中大季刊》《科学》《图书馆学季刊》《清华学报》《燕京学报》《国立北平图书馆馆刊》各杂志凡数十篇。其详目载入《中华学艺社社报》三期、《科学》十五卷六期。其单行本《中国科学大纲》上册为中国科学社丛书之一，《中国算学小史》为万有文库之一，《中算史论丛》(一)为中国〔华〕学艺社汇刊之一，并于二十年六月由上海商务印书馆出版。李君修治中国数学史，搜访极勤，此项史实，虽片言只字亦所乐闻，通讯处河南灵宝陇海局。

沈阳社友无恙

东省事变，沈阳社友幸告无恙，近多避居平津，兹将社友邮址，探询分录如后：

一、在北平者

陈彰祺：察院胡同十六号。

丁燮和：芳嘉园三五号。

胡光焘：西城北沟沿四一号。

余谦六：西单武功卫二号。

余泽兰：大六部口三三号。

施仁培：东四四条一号顾宅。

丁绪宝：南长街一条一号。

庄长恭：南长街一条一号丁转。

萧纯锦：南池子缎库前巷三号。

刘崇乐：西观音寺三三号施宅。

邹赓峄：东直门内小菊胡同二七号田宅转。

张泽熙：太仆寺街七三号尤宅。

孙国封：后门内蜡库胡同四四号。

王化启：后门内三眼井三五号。

谢汝镇：安徽中学或不久回皖。

武崇林：宣内前王工厂甲十一号。

冯祖荀：北京大学理学院。

孙荣：北京大学理学院。

姬振铎：孙国封转。

郝更生：东单西观音寺七二甲赵宅。

二、在其他各地者

张鸿基：南京中央大学算学系。

徐宗涑：天津太平街六十三号。

蒋德寿：青岛大学物理学系。

田世英：安庆小南门大街三一号。

卞彭：武昌华中大学物理学系。

第16号　1931年11月15日

社友消息

厉德寅君：今夏考取威斯康辛大学硕士学位，下学年将在该校继续研究，其研究之旨趣有二方面，在算学方面趋重于分析学，在统计方面将从事于美国工业效能之研究，通信处如下：Mr. Tehyin Y. Li, 24 Clymer Pl. Madison, Wis. U.S.A.。

杨俊阶君：现任威斯康大学医学院助教，去年应博士考试之初试，已得该校考试委员之通过，认为满意，从事研究之论文，大约明春可完毕，决定明夏回国。Mr. C. C. Young, 129 N. Orchard St., Madison, Wis. U.S.A.。

梁伯强君：研究中国民族病理学多年，近著《研究中国人的白血球组合式》，在《同济医学季刊》第一卷第三期发表，并刊有单行本；如本社社友对于该研究有兴趣者，可函上海白克路二十二号国立同济大学病理学研究馆原著人索赠。

汪胡桢君：由中国水利工程学会推为出版委员会主席，担任编辑《水利月刊》。按月发行，现已出至第五期矣。本社诸同志如对水利学术有研究兴趣者，请致函南京四条巷良友里二十号汪幹夫君，当将最近期之月刊奉赠。

方子卫君：近著《无线电言论集》，已于双十节出版。其启事云：今日世界已公认无线电及飞行机为近代科学文明产物之中最具有伟大功效者。国家如未能尽量发展及利用此二大利器，将无以竟存于今日。此次暴日横行，举国愤恨。无线电关系国防军事，尤当积极建设。著者平素提倡科学救国，近复汇集平日言论刊行专册，于无线电推行之理论及重要言之綦详，凡吾国人不可不入手一编也。发行处中国无线电工程学校上海爱多亚路一三九五号半，代售处上海大东书局及各大书坊。

刘拓君：本年暑假后辞去国立北平大学农学院农业化学系主任，改就国立北平师范大学理学院院长兼化学系主任。现寓北平北海酒醋局勤良巷乙三号。

冯祖荀君：今夏辞去东北大学数学系主任后，即受北京大学之聘，现充该大学研究教授兼本科数学系主任。东北社友来平者甚多,如孙国封、丁绪宝、庄丕可等皆群集于此。丁、庄二君有于日内赴德留学之说。冯君本人则专研 Theory of Functionals 及 Integral Equations,不久定有贡献也。

葛绥成君:自本学期起兼任上海大夏大学地理讲师。大部分时间仍在中华书局担任地理编辑,最近编有《中国地理》及《太平洋问题之解剖》各一册,约两星期之内可由中华书局出版。近来又与张宗文君等组织中华地学会,以研究地理学为主旨,其定期刊名《地学季刊》第一期现已排好,不日由大东书局出版,如本社社员肯以地理文章见惠,以光篇幅,尤为欢迎。

顾世楫君:现任杭州之江文理学院土木工程系教授,担任微积分、最小二乘方、测量及力学等课程,每周授课及测量实习十三小时,颇觉清闲。顾君现已挈眷同往,因该校供给住所,且在钱塘江畔,山上风景绝佳。按该校原系长老会所创办,历史甚久,惟自民国十八年中途停顿,经复校后已改旧观。现设文理二科及附属高中,学生凡四百余人。文理科内分设各系,课程均遵国内大学规制。本年夏已经呈准教育部立案,故正在逐渐发展。除原有各项建筑外,并已添建图书馆及科学馆云。

贺闿君:本年七月升任实业部汉口商品检验局化验处主任,工作颇忙。暇时仍继续研究毒气制造,月前曾与该处技术官万册先君合制毒气数种,结果尚佳。最近著有《汉口出品桐油检验之概况》,将在该局检验丛刊上发表。另著之《光生毒气制造法之进展》,将在《复旦理科季刊》上发表。

朱君毅君:七八月间首都举行第一届高等考试,曾被聘为襄试委员。现已事毕返厦,仍旧担任厦门大学教育学院教育心理学系主任兼大学秘书。

陈端君:现仍任首都建设委员会经济建设组专任委员及实业部专门委员,并新经南京市政府聘任为市政府设计委员。已于九月间迁居南京三茅宫一号。

陈茂康君:现移居上海愚园路一八四衖一号。

朱翙声君:现迁居广州市上西关福纶西街高第坊内十四号。

曹仲渊君:已由德返国,现任上海四川路一八六号大华电气公司经理兼工程师。

第17号　1931年12月16日

社友消息

丁绪宝君：定于本月三十日乘克利父〔夫〕轮总统号赴美。

顾毓琇君：新自美洲回国，于上月二十日在上海与华珊女士结婚。通讯处上海曰〔白〕克路蕃衍里五七二A。

卫挺生君：近以从事著作，特来上海本社社所居住，并须在沪度新年云。

章元善君：现在上海九江路C字一号国民政府水灾委员会工作，住极司非面〔而〕路五十一号陈宅。

李仪祉君：前以省亲返陕一行，近已回沪从事救灾工作，仍住四川路中国青年会。

庄长恭君：受中华教育文化基金会董事会之聘，担任东北大学化学系主任教授已达五六年之久。兹由该会资送赴德国继续研究，已于本月八日由沪放洋赴德矣。

梅贻琦君：已于本月初由美返国，就任清华大学校长之职。所遗留美学生监督一缺，有由赵元任君继任之说。

杨雨生君：现由胶济路机务处调任总务处庶务股。

薛培元君：今年暑后转任河北省立农学院院长。该院在河北农业中心区域之保定，极为相宜。各教授多以本省农业为研究之对象，如孙吉人君正拟具河北土壤调查方案，蹇先达君设计廉价耕犁之制造，余泽兰博士从事河北农产分析。又农场有地一万二千亩，大半在太行山中。现定十年计划，以山地造林，期将太行山变为森林地带。该院成立伊始，希望社友多为介绍专门学者担任教授。

马名海君：现任广西大学教务长、理学院院长、物理系主任。沪寓劳勃生路致和里三十一号。

罗世嶷君：现就中华教育文化基金董事会科学教席，聘在成都国立四川大学教授植物学。明年暑假任期六年已满，决定出洋考查，并带植物标本多种至欧洲研究。

凌道扬君：系中央林区管理局局长。现经国民政府救济水灾委员会聘任为宁属区赈务专员。

朱启明君：来函云：天津福中总公司已自法租界迁至英租界菜市对面维多利亚大院十三号。此后致朱君之函件等，请寄该处。

陈剑修君：于月初督率武汉大学学生赴京，请愿事毕后，即来上海采办心理学仪器，并曾参与十一日〈与〉上海社友会。

张资珙君：现任武昌华中大学化学系主任。

更正：

《社友》第十四号载钟心煊君新自欧洲返国一节，系传闻之误。但钟君确新任武汉大学教授。

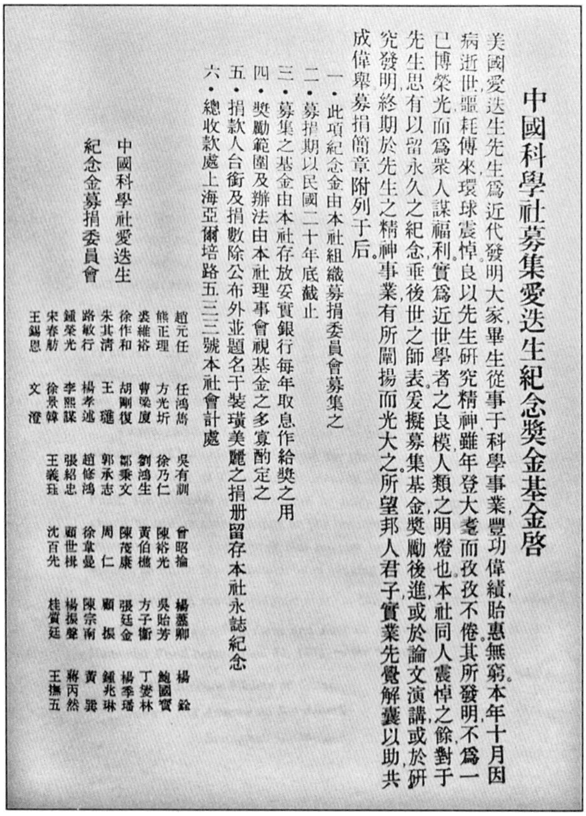

中國科學社募集愛迭生紀念獎金基金啓

美國愛迭生先生爲近代發明大家，畢生從事于科學事業，豐功偉績，貽惠無窮。本年十月因病逝世，噩耗傳來，環球震悼。良以先生研究精神，雖年登大耄而孜孜不倦，其所發明，不爲一己博榮光，而爲衆人謀福利，實爲近世學者之良模，人類之明燈也。本社同人震悼之餘，對于先生思有以留永久之紀念，垂後世之師表，爰擬募集基金，獎勵後進，或於論文演講，或於研究發明，終期於先生之精神事業，有所闡揚而光大之。所望邦人君子，實業先覺，解囊以助，共成偉舉。募捐簡章附列于后。

一・此項紀念金由本社組織募捐委員會募集之

二・募捐期以民國二十年底截止

三・募集之基金由本社存放妥實銀行每年取息作給獎之用

四・獎勵範圍及辦法由本社理事會視基金之多寡酌定之

五・捐款人台銜及捐數除公布外並題名于裝璜美麗之捐册留存本社永誌紀念

六・總收款處上海亞爾培路五三三號本社會計處

中國科學社愛迭生紀念金募捐委員會

趙元任 任鴻雋 吳有訓 曾昭掄 楊蕙卿 楊銓
熊正理 方光圻 徐乃仁 陳裕光 吳貽芳 鮑國寶
裘維裕 曹梁廈 劉鴻生 黃伯樵 方子衛 丁燮林
徐作和 胡剛復 鄒秉文 陳茂康 張廷金 楊季璠
朱其清 王璡 郭承志 周仁 顧振 鍾兆琳
路敏行 楊孝述 趙修鴻 徐韋曼 陳宗南 黃巽
鍾榮光 李熙謀 張紹忠 顧世楫 楊振聲 蔣丙然
宋春舫 徐景韓 王義珏 沈百先 桂質廷 王撫五
王錫恩 文澄

第 17 号刊载的《中国科学社募集爱迭生纪念奖金基金启》

第18号 1932年1月16日

社友消息

丁绪宝君：于上月二十八日乘克利务〔夫〕轮总统号赴美，曾志上期本刊。丁君自民国十四年任东北大学物理学教授，迄今已逾六年。由十五年任中华教育文化基金会在该校之物理讲座，亦五年半。廿年九月后，日人占据辽宁，东北大学因之停顿。现由基金会给予休假一年，前往美国，拟习光学仪器之设计及制造。丁君任沈阳社友会会计多年，于社务十分热心，即代收社费之成绩，亦为各地社友会冠。深望此次赴美后，能以其求学余暇，联络在美社员，将美洲分社重行整理，则有裨社务甚大矣。丁君在太平洋途中，曾有一函致沈阳社友会会长孙国封博士，辞谢会计职务并报告自十九年度十一月三十日起至二十年十二月三十止，共收社友会费四十一人并售相片二张，共计洋八十四元，除支开会费等洋二十五元，尚余五十九元，并附来支票一纸，报销单一份，嘱在本刊披露。丁君在美通讯处如下：Mr. Ting Supao, C/O The Institute of Applied Optics, University of Rochester, Rochester, N.Y. U.S.A.。

赵元任、任叔永、胡适之诸君：均因中华教育文化基金会开会，于月初来沪，赵君于九日开会后即返北平，结束未了事宜。日内即须放洋赴美，就清华留美学生监督职。

吴诗铭君：于去夏辞去东北大学助教职务，赴德留学，以期深造。现在柏林大学外侨学院补习德文。其通讯处如下：Herrn Wü Shih ming, C/O Chinesische Gesandtschaft, 218 Kusfüstendarnn Berlin W.15, Germany。

张延祥君：现职南京首都电厂事务主任。近为中国工程师学会编辑《工程周刊》，第一期已于一月一日出版。以后每星期五出版一期，内容注重国内实施工程记载及消息，订阅全年五十二期连邮仅大洋一元，出版者上海宁波路四十七号中国工程师学会，是上海科学印刷所代为印刷，颇精美云。

汪胡桢君：近受国民政府救济水灾委员会聘为皖淮主任工程师，兼第十二区工赈局长。修筑淮河、西肥河、茨河、涡河、北肥河、侩河、沱河等堤防，共长一千余公里，土方计五千三百万公方，需灾工十三万名，连续工作六个月，始能告成。汪君受聘后，即于十二月一日在蚌埠成立局所，十二月十五日第一段工程正式开始。灾工工资是按方计算，每作土工一公方得领麦子二斤。因皖北灾祲甚重，灾民均累月不得一饱，今得藉工得赈，故均踊跃来就。

周烈君：号继武，近日移居于成都省城东门街一百〇三号新建公馆，以后通讯请交是处。又本人前因中风，手足不仁，经医疗调理，现惟手臂尚不能运动自如，其他均已复元矣。至所办之社会事业及教育事务，仍积极进行，并未废止。

宋希尚君：近兼任国民政府救济水灾委员会扬子江下段主任工程师，及第一区工赈局局长，从事江苏境内两岸修堤工作。

张泽熙君：民十九至二十年在东北大学担任土木工系主任教授，自沈变后来平受清华大学之聘，担任土木系教授。该系属理学院，现正添设道路材料试验室、水力试验室。原有材料试验室、电工试验室及机工实习皆甚完备。蔡方荫、笪远纶二社友亦在该系教学。

曹仲渊君：民国十七年留学英国马可尼无线电专科学校一年，德国西门子德律风根等厂及欧洲各短波直射大电台实习两年，于去秋回国。现任大华电器有限公司经理兼工程师，专门从事制造水陆军商各种无线电话报机。

谭仲达君：通讯处为上海亚尔培路四〇八号褚公馆转。

关贵禄君：通讯处为吉林省双城县南街路东鸟宅。

周美权君：沪居已迁至马斯南路八十八号。

陈思义君：沪居门牌已改为爱文义路一六一三号。

余谦六君：现住北平南长街头条钱寓。

张纳川君：迁居上海西摩路时应里五三〇号。

鄘恂立君：现寓上海金神父路三〇六号。

贾念曾君：已迁居无锡进士坊巷新宅。

于诗鸢：孙君香亭传略

君氏孙，讳维兰，字香亭，甘肃人也。幼失怙恃，育于叔氏，病几殇，以是髡其顶而侏儒其形。渐长就傅，能克苦自励，学冠其侪，藉是得省官费派送南京东南大学肄业。关山重阻，遂与家人绝音问，省费不继，学以中辍。民国十一年入本社南京图书馆服务，缥缃邺架间，君益肆力。月计所入，温饱而外，复悉以置图籍。入君之室，恒闻喃喃不已者，则君读也。十有九年，社中建明复图书馆于上海，君以资深，调任管理之职。君既笃学，性复崇俭。治事之暇，辄自执炊，出门罔论远近，从不以车代步。君尤好交游，友有以渺躬相谑者，辄一笑而罢，不相忤。然虽侏儒，弥怀壮志，朋侪谈及外侮然〔燃〕眉，衮衮者犹惟利是攘未尝不慷慨流涕长太息也。君夙有胃疾，一日忽鼻梁肿痛，急赴医院，人以其时就医，未之异也。呜呼！孰谓越宿而竟以暴卒闻耶。噩耗既传，莫不震骇，征之医士始知疔毒攻脑府，投药已迟，不及救。以中华民国二十年十二月二十四日卒于上海红十字医院，竟无一人相诀，呜呼惨哉！君平生雅不以身世语人，人亦不忍深询，惧以漂零之质，重伤君心也。及其谢世，推算其年，始已四十余矣。君殁翌日，卜葬于江湾上海公墓，余从诸同人后，既为经纪其丧，卒就所知，志其更〔梗〕概以念久远。

第19号　1932年3月28日

社友消息

赵元任君：业已赴美，就清华留美学生监督之职。赵夫人杨步伟女士及男女公子三人均随往，左图为赵君眷属最近摄影。其在美住址如下：Dr. Y. R. Chao，2645 Connecticut Ave.，Washington D. C.，U.S.A.。

方子卫君：近年来任职国民政府整理招商局总管理处，复主持中国无线电工程学校，办理无线电教育。公余之暇，辄研究无线电及所关之各种机械。复利用无线电原理创造灌音机重要机件。经详细计划后，向美厂定制，兹已运到，正在配置试验中。闻该机能将各种音乐、演说、白话、戏曲等立时制成声片，发音清晰，与原音不爽，现正组织中国灌音公司，租定大陆商场，一俟竣工，即可开办，与各界人士相见。尚有邮政声片一种，灌音后即可投邮远寄亲友云。

鲁德馨君：前者科学名词审查会所审查之各种医学名词，业经由鲁君整理编订，汇为《医学名词汇编》，已于客岁出版，上海慕尔鸣路中国科学公司代售。所有历届审查之动物植物学名词，并待审查之矿物学名词，亦受科学名词审查会之委托，又经由君分别整理汇为《生物名词汇编》。每一名词计分拉丁文原名、英文名、参考名、决定名之数栏，都名词一万一千余条，顷已脱稿，不久当可付印发行也。

徐宗涑君：客岁八月继庄长恭君被聘为东北大学化学系主任兼物理化学教授。集合系中同人积极筹备新化学楼及煤气厂之建设，原有研究室同时扩充。除继续“发酵的物理条件”之探讨外，并有余地可治工业化学之小问题。返平后以余时整理稿件，拟先将关于

"工业化学计算者"完成云。

吴承洛君：现任中央工业试验所所长。该所在南京水西门下浮桥前财政部造币厂旧址，分化学、机械、电气三部分，并附设有机械工场、酿造工场、电镀工场、窑业工场等。最近国府修正该所组织法，得设简任技正二人，荐任技正八人，荐任或委任技士十人，技佐十四人。除现有人员外，闻尚多缺额，正在设法罗致共谋发展云。

周烈君：号继武，本人经理会昌矿业公司多年，颇著成效。最初资本不过三万元，其后公积金累至连本八万余元。中间本人因故离开公司，遂至大遭失败，资本存者寥寥。现各股东仍请代为计划，另行筹办。兹寄奉筹办预算书抄陈一份，以表本人最近之工作。尚乞不吝指正(预算书甚长，本刊限于篇幅，不能发表，已交《科学》编辑部矣)。

曾义君：现受罗马国际农院之托，调查我国现有之畜牧学术机关(有畜牧课程之学校及实验场)及我国之畜牧专家，以备该院最近计划中所当完成之《全世界畜牧机关总目》与《全世界畜牧专家总目》。在畜牧机关调查表上为：(1) 机关之名称住〔地〕址；(2) 首长姓名；(3) 常驻办事人员数目；(4) 每年经常费数目；(5) 研究之目的；(6) 研究之方法(实验室、场所、设备)；(7) 出版物；(8) 通讯所用之语言(英法德)。在畜牧专家之调查表上为：(1) 姓名；(2) 住址；(3) 服务机关；(4) 专长；(5) 所用语言。此两部总目之主要目的，是为畜牧界谋互通声息，彼此便于自由通讯切磋互助，而促进全世畜牧界之进步，以增加人类之幸福。曾君除在实教两部调查，及托农业机关调查外，尚祈海内有畜牧科目之机关及本社畜牧专家社员能自动的照该表目填写，寄交曾君，以便汇寄罗马发表。附曾君通讯处：上海霞飞路八九九号中央研究院。

顾世楫君：半年以来，任杭州之江文理学院教职，课余之暇，徜徉山水，闲适逾恒。近因应友人邀约，担任浙江省水利局工程师兼第一课课长。现值校中寒假时期，开课后仍须担任一部分教课云。通讯处改为杭州镇东楼浙江省水利局。

李仪祉君：现丁外艰。近接其来函云：以家父老病，于去岁十二月间由汉口返西安，而视其病势由于衰老，医药莫可抵御，困顿枕席二月余矣。弟无法离开，数千里长堤工作只好抛弃。于国之不忠，于家未为孝，心殊痛矣。此次救灾工作，在弟视为一生最大事业，竟无缘以始终其事，亦命也乎云云。足见其心中痛苦也。先悉治丧已毕，能南来否尚未确定。

胡品元君：原任江苏建设厅技正兼第一科科长，于去年十二月中辞去科长职务，兼任国民政府救济水灾委员会第十四区工振〔赈〕局工程师兼局长职务。通信处为扬州便益门第十四区工振〔赈〕局。

何育杰君：于沪战发生后，送眷返浙。现寓宁波慈溪城中金刚巷。

彭谦君：通讯处现改为南京鼓楼五条巷金陵大学农业专修科。

陆志安君：现住天津南开大学教员宿舍五号。

张纳川君：现移寓上海辣斐德路益余坊廿一号。

郑法五君：现在万县桐油检验局任事，通讯处同上。

方颐朴君：现住北平宣武门外米市胡同三十四号。

邱培涵君：上海通讯处改为福煦路七四二号。

王锡恩君逝世：君字泽普，鲁之青州人，在齐鲁大学担任天算系教职垂三十年之久，深受学生爱戴，于一九二八年获得荣誉硕士学位。生平酷嗜科学，除研究天算早有心得外，并兼攻电学。其著述之最著者计有《实用天文学》《勾股演代》《图解三角术》《物理微积学》《无线电学》《无线电学原理》。最近发明日蚀新法，曾在本社《科学》发表。尚有其他遗著未经整理，近两年来因心肾病发，身体大衰，延至本年一月十二日与世长辞，得年六十一岁。二十三日葬于济南教会公墓，是日齐大全体放假一日致哀。遗子女八人，多未成立。我党又弱一个，曷胜哀悼！

王锡恩先生事略

先生讳锡恩，字泽普，山东益都县人。考讳万箱，基督教徒，邃于天算。先生世其家学，幼童即授习不同心天体本轮均轮椭圆诸术。不幸十三岁失怙，倚母氏在教会佣工，得在教会求学。二十三［岁］毕业于登郡文会馆，为狄考文先生之高足，留馆授徒，乃益研究西哲撰述，于美国罗密斯 Loomis 日月食步法，普鲁士人白塞尔 Bessel 日食及月食掩星算法，皆详揭精要，变通证法，图解显明，导归实用。在馆数年，时山东巡抚创立高等大学堂，特聘先生充科学教习八年。及文会馆迁于潍县改称广文大学，继又迁于济南改称齐鲁大学，膺数理教授及天算系主任，先后凡二十六年。中国北部人士，能自推日历作交食图者自先生始。民四袁总统以重金延先生充中央观象台台长，先生以志在教育，终未肯就。遗著有《勾股演代》《图解三角术》《物理微积学》《实用天文学》等，皆已印行。先生更精通物理，对于电学尤极擅长，著有《无线电学》《无线电学原理》，均在商务印书馆出版。晚年以白塞尔日食算法理奥式繁，不易为学者解，乃穷毕生之力，创绘图日食新算法，式简理显，所得时分，极为准确。译行欧美，举世皆惊，为各天文学家所宗仰。巴黎世界天文学会，特专函邀为会员。惜先生以研究过劳，致体力衰弱，病入膏肓，医药罔效，竟于民国二十一年一月十三日辰时在齐鲁大学之模范村寓所逝世，一月二十三日安葬于济南白马山阴教会义地。先生尚有数著，皆系关于天文及无线电之发明，惟因病未能成稿，今皆随先生以去，洵科学界之大不幸也。先生享寿六十一，配刘氏，子五，长长祥早卒，次长禄肄业于唐山交通大学，次长祐长禧长祺均幼。女四，长适秦，三适周，二毕业于北平国立女子大学，四毕业于山东省立女子职业学校。先生平生专攻学术，不治资产，身后十分萧条，可悲也夫。

第20号　1932年5月15日

社友消息

罗世嶷[君]：原任中华教育文化基金会科学教授。现因任职六年期满，照章出国研究考查。定期于本年七月赴巴黎研究植物生理，并考查博物院及实验室之组织等。因一人独往，途中不免寂寞，甚愿结伴同游。如有本社社友赴欧洲，深盼惠书，商定行期及路程偕往，以收旅行中互助之利益。通讯处四川成都国立四川大学罗元叔收。

庄长恭[君]：现在德国高定琴大学从 A. Windans 教授研究 Ergosterin 及 Vitamin D，通讯处如下：Prof. Dr. C. K. Chuang，bei Frantz，Friedlaenderweg 59/ II Göttingen，Germany。

葛绥成[君]：近来著有《地图制作法》及《最近中外地名更置录》各一部。前者凡各种绘图器具之使用，各种地图之绘法，字体符号之指导，彩色之着法，图表之实际应用，绘图之参考用书等，靡不详为叙述。铜锌板插图，多至百余幅，由中国科学公司精印，上海文明、大东、开明各书局代售，定价乙元二角。后者凡中国最新设置或更改之区域名、县名、重要都市之路名、门名、铁路名、盐场名、市乡名等，以及外国如苏联、土耳其之改用新名，波兰、挪威之改从旧名，罗马尼亚之准用德匈俄三国语之名字，捷克除法定名字外更准许用德国名字，波罗的海诸小国之应用拼音名字，此外其他各国新设区域、首都迁移、新地发现、同地异名者，无不择要列入，依笔画一查便知。书中附有“英华地名变更对照表”“我国行政区域市县名称表”“现行政治区域的研究”“缩小省区的一建议”等，尤便参考。亦由中国科学公司承印，文明、开明及中国科学公司代售，定价八角。以上二书，原是实价，兹为优待社友起见，一律八折，但只限于迳寄至“上海哈同路民厚南里七二四号中华地理研究社”购买，寄费亦由该社自理，存书无多，购阅从速。

李仪祉君：葬父后三月底到沪，继续救济水灾工赈工作。四月十六日来汉口偕同辛普主、席鸣九、史笃培等视察湘省及鄂省第五六七八等区堤工，廿四日返汉口。旋以鄂省工程甚大，而距沪较远，由沪会委托在汉组织工赈处鄂省工赈督理委员会，以李君为主席委员。俟各区工程进行顺利后，将于五月十六日由汉返西安，督促泾渠工程。

徐学桢君：去年在浙建设厅昆虫局任技师职，旋因昆虫局改组返粤。现在国立中山大学理工学院生物系当教授。通讯处广州市太平沙庸常新街第八号之一楼下。

高君珊女士：已应武汉大学之聘，业已前往武昌就教席矣。

沈百先君：现任开封河南大学工学教授。

曹仲渊君：已于本年四月起辞去大华电器公司经理职务。另与友人合组大华无线电公司，曹君即充该公司之经理兼工程师，将专意致力于无线电机之制造以供水陆军商之用，其出品计有一五〇瓦特及二五〇瓦特之船舶无线电机，五瓦特及十五、五十、一百、二百五十、五百、一千瓦特之军用机，应用短波通信。曹君志在提倡科学工业制造，不在牟利，故定价特别低廉。事务所暂设上海法大马路四十一号二楼六号。

汪呈因君：现居上海吕班路蒲伯坊八号，除在劳动大学、复旦大学两校讲学外，从事编辑《近代细菌学》一书。

黎国昌君：现任广东教育厅督学，通信处广州市惠爱西路粤华西街四号。

韦悫君：现已移寓上海愚园路九八三弄十七号。

陈警庸君：已离去权度制造所职务，通讯处改为北平西城兵马司三十八号。

何育杰君：业由宁波返沪，仍寓新闸路福康里六二三号半。

熊正理君：已离教育部职务，现住南昌城内育婴局四号。

汪榕君：通讯处改为长沙明德中学。

田锡民君：现住沈阳大北关火神庙胡同九十八号。

第21号　1932年6月15日

社友消息

李仪祉君：来函云：协以往来工次，友明〔朋〕函讯多疏甚疚。兹接社函辱推协为本年年会委员长。同人等倡导科学，历有年所，联袂西来，为边都生色，且以震发西北聋聩。协自当竭诚尽地主之谊。主席杨公，已有复函，教厅李公，亦示欢恳，惟八月中陇海铁路有陕西实业考察团之组织，吾社亦被邀请，前后时间最好在一起。下略。

汪胡桢君：自去冬由国民政府救济水灾委员会聘任为皖淮主任工程师兼第十二区工振〔赈〕局局长后，即在蚌埠组织工振〔赈〕局，于十二月十五日开始筑堤浚河工程。现已将淮河北岸干堤上自凤台县店子集，下至五河县城四百余里，完全修竣。南岸干堤，再阅半月，亦可完全告竣。皖省北肥河，连年告灾，为皖省最穷苦之区域。民国以来，屡谋浚治，均未果行。现亦由工振〔赈〕局召集灾工三余万人，从事浚治，业已成功二分之一以上。因淤土甚深，泄水困难，故已向上海、苏州等处，够来引擎邦浦数十架，以辅人力之不足。怀远县之天河，久失疏浚，数万亩良田，终年沉沦水中，现亦已开工浚治。此次工振〔赈〕，在十二区范围以内，于六个月间共计告成土工一千万立方公尺，灾工最多时，人数达五万七千人，管理人员亦多至二百六十余人。淮河干支各堤间，需添建钢骨水泥泄水斗门一百余处，及大闸数处，现已将材料办齐，定六月十日开工建筑，预计八月间可以全部完成。各斗门均用生铁活动水门，均系自行打样，交本国工厂制造，堤内水涨能自行开启，外河水涨则自能关闭云。

寿振黄君：春间曾赴天津塘沽一带采集鸟类哺乳标本，现已返北平静生生物调查所继续研究河北省鸟类，并在清华大学授课。

陈翰笙君：因中央研究院社会科学研究所由沪迁宁，通信处改为南京鸡鸣寺路一号(电话三一〇七六)。

陈忠杰君：现住湖南长沙马王街三十一号。

朱德和君：现移至上海大南门内乔家栅二十七号。

曲桂龄君：现任河南开封河南省立第一高级中学校长。

吴承洛君：现住南京大石桥周必由巷底新安里十六号。

杨毅君：现在铁道部技术标准委员会任职。

雷沛鸿君：原任广西教育厅，顷有国外之行。其通讯处为上海金神父路三五四号。

茅以升君：去夏洪水为灾，本人适长苏省水利。高邵决堤之后，各方责难，体无完肤。历承亲友函问，均未详细具复。良以奉职无状，遘此奇灾，负疚已深，何容词费。惟在事同人，多谓事实真相终不应就此泯没，因搜集一年来之案牍，刊成纪略，分飨亲友，藉明真像〔相〕。社友中有欲索阅者，来函即寄。通讯处天津英租界六十号路福兆里五号。

何文俊君：俊于北平燕京大学之研究工作现已告竣，于日内离平，仍任四川成都华西协合大学教席。社友中有欲游历四川或欲得该省生物标本者，希早函知，俊甚愿负招待之谊或代采标本之责。通讯处四川成都华西协合大学生物学系。

章元善君：来沪办理救济水灾工作已历十阅月，业已事毕，于月初返北平矣。

第22号　1932年7月15日

社友消息

李仪祉君： 在陕经营引泾工程，已届垂成，本年六月四日晨放河水入渠。计广惠渠败后三百余年，泾水失灌溉之用，至此郑白之沃，乃复旧观，行见农民称利，当不忘饮水思源之惠矣。李君常居工次，督试全渠，于六月二十日行放水典礼，大赌〔睹〕成效。现正辞去省委及建设厅长职，以便专力于水利事业云。

朱经农君： 办理齐鲁大学已近一年，校务进行尚称顺利。自去岁九一八以来，全国学潮屡起，济鲁学生对于爱国运动虽极努力，而一切举动均能遵守秩序，凡逾越范围之事，概未参加，差堪告慰，朱君去冬曾著《近代教育思潮》小册一本，携往上海，拟在商务出版，不幸于一月二十八晚十点半后行抵上海，因戒严未得入租界，在闸北寄宿，未满一小时，而日军进攻。在火线上挣扎十一小时，始脱险走南翔，行李被焚，书稿亦毁。现正重行改作，希望暑假期内能成书。

卢于道君： 近著《神经解剖学》一书，业已出版，自已发行。此书除做图费时之外，译名上创作不少。凡研究心理、生物、医药等学科者，皆可备置参考，或作课本。定价四元，为优待起见，凡本社社员以九折购取。下列各处均有代售：北平芳嘉园一号心理研究所内本人、北平王府井大街民智书局、上海棋盘街科学仪器馆、南京中央大学门首时代公论社、宁波日新街竞新书局。

倪尚达君： 近与王佐清先生合编《电学入门》一册，计有十万余言。共分五章(一) 电流及电压；(二) 磁铁及电磁；(三) 交流及电机；(四) 电子论；(五) 电报电话及无线电。插图一百余幅，习题二百余问。说理浅显，力求通俗，实用方面搜集尤广，即如较为新颖之有声电影、年红广告以及自动电话等等，莫不举例说明各得其要。业已付印，不久即可行世。又再版增订之《无线电学》，因存书不多，现又着手三版云。

曹仲渊君： 自组织大华无线电股份两合公司后，即开始从事于无线电之制造。凡军用船舶、各式无线电收发话报机、电力自三华脱至二启罗华脱均能自制。工厂设上海汶林路四十八号、五十号,电话七四三三四号。临时事务所设上海法大马路四十一号,电话八四七三九号。

葛绥成君:近鉴于我国边疆界约之官私著作,有的已经绝版,不易搜集,现存之界约书籍,或不可尽信,或只详一界,或移译失真,或只凭忖度,或采择未当,使读者往往费了长时间,而得不到正确观念,或许毫无结果,因此特编成《中国沿边界约的研究》一书,费时年余,全书十五万言,插图四十余巨幅,参考东西可靠书籍达百余种之多。凡我国沿边界约,无不逐段叙述,以资明确。又条约中失地,固甚注重,而对于我国尚可依据约文收回权利者,如日本海权、江东江〔六〕十四屯、岛素、帕米尔、江心坡等,又特别详说,使阅者得惩前毖后,藉图挽救。现在中华书局制版中。此外又编有《初中新中华本国地理(语体)详解》二册,换言之,就是初中新中华地理教授书,全书二十四万余言,凡难字难句,补充材料,靡不详述,洵为初中地理教员不可不备之书,约秋季可在中华书局出版。

李雪初君:青市自来水厂水源地向来只有海泊、李村及白沙河三处。前二处建自德人,后者设于日管时代,其地点近者离市数里,远者数十里。我国接收以来,每当夏季,人口激增,常患水量不足之虞。迄国府接收后,遂于白沙河水源地以西里许另辟一水源地。建筑机室,装置黑油机及升水机,于廿年春完成,开始送水。每日送水量约增百万加仑。合四处所送之水以供全市,对于目前需要勉可应付,但数年后恐仍有不足之虞。

至于机械方面,原有各水源地机厂向用蒸汽机,费用既不经济,且锅炉使用已二三十年,损坏颇甚,时患渗漏之弊,不堪再修。故于十九年秋间即将海泊、李村两水源地机厂改用电机,而以原有之汽机作为备用品。惟白沙河离市较远,向无电力设备,故去冬由市府贷款与电气公司,令其装置二万伏脱高压电线。并购置电动升水机四具,建厂装机,大约本年夏间可以完成。

关于行政方面,自来水厂在国府接收后原隶于公用局,其后市政府将公用局归并,该厂遂归属于工务局。厂内工作,除送水外,分业务及施工两部。前者掌市民及船舶给水收费等事,后者掌公私房屋内外按装水管事。办公处在市内。

周彦邦君:本年一月辞浙大工学院职,即来福建,任省立龙溪中公路科教授职。四月仓卒避乱，仅以身免。在鼓浪屿居两月，今漳州……，遂于本月十五日返校，衣物损失而书籍尚在，颇引为欣幸。目前地方元气未复，商业凋敝，邮局汇兑仍不通。

凌道扬君：自去冬兼办宁属区赈灾事务，数月以来冬春各振〔赈〕均已办理完竣，现在正办理结束，间有未了手续，已托“中央模范林区管理局”继续办理。以后通讯请寄南京东滢市阴阳营十一号。

李振翩君：现仍在北平协和医学院任细菌学教授。

俞庆棠女士：通讯处无锡江苏省立教育学院。

纪育沣君：现在北平西山八大处天然疗养院二十二号避暑兼调养宿疾。

李永振君：下学期仍在南通大学农科主持科务，暑期中将应陇海铁路管理局之邀，参与陕西实业考察团，订于八月初前往陕西考察农业，约三星期回校。

孙延中君：去年秋由美回国，现任河南焦作工学院采矿冶金科教授。

唐仰虞君：去年暑假脱离中大，改任河南焦作工学院化学教授。

涂治君：现改就河南大学农学院植物病理教授之职，以后通信请寄河南开封南关河南大学农学院。

尤寅照君：现由北平太仆寺街七十三号迁至天津英租界五十二号路平安里五号。

吴诗铭君：本人于去冬东北国难期中离国来德，先在柏林补习德文四个月，本年四月来特莱斯登(Dresden)，现已入萨克逊邦立高等工业学校肄业，习化学工程。通信处如下：Herrn S. M. Wu, Dresden A 24 Radetzkystr 25(Germany)。

庄长恭君：去冬经文化基金会派送来德游历，本年正月先抵达南德之明星 Munchen，停留二月余。四月赴哥定根从该城大学之化学家 Windans 教授游。该大学待以宾礼，闻暑假期中将往游英法诸邦，假后仍回德云。

单允工君：原名毓斌，字允工，现以字行。原任上海中国实业银行西区支行经理，近调法租界支行经理职务暨浦东电器公司监察人。寓居静安寺路静安别墅一〇九号，此后一切通信请寄沪寓中，以期接洽。

梁伯强君：前任上海国立同济大学医学院病理学副教授(六年余)，现应广州国立中山大学之聘，既〔即〕于本年三月底赴任该校病理学教授兼病理学研究所主任职。该研究所系去年新建，仿德国式，规模伟大，在吾国今日当推第一。梁君现正从事于内容建设及解剖进行等，工作甚忙云。通讯处广州百子路中山大学病理学研究所。

熊正理君：现任河南大学教授。

罗士杰君：现在青岛胶济铁路局供职。

许守忠君：现在青岛市工务局供职。

刘朝阳君：现在青岛观象台供职。

陈延炆君：现在青岛胶济铁路局供职。

辛树帜君：现在南京任国立编译馆馆长。

第23号　1932年8月30日

社友消息

赵元任君：来函云美洲分社定于八月二十九至三十一日在剑桥举行年会，顺看日蚀。又其办公处自七月十二日起改址如下：Chinese Educational Mission, 1360 Madison St., N. W. Washington, D.C., U.S.A.。

陈宗南君：于八月二十二日由塔夫总统轮抵沪，即晚开往美国。此次系由文化基金会派往欧美考察，先赴美再赴欧，约一年方可回国。广州社友会理事长职务，已托书记张云君代理。在美通讯处由赵元任君转。

李顺卿君：担任中华教育文化基金会科学讲座(国立北平师范大学教授)已满六年，照章得休假一年，以资休息，或赴外洋研究。伊已于八月二十三日由沪放洋，赴美研究植物学及调查欧美各国之生物科学教育。至在师范大学所担任之教务长兼生物学系主任等职，须俟该校新校长到校后，始能聘人接替云。

程其保君：已奉教育部派赴欧洲考察教育，业于八月五日由沪放洋，约半年即返。将来对于国内教育界当有相当贡献也。

黎照寰君：六月上旬北行，曾视察所辖北平铁道管理学院及唐山工程学院各院院务，并顺道考察交通大学毕业生在各路局服务状况。沿途所经徐州、郑州、北平、唐山、天津、济南、青岛等处，观感甚多。所到各处著名大学，又承指示参观，藉资借镜，更获益不少云。七月四日回沪当即照常任事。

王善佺君：对于社务之建议：本社似应倡导国防上需要之理化及生物研究。

本人最近工作：本人现继续在北平大学农学院任教授，现正从事研究(一) X光对于棉所引起之变异；(二) 杂交对于棉之关系 Metaxenia；(三) 摘心对于棉生理上之影响；(四) 畸形病之继续研究；(五) 英美田区技术之比较研究；(六) 秋间继续在大名道内选择中棉作研究用。本人最近之著作二：(一) 译著有《棉花品级鉴定学》(汉口商品检验局出版);(二) 论文《中国棉作病理之研究》(上海中华棉产改进会出版)。

李俨君:任陇海铁路工程师有年,于本年三月由陇海局派为潼关西安间定线测量队队长,于三月一日出发,七月十一日测达西安后,即率队回郑州。

李君关于工程论文有《陇海铁路隧道之过去及将来》(二十年四月《工程季刊》第六卷二号),又有《函谷关山洞及沿黄河路线》(二十一年六月《工程季刊》第七卷二号)一文则与陇海局长淩鸿勋合著。

张天才君:于本年一月改任浙江建设厅农矿科科长,以前通讯处均经取销,现在通讯处为浙江杭州将军路建设厅第四科。

朱君毅君:现任立法院编译处处长,通讯处南京立法院编译处。

杨绍曾君:自一九二九夏出国两年,去春在美国耶鲁大学考得博士学位后即赴欧洲游历数月,归国后任天津南开大学理学院院长兼有机化学教授之职。以后通讯处改为天津八里台南开大学。

胡步川君:于民国十八年夏任职浙江温岭水利工程处工程师。当以桑梓之事,欣然为之,故凡测量设计及实施各项工程无不并日而食〔行〕。然事属倡举,应付较为困难。同时黄岩西江闸工程处亦组织成立,川兼主任工程师。该项工程已于去年冬底开工,工费总计十三万余元,现在进行混凝土工程。而温岭工程处之新金德闸工程亦于本年春在杭州招标,工费总计三十余万元。近以木椿购办较难,须待至中秋前可兴工。川以体力不足,两处奔波颇有顾此失彼之虑。业向省局辞去温岭职务,专任西江闸一事。通讯处为黄岩西江闸工程处。

刘敦桢君:自中〔东〕大解散后即赴北平担任营造学社文献事务,通讯处北平中央公园内中国营造学社。

李殿臣君:现任两广地质调查所技士。于民国二十年十一月出发广东东北部调查地质矿产,今年六月返回广州,现正编著《广东东江与粤汉铁路间地质矿产》,暑期中可竣事。

杨允中君:业已迁居上海金神父路福履理路南三百九十六弄一号。

顾世楫君:通讯地址已改为杭州闸口之江文理学院。

陈友琴君:现寓广州市文德西路七号光庐。

田世英君:通讯处改为江苏江阴大司马坊沈宅。

朱庭祜君：通讯处改为杭州龙兴路公益里一号。

彭谦君：通讯处改为开封河南大学农学院。

王志稼君：通讯处改为苏州吕邱坊巷六十五号。

高君珊女士：通讯处改为上海胶州路一〇二七号。

李良庆君：新由美洲归国，就北平师范大学生物系主任之职。通讯处北平西城东斜街昌堂门一号。

第24号　1932年11月10日

社友消息

谢玉铭君：燕京大学物理学教授，现因例假，在美国加省之理工学院从事光学之研究。通信处 Dr. Y. M. Hsieh, 167 South Wilson Avenue, Pasadena, California, U.S.A.。

曹仲渊君：本年八月间将大华无线电公司之事务所及制造厂合并为一，迁至上海三马路九号，照常制造各式船只及军用无线电机。最近应用特式线路制成一极小极轻便之军用机，电力仅一点五华脱，发报距离能及一千二百余里，此为国人自制无线电机功能之最大者。又关于船只机及较大电力之军用机，均予以一番改良，并着手一切另件之制造。目的在应用国货以制造科学工具，夺取舶来品之地位云。

李俨君：所著中算史单行本有《中国数学大纲》上册、《中算史论丛》(一)、《中国算学小史》三书行世，其单篇中算史事论文散见于各杂志者凡百万言，共集成《中算史论丛》(一)(二)(三)(四)四册，除第一册已出版，第四册在编辑中外，其(二)(三)两册稿本在上海商务印书馆印刷所排印，以沪变稿版被焚，仅余数十页。幸原稿尚存，拟重新缉〔辑〕录订正，设法出版。

卞彭君：向任武昌华中大学物理学教授，本年六月二日与王龙佑先生之女公子结婚，业于八月中偕其新妇赴美。卞君入麻省理工大学之研究所，其夫人则入波斯顿音乐学院，以求深造云。

刘寰伟君：前因避难暂寓辣斐德路桃源村，现已迁回真如车站对过四才阁十五号原寓。刘君现服务京沪沪杭甬铁路公务处，任文牍课长职。每星期六及星期日则在真如乡间戴笠荷锄，作养鸡种菜生活云。

黎国昌君：久在沪上国立暨南大学任生物学系主任兼劳动大学及复旦大学教授，今年因沪上战役随暨大迁粤授课。继任广东省督学兼教育厅秘书，并受聘为广东省立勷勤大学筹备设计委员。现寓广州市粤华西街四号二楼。

孙文青君：现任河南南阳县教育局长。孙君对于中国古代数学史之研究甚多兴趣，曾著有《九章算术源考》（《女师大学术季刊》二卷一期）、《张衡著述年表》（《金陵学报》二卷一期）等。关于九章算术之研究，孙君尚有制度考、地理考、问题分类考等，拟于公余抽暇为之。

杨钟健君：近作《西北的剖面》一书，为年来在山西、陕西、河套、内蒙、东三省、新疆等地游记，计所经地方大半为边荒不毛之地，于人情风物山川地质，均能就观察所及，作详明之记载，关于中法科学考查团途中情况尤能以客观态度，作真相的叙述。全书约十二万言，用道林纸精印，又附地图一张，沿途重要照片九十四幅，用铜版纸精印三十八版。倘手此一篇，不但可卧游西北，且可目睹。总批发度〔处〕：北平西四石老娘胡同十五号；总代售处：北平西四兵马司九号地质图书馆；定价一元六角，不折不扣，外埠函购邮资在内。

刘咸君：业于本年九月初由英归国，现应国立青岛大学之聘，在该校生物学系任教授。通函即迳寄该处可也。

张心一君：本年三月应金陵大学〈院〉之聘，赴甘肃、青海等省调查土地利用，往返六个月，现已回金陵大学。闻于十一月间再往广西作同样之调查。通讯处南京乾河沿陶园。

冯景兰君：八月中旬至九月下旬，曾参加陕西实业考查团，到陕北同官、延长、韩城等二十余县，考查地质及矿业月余，九月底返津。

裘翰兴君：七年来独力创办杭州清波中学，本年五月起改任浙江省陆地测量局局长，仍在清波中学略兼教课。

胡庶华君：自参加陕西实业考察团回南后，即回湖南办理校务。上月底来沪接眷，以后通讯处为长沙湖南大学。

何鲁君：现任四川重庆大学理学院长。

周岸登君：现受聘为重庆大学文学院教授兼中国文学系主任。

李永振君：现于月初由陕西考察实业回校，就考察所见编有《陕北农业纪略》，正在整理送交考察团汇印。现在通大农院得大生纱厂之资助，转聘孙恩麟先生担任棉作之改良研究与推广，期于最短期内将盐垦各公司退化美棉区域约三百万亩面积之棉田全部改良之。

周邦彦君：现已辞去龙溪职中职务，改任福建建设厅漳龙区公路分局技士。通讯处福建漳州漳龙区公路分局。

林天骥君：通讯处为上海四川路六号大中华火柴有限公司。

胡品元君：现就全国经济委员会工程司〔师〕职务，通讯处南京铁汤池该会。

叶善定君：上海河南路一二〇号大陆药房转。

康清桂君：南京山西路国立编译馆。

赵承嘏君：北平东皇城根四十二号药物研究所。

程志颐君：已由天津迁沪，现寓上海海格路大胜胡同一百二十九弄四十号。

尤寅照君：现住天津义界六马路八号。

曾义君及胡泽女士：现住重庆五福街何家花园胡宅。

张禄君：最近通讯处 Mr. L. Chang, Eox 62, College Sta., Bullman, Washington, U.S.A.。

王恭睦君：通信处为南京山西路国立编译馆。

曲桂龄君：现任河南省立乡村师范教职，通信处河南辉县百泉该校。

近由美洲返国之社员通讯处

吴鲁强君：Wu, Lu Chiang，中国广州万福路新庐。

杨伟君：Yang, Wei，南京中央党部杨天民先生转。

翟念甫君：Dhai, Nien Pu，广西桂林崇德街七十七号翟念劬先生转。

许振英君：Hsu, Tseng Ying，山东泰安福全街五号。

刘廷蔚君：Lew, Gideon T. W.，北平燕京大学刘廷芳先生转。

马杰君：Ma, Chieh，北平西铁匠胡同廿一号马秋圃先生转，或徐州北站坝子街卜家院马凤石先生转。

梁思永君：Liang, S. Y.，北平北海蚕堂。

社友哀闻

胡鸿基君：于上月中旬在沪杭海塘覆车殒命。

沈祖伟君：患伤寒症于上月二十日在南京中央医院逝世。

第25号　1932年11月25日

社友消息

孙洪芬君：受上海江南制纸公司委托，向中华文化基金会请假半年，赴欧洲调查纤维工业，业于十一月七日首途矣。

李仪祉君：前从陕西实业考察团从汉中归来，痔疾复发，现正妥慎调摄，期早痊愈。友朋颁赐函件，请寄西安陕西省水利局。

卢平长君：来函云今年三月间匆匆迁居离杭，未及函报，甚以为歉。兹已于九月间就浙江省立第十中学之聘，来温州教书。通讯处温州道司前第十中学。

刘树梅君：现任福州福建盐务稽核所经理兼盐运使，近因公来沪，并来本社参观一次。

曹梁厦君：近受中国科学图书仪器公司之委托，修订自然科学教本 *The Real Things in Nature* 一书。其目的在使该书能完全适合我国中学之用，故对于其内容颇有酌易增删之处，所有插图之合用于美国学生者，如天气图、雨量图等，均易以本国之图，原本上因久印而不甚清晰之图，亦另代以新者。书末并附汉译科学名词。全书业已修订完竣，不日付梓。该书风行欧美已垂三十年，在我国各中学校中采用为科学读本亦甚久，盖为一近代最完善之初级自然科学教本也。将来修订本出版后，用作我国中学教本，当益增进其教学上之价值与兴趣矣。

丁燮林君：中央研究院物理研究所同人，受物理学会之委托修订物理学名词，现每日下午四时半集会一次。丁君与胡刚复、杨季璠、陈茂康诸社友均躬与其役，进行甚为迅速云。

朱庭祜君：通讯处改为安庆安徽教育厅。

赵畸君：已移寓北平宣外潘家河沿七十一号。

徐宗涑君：业由天津来沪，通讯处为龙华上海水泥厂。

杨鹤庆君：来函云近年南北漂泊，讫〔迄〕无定址，兹定永久通讯处为西安开通巷六十六号，暂时通讯处为军政部驻陕陆军医院。

汤彦颐君：新住址为上海辣斐德路一二五七B号。

李俨君：本月初来函云，在此半年内通讯处为广东韶州弓翦街粤汉铁路株韶段韶乐总段工程处。

第26号　1932年12月30日

社友消息

李书田君：现在代理国立北洋工学院院长，十二月中旬来京出席内政会议及中国水利工程学会年会，曾于十二月二十日到本社参观新建之图书馆，并参观宿舍。随请总干事杨允中先生为北洋工学院介绍物理教授，本社社友如有愿担任者，可迳函李君。又李君在京时，曾承南京市长石衡青氏邀请视察八卦洲水利问题，以便设计开发。李氏于北返前为京市府写有报告。

萧纯锦君：本学期在北平，于任东北外交委员会外，兼在平大授课。近因事回赣，又为赣当局所挽留，主持全省经济委员会，专以调查研究全省一切经济实况，为之设计建议，为整个之筹划，供当局施政之准绳。业已组织成立，故一时暂难返平，并拟邀周子竞君赴赣作改良瓷业之计划。

陈可忠君：于本月底因赴粤过沪，代表教育部国立编译馆以部颁科学名词特委中国科学图书仪器公司印刷发行，当即订立契约。第一批付印者为药物学名词及化学名词，陈君于下月中旬即可公毕返京云。

程时煃君：于本月底由福州来沪，曾到社中晤谈。业已回南昌故乡，下月二十五日即须来沪出席教育社年会云。

顾毓琇君：今年起已辞去中央大学教授兼职，专任实业部技正兼工事科科长，负责计划及管理各种国营工业以及督促及改进各种民营工业。现正筹备之国营钢铁厂、中央机器制造厂、硫酸铔制造厂等皆在主管之列。刻在计划酒精工厂、新闻纸制造厂、细纱工厂及汽车装工厂等等。顾君复任该部技师审查委员、国货审查委员、工业标准委员会委员、国防工业委员会委员、中国经济年鉴编纂委员等职务。顾君现在通讯处为南京实业部，住址为南京成贤街安乐里一号。又近接其来函云：京中诸友因鉴于中国社会之每况愈下，相约发起中国科学化运动协会，以通俗科学之宣传，使社会渐趋于科学化之途径。此类工作定邀社友诸先生之赞助。

魏嵒寿君：现在中央大学农学院任农业化学系教授兼该系主任，最近著作有《我国酒精制造问题》，中国建设协会印行，又载于二十年十一月《中大农学院旬刊》；又《中国酱中微生物》载于《新农讯》第五期；又著《高等有机化学》，南京钟山书局发行。最近研究(1)南京附近土壤中微生物之调查；(2)自小麦制酒法。又近日研究《紫外线对于微生物聚落之荧光》，而知各微生物之聚落各有不同，荧光因此可得分别种类，为重要发现，将来或有贡献。

张心一君：现编制《中国农产统计》一书，内附农户、农田、农产统计表三表，及农户农田、作物分布地图十二张。此项统计系张君近四年来在政府统计机关调查所得之材料加以审订者，闻此书将于本年十二月间由南京黄泥岗金陵印刷局出售云。

葛绥成君：近在上海大夏大学史地系讲授《地理教学法》，编成一书，共分四章：第一章叙述教材的采取和排列等方法，第二章叙述关于地理教室等设备事项，第三章叙述地理教学的各种方法，第四章叙述学者应持的态度。章各分节：凡在地理教学的积极方面，举示应走的途径；消极方面，矫正易蹈疏失。诚为地理学者必备之书，现已交中华书局付印。

胡刚复君：通信处改为上海愚园路(兆丰公园斜对面)延陵村三十二号。

李仪祉君：九月间参加陕西实业考察团，长途跋涉，劳顿异常，以至痔疾复发，病卧三月余，现在西安养疴中。

孙文青君：所撰《张衡著述年表》，业已在《金陵学报》二卷一期刊出。最近任印〔南〕阳县教育局长，以后通讯处即改在河南南阳县教育局。

周彦邦君：现已调任第十九路军军路工程处技士，担任漳龙干路桥梁设计。最近将赴和溪龙岩一带视察桥涵位置，并监修桥梁，约一月后始克返漳云。通讯盖〔处〕仍为福建漳州漳龙区公路分局。

李振翩君：现在上海海格路国立上海医学院(即前中央大学医学院)担任细菌学主任。

许应期君：暑假后担任中央大学工学院电机系主任，曾于九月底到沪采购仪器数千元。通信地址南京中央大学工学院。

孟心如君：现就任中央大学工学院教职，迁居南京竺桥大悲巷四号。

张泽世君：暂时通讯为天津商品检验局。

沈怡君：于本月初迁居上海法租界亚尔培路亚尔培坊二十六号，电话七五〇三〇号。

陈忠杰君：于上月赴南京暂住老虎桥四十三号。

饶育泰君：业由欧洲返国，现在通讯处为此〔北〕平东皇城根四十二号国立北平研究院物理研究所。

金贤藻君：现住南京网巾市六十二号。

朱新予君：通讯处为镇江四摆渡女子专业学校，该校原称讲习所，系新改为学校云。

狄宪君：仲社员。狄君现在上海中法大学药科肄业，孜孜学问，尤专化学。近在译Noyes著《定性分析》一书，以介绍于国内学术界云。

第27号　1933年1月20日

社友消息

胡先骕君：现被举为国际科学教授会评议员并名誉会员(Honorary Fellow)。去岁曾被第五次太平洋科学会议邀请编纂《中国松杉植物之分布》一文，稿已寄送。又前与陈焕镛君合编之《中国植物图谱》第三四两卷已与商务印书馆同归于尽，现乃改归由静生生物研究所自行刊印，第三卷石印图已印毕，不久即可刊布。

何尚平君：一月二日在杭中华化学工业会举行年会时公开演讲，题为《人造肥料与我国农业之关系》，其中重要部分略举如次：(一) 氮质化学肥料输入我国之情形；(二) 硫酸铔对于各种土壤气候中变化之状态；(三) 氮质化合体被植物吸收者为何种状态；(四) 各种农产物之质量受人造肥料之影响；(五) 制造氮质化学肥料之新法及其经济；(六) 氮质化学肥料与国防之关系。最后结论主张提倡参用 Haber 与 Clande 新法，国营氮质人造肥料，惟属于何种状态与设厂地点，均主慎重考虑。演讲全文将在该会年刊发表云。

陈方济君：自廿年七月就任浙江省立农业改良场场长后，认定负有改良浙江全省农业之使命。因□主要工作之稻麦育种外，复实施园艺调查，举办肥料试验，进行气象观测，开始化验工作，以及指导推广等项。其次为谋技术上之扩充。关于本场水田高地之增辟，永嘉园艺分场之筹设，附属两苗圃育苗地之增辟，场舍之建筑，河堤之修葺，仪器用具图书标本之添置，研究试验上各室之辟设，各种刊物之编行，图表照片之制摄，以及农用器具之购办，从本场经济与环境之夹攻中，分别进行，逐渐发展。回顾一年间之经过，虽成绩幼稚，设备简陋，然荦荦粗备，大基奠定。所有业务报告详见该场年报第一号。现该场奉建设厅令重行改组，陈君已离该场，现任中央大学农学院教授兼教务主任。

许心武君：担任河南大事〔学〕校长已近两年，对于改进校务，颇饶兴趣。该校共有文理法农医五院，除医学院不分系外，余四院分十四系，共有学生千人。所聘教授多系国内一时之选，长年工作于研究室试验室中，除为政府及社会担任研究专门问题外，绝不兼任其他职务。一切校务皆依部定章程，严格施行，校内状况亦殊良好，不欠薪，不缺课，不起学潮。上年由省政府特拨十六万元建筑大礼堂一座，可容二千八百人，工程即将告竣。近又以积余经费建筑图书馆一座，本年二月底开工，全用防火材料，建筑费亦近十六万元云。

邓植仪君：来函云：广东土壤调查所当成立之始，隶属广东建设厅农林局，现以土壤调查一事，系属长时间研究性质，与中山大学农学院土壤研究工作有互相关系，经广东省政府省务会议议决拨归中山大学办理，经于本年九月一日施行，改隶中山大学农学院。仍由邓植仪兼理所务，所址暂仍旧。

吴承洛君：前因日军淞沪肆虐，行欲施放毒气以危害我军。曾奉实业部令在中央工业试验所督造防毒面具，计成一万余套，由各处捐赠款项四万余元。新加坡陈嘉庚捐助椰子壳数百担，并制成活性炭素供给前防。现因此项使命业已完成，近仍改办全国度量衡局，以期于最近期间即依照规定于二十二年年底以前完成全国划一，并筹划举办其他工业标准。并闻该局附设度量衡制造所及度量衡检定人员养成所，至各省市检定所及各县分所均归直辖指导云。

杨炳勋君：自民十六独力创办炳勋中文速记学校，分面授、函授两部，学员众多，其毕业学员，皆能实地工作，服务社会。此次中央航空学校在沪招考速记，得选者亦多属该校学员。兹杨君为普及此种应用科学起见，除自设学校外，又在国立上海商学院担任中文速记讲师。凡我社友，遇有名人演讲、公司年会、大会记录、法庭口供、重要谈话，欲聘请中文速记教授者，请尽量介绍，定能满意。杨君现寓上海海宁路高寿里，电话四二六七四。

王恭睦君：因侍父病，旋又丧父，居乡月许，近以丧事完毕，已首途返京矣。

陆志安君：通讯处改为南京鼓楼大方巷军政部兵工署理化研究所。

寿天章君：于前月由陕南下，接洽西北诸事，谓长安繁荣，将有希望。业已受西北农林专科大学筹备会之聘，为驻西安筹备员。

黄友逢君：现任新兴置业公司总经理，通讯处为上海邮政信箱一九六八号。

李寅恭君：自去年七月继续受中大聘为农学院森林系主任，现在南京三牌楼校门口妙乡二十三号。

第28号　1933年2月15日

社友消息

李仪祉君：近接西安社友杨鹤庆君及寿天章君先后来函报告，李君自陕南归来 即患痔疾，经卧床二月，健康未及恢复，而前腹右季肋下忽生 Karboukel，经割治后今已痊愈。惟背部右肩胛下与前疮同时亦生一疽，因仰卧压迫，症状不著。其前疮渐愈而后疮遂发痛且肿，于一月二十四日施用手术经过良好，但三十日起因感冒发高热，症状忽重。数日来难略有转机，但体力已衰未敢遽抱乐观。现有主张乘飞机到北平治疗，亦有主张请上海牛惠霖医师赴陕诊治。杨君早晚侍病，参加诊治，因知我社友中关心李君病况者多，故约略及之。

周继武君：本人于今年九十月间川战将发动之先，即以工商业方始萌芽，万不能再事摧残，而战机已熟不可向迩，乃纠合同志从事消弭，组织治安维持会以促进行。其详情于另电可见其大略，兹拣同原电附呈以免抄录之烦。至战后各社员住址多所变更，即社员所办之事业亦大半因受影响而停滞矣。其详细情形容俟调查确实，再行奉告(电稿从略)。

宋希尚君：仍在扬子江水道整理委员会工作。去年十月派往扬子江上游重庆宜昌一带江峡间测勘水电工程，即在宜昌相近葛洲坝及离宜昌五六十里之黄陵庙两处加以测量，所有报告书计分八章，已与建设委员会拟呈送国府采择。

欧嘉炜君：现任厦门大学化学教授兼系主任。

陆费执君：已脱离江苏实业厅，改就上海中华书局理事职务。通讯处上海静安寺路中华书局。

张景钺君：现任北京大学生物学教授。

林士模君：现任国民政府建设委员会电机制造厂厂长，通讯处上海半淞园路本厂。

周彦邦君：一月以来，在水潮和[龙]溪等处担任考工事务。近因被龙溪职中校长及同学再三劝促，回校主持高中公路科，故刻拟辞去第十九路军军路工程处职务。以后通讯处仍为福建漳州省立龙溪职业中学。

王辅世君：(仲)近日来专心研究秘密无线电话，已有相当成绩，并得学校当局之辅助，一切进行，甚为便利。查该机所发出之电信或电话，只有特制之收音机，方能收到。

徐渊摩君：于二月九日在沪与陈华女士结婚，由社友曹梁厦证婚，因新妇在大同毕业，曹君称之为大同之女，自认为老丈云。

兹承吴承洛君代为调查社员通讯处，特照录于后以辅新刊社员录中之缺漏并致谢忱。

李铿：土木，上海慎昌洋行。

饶育泰：北平研究院。

丁嗣贤：安徽大学。

周增奎：审计部。

杨子嘉：兵工署。

乐森璧：上海国定税则委员会。

袁复礼：清华大学。

傅葆琛：北平农学院。

吴兴业：上海友邦人寿保险公司。

周振禹：北京大学。

姚传法：立法院。

张耀祥：暨南大学。

陆元昌：铁道部。

罗英：天津北宁路局厂务处。

邢契华〔莘〕：青岛市工务局。

许坤：北平电车公司。

程干云：天津工业学院。

钱昌祚：航空学校。

朱物华：唐山大学。

梁引年：北平北学院。

程孝刚：铁道部。

林则衣：济南齐鲁大学。

孙昌克：建设委员会。

黄金涛：实业部。

马寅初：立法院。

黄汉樑：上海和丰银行。

王世杰：武汉大学。

朱世昀：已故(长兴煤矿厂长,为匪杀死)。

李衷：已故。

第29号　1933年3月6日

社友消息

钱昌祚君：通讯略云：鄙人于民国十二年至十三年曾任美洲分社书记，对于社务颇肯效劳。十三年十月回国抵沪，并蒙本社诸先进如胡氏昆仲及杨杏佛君等欢迎。惟八年来偏重工程方面，近年又专门从事航空技术，故对于社务除二年前曾到过焦山年会一次外，并会费亦历年欠缴，益滋愧怍。鄙人自本年起通信处改为杭州梅东高桥航空署办事处，现任该署技术处处长，希为检寄最近社员录一份，并示知永久社员费若干。……关于下列问题有愿与鄙人函商者，极表欢迎：(1) 汽油滑油之试验及本国开采或提炼计划；(2) 航空无线电之研究及试验；(3) 航空技术人才之训练办法(物理、机械、气象、无线电等)；(4) 制造航空器须用国产材料之研究(合金钢、铝镁合金、木材、府绸或夏布等蒙布、不透水之油漆等)。社友中任职教育研究工业机关，有相当设备能力愿作某项与航空有关系之试验及研究者，航空署技术处当量力供给物质或智识上之材料，以资合作。其在工业界能有出而可供航空技术利用者，酌为介绍。

李殿臣君：现因胃病复发，已向两广地质调查所请假三月，至广州市北清远县属之飞霞洞从事休养。飞霞洞为广东有数之避暑佳地，位居北江飞来峡之西侧，离江岸五里许，东北距粤汉路琶江口站约十五里，有小艇往来其间。由琶江口至广州市，乘火车四点钟可达。该洞建筑颇宏壮，创建于民元。然自民元以来，屡事扩张，现有客室可供千余人住宿。该洞主持麦泰开君为游者方便计，对膳宿两项有种种较满意之设置，自来水之清洁，尤为游者所称道；虽不备荤食，然素菜亦殊可口也。飞来峡四周为平地，峡中最高山适居飞霞洞之后，高出江面约一百五十余公尺。离该洞最近之村落亦在十里外，故洞内极幽静，非粤西之鼎湖所能及；而洞外景色秀丽，又非粤东之罗浮所能及也。惟树木甚少，而伟大者尤少，是其缺点。

李良庆[君]：自去秋返国即在北平国立师范大学担任植物学教授，暇仍从事于中国淡水藻类植物之研究。最近新收到广东岭南大学教授 McClure 先生寄来海南岛一带淡水藻类标本一大批，其中包括不少有趣之材料，一俟将定名分类之工作完竣，即当外出至江西一带作采集旅行也。北平寓所在西城灵境胡同三十号。

胡竞铭君：民十九年十月由美返国，随即由铁道部派在津浦铁路服务。现在该路工务处任工程司〔师〕职务，通信处南京新街口五台山村三十一号。

刘运筹君：中央大学农学院院长职务业于去年九月脱离，十月又来北平担任北平大学农学院院长。年来办理教育行政兼授功课，极其困苦，故离开中大农学院即决致力于专门教书或从事于著作，无如农界中人及各方友好佥劝应平大之聘，农院又为余之母校，义不能不加以维持，毅然变更初衷牺牲其他一切以赴之。治事之外，并在农业经济系教授农业经济学。

林士模君：字可仪，自二十一年六月担任建设委员会电机制造厂厂长后，即筹划制造干电池。同时设立研究室从事切实研究，现在已出者为(日月牌)手电筒用电池，在一月内可出无线电用及电话用各种电池及无线电收音机。

邓胥功君：现任国立四川大学教育学院院长，前著《教育学大纲》由华通书局印行，上卷已出。又编有《教育通论》一册，亦已由世界书局出版。

孙昌克君：通信处南京铜银巷五号。最近三年来从事开办淮南煤矿，任局长、总工程师等职，现在建设委员会任事。本人著作多关于煤矿业，在中国矿冶工程学会出版之《矿冶杂志》登载。

周振禹君：通讯处为北平景山西小石作十号。

杨子嘉君：现任兵工署研究委员少将专任委员。

陈衡哲女士：已迁居北平刚察胡同一号。

张东荪君：通讯处为北平燕京大学。

丁嗣贤君：通讯处安庆平安岭九号。去夏受安徽大学之聘为该校教授兼教务长，数月以来工作极为紧张，拟使安徽最高学府于不远之将来蔚为大观。最近于推进校务之余，仍继续在重大时所开始之毒气防御之研究。

朱其清君：最近就南京三元巷二号设计委员会之聘，为专门委员，住南京四条巷良友里二十三号。

周同庆君：向在泼林司顿大学专研物理学，近已返国。现住北平东城象鼻子后坑二十七号。

刘淦芝君：系美国哈佛大学特派回国调查昆虫专员，行踪几遍全国，近由沿江各省返沪，复赴两广调查。永久通讯处武昌辎重营凤凰城十四号，本年七月间仍须返美云。

林则衣君：字济青，现任济南私立齐鲁大学文学院兼理学院院长。

张延祥君：通讯处改为南京四条巷良友里二十三号。

熊止埋君：现任湖南大学教授兼数理系主任。

董任坚君：原名董时，因与董时进君之名相差一字，每为人误认，故决以字行。现寓上海愚园路愚园新村十二号，电话三七八五三。

杨鹤庆君：现兼任陕西防疫处处长，拟聘制造痘苗各种血清技正一人，月薪一百八十元，技佐三人，六十元至八十元。社友中能介绍者，请通函西安五岳庙门街该处与杨君接洽。杨君以西安社员日增，并有设立西安社友会之建议。

石解人君：通讯云：(1) 拟请在西安成立中国科学社分社，宣传科学知识开发西北。(2) 本人每日除努力与扩充改良所经营之陕西省立医院院务外，尚须宣传社会卫生与建议当局筹设医学校，故终日劳顿万状，生活殊失规律。(3) 最近与社友杨鹤庆君等创办《西京医药杂志》，创刊号已于一月十五日出版。但因忙于人事，暂难努力于专门之研究。(4) 本人经营之陕西省立医院，近以陕西连年荒旱，省库空虚，虽屡有完善计划，进行实感滞碍。(5) 社友李仪祉君一月二十二日因背部患疾入本院诊治，即行手术，与太阳灯及血清等之注射，但以李君身体衰弱，故目下正在疗养中。

第30号　1933年3月28日

社友消息

马相伯先生：三月十日函本社提议云："兹有刘达君系三十年前之留法学生，去岁重游欧洲返国，睹新发明之'光觉理论'（La Radeisthesie）。此法初用以觅水泉觅五金，继能用以疗病；且尝应用地图上测量所得，觅得水泉。查此法新流行，可否由本社特约刘君，公开讲谈一次；因刘君亦可略实验云。如荷赞可，请便通知，敝处可将来函转交刘君收。"相老热心提倡科学，关怀社务，曷胜钦佩。刘先生处业由本社肃函敦请，并已得复定期于本星期六下午四时来社演讲矣。

姚传法君：近接美国耶鲁大学森林学院函聘为驻远东木材及林产研究特约通讯员，已覆函允许。前年在广东西北三江考察森林及水利情形，摄有多帧照片，现已将报告书草就。近日曾与实业部陈公博部长协商，创设中国林产研究所及国营大规模造纸公司，复与留学欧美造纸专家多人合作进行之。本人现任立法院立法委员，最近重要工作为草《土地法施行法》。寓南京东厂街三十八号。

张泽垚君：现在天津商品检验局任化工品检验处主任，编有〈(一)〉本局化工处检验丛刊：(1)《油类检验法及其暂行标准》(2)《肥料检验法及其暂行标准》(均已出版)，(3)《糖品》(4)《酒精检验法及其暂行标准》二册正编辑中。该出版物皆在天津商品检验局出售。

唐启宇君：近著《农业经济学》一书，为东西洋农业经济学说综合之研究。关于中国农业问题，尤指示周详讨论切当。业由中华农学会出版，每册定价二元。

陈嵘君：近著《造林学》一书，其内容组织及取材务求适于我国之现状，可供学校教本及实地造林者参考之用。中华农学会出版，每册定价一元。

程孝刚君：曩在铁道部供职，后改任浦镇津浦铁路机务处职已一年，近约集同人拟编《铁路机务工程译报》，每季一期，第一期不日即可出版。

胡梅基君：现任李斯德医学研究院医学昆虫部主任，该院址上海爱文义路一三二〇号。

刘淦芝君：已赴广西，其通讯处为武昌水口关帝庙十四号内忠实堂七号。

邝嵩龄君：前在广东国立中山大学任职，现就真如国立暨南大学教授兼中学部主任。

杨伟君：现任福建厦门大学化学教授。

卢于道君：现因国立中央研究院心理研究所迁沪，已于三月底到申，暂住本社第四号宿舍。

闻亦齐君：现在汉口行医，通讯处汉口金城银行大楼。

罗端先君：现住西安九府街六十二号。自去年下学期辞去省立高级中学教务长之职，即赴北平从事中等学校算学教本之编辑。后因平津不靖返陕，教厅即聘为该厅学校设计委员，复任中山中学校整理委员。近又为陕西普通检定考试委员会委员，然于教本编辑之工作迄无辍止。

孙文青君：近仍在南阳教育局整理全县教育，曾编《南阳县二十一年教育行政计划》一文，系按照政教保养合一之原则，以教育力量推进一切乡村事业。除领导全县教育界人作乡教努力外，并自邹平请到吴丽泉，晓庄请到夏德琴、潘念之、操震球、台和中诸先生到县作实地领导，行见南阳教育在现代教育潮流中，将另辟一条新途径云。又孙君所著《九章算术篇目考》(上)，已在《金陵学报》二卷二期刊出。在此篇中对于东汉马续编次九章算术之推论，已多所印证，唐贾孔等之承误尤为向来经学家所未道。

常宗会君：近三年来从事农村生活，除管理中国合众蚕桑改良会南京制种场外，并指导华侨在首都南门外创设蚕种场、养蜂园。最近实业部以蚕桑科科长需人，嘱兼任斯职。又安徽省政府函聘常君为安徽政治教育生产设计委员会委员，藉以规划教育生产化、生产教育化计划之实现云。

顾鼎梅君：上海科学仪器[馆]总经理。该馆近来注意理化器械之制作，所设之厂在闸北恒丰路，去岁战事未受损失。近将仪器极力改良，各省学校多向采购。近编《物理器械实验法》一书，对于用途种类构造实验各法均详言之，出版颇受学者欢迎。该馆寄售本社社友所著科学各书，颇有销路，足见社会对于科学观念已有进步矣。

董时进君：现仍寓北平石驸马大街四十二号，因见上期本刊登载董任坚君决以字行通讯一则，称任坚先生有退让精神，惜本人无字可行，只好同“时”进行耳。措词甚诙谐也。

兹承张巨伯君代为调查社友最近通讯处，特照录于后，并志谢忱。

顾莹君：杭州笕桥浙江大学农学院。

顾复君：无锡教育学院。

张景欧君：上海博物院路十五号商品检验局。

费鸿年君：广州中山大学生物系。

刘运筹君：北平北平大学农学院。

冯锐君：广州建设厅农林局。

温文光君：广州东山中山大学农学院。

叶雅名〔各〕君：武昌武汉大学。

张自立君：杭州浙江建设厅。

王彦祖君：已故。

社友哀闻

杨培芳君：字芷芬，于本年一月二十七日病故。

第31号　1933年4月18日

社友消息

庄长恭君：前任中华教育文化基金会科学教授，去年因任期已满，受该会派来德国考察研究。即到 Gottingen 大学，从 Prof. Windaus 研究维他命 D。其结果已在 *Lebigs Annalender Chemie* 发表，维他命 D 化学构造式，至此已大半解决。庄君因已证明维他命 D 与 Bile acids 有密切之关系，故现在转到 Munchen 大学与 Pro. Wieland 试作 Synthesis of Cholanic acid (Bile acids 之一种)。此化合物之构造式，经 Wieland 及 Windaus 二人多年之研究，且皆以此得诺贝尔奖金，惟至今仍未能解决，不过已达到可试作综合之时期。此问题极关重要，盖据最近研究，除 Vitamin D 及其他 Sterols 外，尚有 Female sex Hormone，其化学构造式亦与 Bile acids 有密切关系。设 Cholanic acid 之综合成功，则其余之化学构造式，均易解决矣。

庄君将于今年夏天回国，现在住址如下：Herrn Prof. Dr. C. K. Chuang，% Chinesische Gesandtschaft Kurfurstendamm 28，Berlin，Germany。

袁复礼君：于前五年均在西北考查地质，发现侏罗纪恐龙及他种化石甚多。去年五月回北平后，即在清华大学担任地质教授。现正在整理旧笔记稿中，一俟完竣，当在《科学》发表此长期旅行之概括。通讯处为北平清华大学。

凌道扬君：近除主办中央林区管理局事务外，仍兼办农振〔赈〕事宜。现在南京秦淮河一带于八十九个村中设立仓库一百十四处，储押粮食以便农民借贷，而救济一般贫农云。

曾义君及其夫人胡泽女士：现均供职国民革命军第二十一军戍区中心工业试验所，所址在重庆打铜街川康殖业银行三楼。曾君已被推为本届年会秘书，社友中如有欲向年会筹备会询问事情者，可迳函曾君接洽也。

张丙昌君：现任陕西西安市政工程处处长职。因陕西近六个月内，天未下雨，以致异常亢旱，二麦枯槁者，约十分之六七。灾象遍于关中区四十余县，农村破产，灾民遍野，省库奇窘，市政工程如马路沟渠等新的建设，殊少进行。幸于本年三月二十三四两日甘霖约有三寸，将枯禾苗可救一部。年来开发西北声浪震动全国，但开发必以陕西为起点。近日西北农林专校开始筹办，《西京日报》业已出版。北平研究院派员到陕，着手研究周秦制度，皆今日西北开发之导线也。李仪祉君病体渐愈，不久可出医院任事。其在陕诸社友如杨叔吉、石解人、寿天章诸君均各努力本人工作。

寿天章君：来函提议云：今后发西北，空气日渐浓厚，吾社不能不于此时种一根基。南京亚细亚学会已请陕省拨一千亩为会产。吾社亦可函商省府当轴请拨官荒若干，为本社建设或其他经营事业。业已由社函复寿君，请其照青岛社友会领地办法进行矣。

黄伯樵君：自上年十二月十六日起，改就京沪、沪杭甬铁路管理局局长。通讯处上海北苏州河路河滨大厦。

赵廷炳君：已由美洲赴欧，行将返国。本年六月以前之暂时通讯处为 Mr. T. P. Chao, ℅ Chinese Legation, 49 Portland Place, London, W. C. 1, England。

何文俊君：现任四川成都华西协合大学生物学系教授兼该校博物馆自然历史部主任。

张洪沅君：现就天津南开大学理学院教授。

万宗玲君：通讯处现改至四川江津县立女子中学。

刘树梅君：由福建盐务稽核所调任山西河东盐务稽核所经理。

张景欧君：现在上海博物院路十五号商品检验局供职。

朱觉卿君：通讯处现在无锡四郎君巷九号。

冯锐君：现任广东建设厅农林局供职。

田世英君：通讯处现改至济南胶济路军务处第四段办公室倪迺基君收转。

唐启宇君：现任中央政治学校地政研究班教接〔授〕，住南京刘军师桥破布营十二号农业周报社内。近著有《近百年来中国农业之进步》及《中国农业改造刍议》二书，每册定价四角，中华农学会及农业周报社均有代售。连前所著《中国农业之经济的研究》(英文本，特价六元)、《农政学》(平装二元)、《中国农业改造问题丛著》《合作概论》(民智书局发行)以及《农业经济学》(中华农学会发行)共得七种云。

第32号 1933年5月10日

社友通讯

刘咸君：现任青岛山东大学生物学系人类学教授。因鉴于民物学之研究，关系民生至切，在欧美各国极为主〔注〕重，通都大邑，莫不有此项博物馆之设立。近特发出通启，搜集国内各地民物标本，以为设立博物馆之预备。凡愿以本乡道地器物，或旅行所得土产送赠者，刘君竭诚欢迎也。

刘淦芝君：系美国哈佛大学特派返国调查中国昆虫，一年以来，足迹遍全国。上月赴广西梧州，近又深入瑶①山调查，约须两月方可回梧。去年著有《实用昆虫采集法》一册，再版早已售罄，本年一月间复重加修订，并增入本国昆虫图数十帧，三版付印，不日将由上海中国科学图书仪器公司出版发行。

秉农山君：上月初应青岛山东大学之请，赴青参与该校科学馆开幕典礼。在校演讲二次，并代该校计划青岛海滨生物研究所，在距青岛市五十余里之南海岸沙子口地方察勘所址。沙子口为青岛鱼〔渔〕场之一，两地合抱成小湾，海不甚深，广狭合度，地属沙泥，海口经冬不冻，允为设立海滨研究所之适宜地点。且该处有胶海分关房屋可以借用，交通亦便捷。察勘结果，甚满意。因于所址门首，由秉君手书“沧海奇零”四字匾额。将来国内各大学研究机关，均可派人前往研究云。

袁翰青君：去年六月在美国意利诺大学得哲学博士学位，曾有关于 Stereochemistry 之论文两篇，载《美国化学会志》。客冬十二月返国，现任国立中央大学理学院教授。

唐钺君：现已移寓上海白利南路花园村八号。

徐学禹君：现已迁居上海大西路美丽园二十号，与包可永君同居。

常宗会君：在安徽全椒县主办之蚕业指导所为奖励农民春蚕兴趣起见，决于收茧时将

① 本书中涉及该民族均用“瑶”。

各农民所售之茧提取茧样，开一蚕茧展览会。开会批评名列第一之农民奖耕牛一条，此外并预备桑剪蚕网及农民家常用品以作普通之奖品。将来发奖之时，并由滁县沈专员志万及全椒县长杨中明主办其事云。

李书田君：现任国立北洋工学院院长。该院现有土木工程、矿冶工程、机械工程三学系，并拟于本年暑假后添设建筑工程、电机工程两学系及研究所。近著有《图解梯形重心之二十四原理及其画法》一文，登载于《大公报·科学周刊》。此周刊系李君及其友人雷孝实君等所主办。李君近更著有英文《北方大港之现况》一文，登载《中美工程师协会月刊》。李君对于中国水利工程学会之创立及发展特具热心，近且捐赠该会八百元作为耕砚奖文基金，每年以所得利息约百元充该会月刊上发表论文之最佳者，制作金质奖牌之用。李氏现住天津英租界卅三号路永和里十四号。

关百益君：现充河南博物馆馆长，兼河南通志馆金石纂修。三月间因印刷其所编辑之《河南金石图》到沪，大受艺术界欢迎。十二日在文艺春秋会席间演说，题目为《河南近世对于文艺上之贡献》。二十七日在美术专门学校演讲，题目为《研究金石不独注重文字，宜兼重花纹》。时因西湖保叔〔俶〕塔正在修理，特往调查，所获新材料甚多。又与蔡孑民、叶誉虎、刘海粟、顾鼎梅、王济远、滕固等，组织中国考古会于沪上，将各省考古专家，尽介入会中，欲成一中国国际上最纯正最高尚之考古机关。定于五月十四日，在沪明复图书馆开成立大会，关君拟于期前到沪，筹备一切会务云。

许炳堃君：原通信地址为南京网巾世界学会，现因该会已他迁，故改为南京纲〔网〕巾市六十二号，不再加世界学会四字。

温文光君：现任中山大学农学院园艺教授。曾著《果树园艺学》《实验传粉改良果品法》及《柑橘类栽培改良法》三书，现在从事于广东柑橘砧木之改良、柑橘芽条变异育种法及广东柑橘品种之调查等工作。

胡先骕君：三月间应江西省熊主席之请赴南昌，代拟组织江西农林院计划。现已事毕回北平，近被举为北京博物学会会长。

李伻君：通讯处在本年暑假前改为郑州陇海潼西段工程局。

朱翙声君：现迁寓广州市惠爱路惠吉西路一坊七号之一楼下。

第33号　1933年6月20日

社友消息

任之恭君：系本社美国分社书记，在任一载，极具热心。近接其来函，将于本月中绕道欧洲返国。以后关于分社一切事务，暂归社长汤佩松博士办理。任君为哈佛大学理学博士，并在该大学担任物理学讲师有年。归国之后，于我国科学界定多贡献也。

丁绪宝君：前曾留美多年，研究物理，并曾在东北大学担任中华教育文化基金会特设讲座共五年余。前年复由该基金会佽助，再赴美国，在纽约省 Institute of Applied Optics 专门研究光学，对于制造各种光学仪器，尤特别注意。今春曾接国立北洋大学电聘，当时伊不愿即回，婉谢未就。近据丁君通讯，知其已经决定今夏回国。其国内通信处为：苏州卫前街廿八号，或安庆安徽大学丁绪贤或丁嗣贤君转。丁君近并有创设科学仪器制造厂之切实计划，且有国外某专家愿来华担任制造仪器之技师。丁君之计划书已交中国科学公司印刷，不日即可出版。凡有同好愿一读者，可向本社索取。

丁绪淮君：清华大学毕业后赴美，在米西干大学研究化学工程，计已六年。今年得科学博士学位，其论文题目为 Supersolubility & Mechanism of Crystalization。今夏即行回国，其通信处系安庆状元府街廿七号或安庆安徽大学丁绪贤或丁嗣贤君转。

竺藕舫君：于上月二十二日赴坎拿大出席太平洋科学会议，会后赴美并须往德国一行，定于八月间仍由美国返国。凡欲在七月间与竺君通讯者可寄下列地址：Dr. Coching Chu, ℅ Mr. L. A. Wells, Blue Hill Observatory, Hyde Park, Mass., U.S.A.。

路敏行君：近患咯血，似有第一期肺病之象。业于前月遄赴莫干山休养，住该山上横区一〇九号。昨接其来函云，自住山以来，精神大佳，身重增加八磅。友朋闻讯莫不欣慰。

赵石民君：现迁寓上海亚尔培路亚尔培坊三十一号。其研究工作暂借亚尔培路中法大学药学专修科余屋进行。

吴有训君：现寓上海霞飞路迈尔西爱路口邮政局三楼，一时不返北平。据云物理学会将于八月初在沪开会，该会大多数会员均将参加本社四川年会，即由上海一同出发。

雷沛鸿君：现移居本埠亚尔培路蒲石路南 Verdun Terrace 四十二号。

何育杰君：因原居门牌更换，现改为新闸路九〇六弄三十八号。

郑礼明君：前在河南丰乐镇六河沟煤矿局供职，今改就南京建设委员会事。

丁燮和君：现就武昌国立武汉大学工学院教授。

曾昭抡君：兹因事离平，以后通讯处为南京傅厚岗三十四号。

张孝庭君：函知东方化学厂厂址已于三月间迁至上海北西藏路一二四号。

李孟博君：原在成和村六〇五号，现改为福煦路四明村九〇三号。

陈蔚青君：通讯现改为爱文义路联珠里四七三弄十四号。

蔡无忌君：住愚园路愚园坊二十六号，现在门牌号数改为十四号。

张道宏君：通讯处现改为天津英租界三三号路二十六号。

吴文利君：现在广州太平南路西嘉南堂七楼广州商品检验局化验处供职。

朱贡三君：永久通讯处苏州颜家巷六十六号。

程宗阳君：自上年一月起改就津浦铁路材料课课长，通讯处浦口津浦铁路材料课。

刘淦芝君：业已由广西返沪，采集昆虫标本甚多，并择其最有兴味之一部分赠送本社博物馆陈列。现住上海八仙桥中国青年会，本月内即须返美，仍在哈佛大学研究。

据美国分社书记报告社员通讯改址如左：

陶桐君：新回国住天津河北修业里三十七号。

王慎名君：同上，住 17 T'oufay Hutung, Peiping。

顾毓珍君：同上，住上海白克路蓄衍里第一弄第一家。

张国藩君：G. F. Diang, 403 S.Capital St., Iowa City, Iowa。

卞彭君：P. Bien, 458 Huntington Ave., Boston, Mass.。

本社创办人杨杏佛先生，于六月十八日上午九时在亚尔培路中央研究院门口遇刺逝世，特志哀悼。

第34号 1933年8月1日

社友消息

汤佩松君： 一九三一年美国约翰霍布金大学植物生理学系哲学博士，现任哈佛大学生理学系教员。通讯处 Dr. P. S. Tang, Physiological Laboratory, Harvard University, Cambridge, Mass., U. S. A.。

任之恭君： 美国哈佛大学物理学系哲学博士，现在欧洲游历，不久将返国，任青岛大学物理学教授。

彭光钦君： 美国约翰霍布金大学生物学哲学博士，将赴德国柏林 Kaiser Wilhelm-Institut Fur Biologie 为研究员，专门研究原生动物生理学。

张肇骞君： 定于今年暑间赴英研究，不日由京出发。通讯处暂以温州永嘉永强镇，俟抵英后再函告。

刘楚材君： 原在京军政部兵工署兵工研究委员会供职，现调至陕西华阴兵工厂。

李良庆君： 通讯处现改至北平府右街枣林太院九号。

江超西君： 通讯处现移至南京四条巷仁孝里十三号。

罗河君： 前在镇江京沪铁路驻镇工程处，近已奉调上海总工务处工程课，任工程设计事宜。其通讯处为上海北苏州路河滨大厦京沪沪杭甬铁路公务处工程课。

纪育沣君： 现已辞去浙江大学有机化学教授职务，近接受上海 Lester Institute of Medical Research 之聘，专攻中国药材之化学研究。除在浙大已研究紫苏、独活、前胡、柴胡外，更欲将其他数种重要药材一一研究之，将来对于国医定能有所裨益云。其通讯处如次上海爱文义路一三二〇号 Lester Institute of Medical Research。

黎照寰君： 前月应无锡国学专修学校之约，到该校参加毕业典礼，演讲《进取之精神》。因承当地教育家唐蔚之、高践四两公招待，留锡多日。参观各工厂，考察教育状况，在私立无锡中学演讲《未来之英雄》。至江苏教育学院参观该院民众教育展览后，复至惠山考察民众教育实验区，获益良多云。

卢伯君：去年在浙江温州第十中学教书，今年二月改就湖北省建设厅秘书兼第三科科长。

王海波君：暑假期间通讯在安徽怀远县王洪升号。

张鸿基君：前在南京，现已迁居天津，以后通讯处为天津南开大学算学系。

许心武君：前在河南大学，现已南迁，嗣后通讯改至南京东厂街黄河水利委员会。

王直卿君：暑期通讯处在河南彰德水冶镇后街中成号。

薛培元君：通讯处暂改保定河北省立农学院。

郝更生君：近在青岛山东大学。

邢契莘君：现在青岛市工务局供职。

徐荫祺君：已由美国回国，现就苏州东吴大学生物学系教授。

杨树勋君：九月以后由美将回国，应北平协和医院之聘。

张国藩君：现在美国，403 S. Capital St. Iowa City, Iowa。

卞彭君：在美国，458 Huntington Ave. Boston, Mass.。

邓振光君：在美国，625 Mendota Court Madison, Wisconsin。

陈建宜君：在美国，4174 La Salle Ave. Los Angeles Calif.。

李达君：在美国，224 S. Thayer St. Ann Arbor, Mich.。

陶桐君：通讯处为天津河北修业里三十七号。

周同庆君：通讯处在北平东城象鼻子后坑二十七号。

王慎名君：通讯处在北平头发胡同十七号。

顾毓珍君：通讯处在上海白克路蓄衍里第一弄第一号。

李永振君：通讯一则录下：下学年仍主南通大学农科科务，对该科各系力求充实发展。现需添聘研究土壤肥料之教授一人、兽医一人、植物与植物生理园艺一人，月薪约二百元，社友中如有合适愿就者，请径函李君接洽可也。八月中李君将参与本届年会，赴蜀一行。

曹诚克君：现应北洋工学院之聘，其通讯处为天津西沽北洋工学院，其居住在北平南长街织女桥北河沿三号。

庄丕可君：已定于七月十二日乘意船 Conte Rosso 离欧返国，八月五日可到上海，此后通讯处在上海霞飞路葆仁里七处刘公馆收转。

本社葬杨杏佛先生记

杨杏佛先生以清光绪十九年生于江西之玉山。幼怀大志,未冠即从事革命运动。民国五年在美国康奈尔大学机械工程学院毕业,旋入哈佛大学研究工商管理之学。先生生平尽瘁科学,民国三年,创立中国科学社,首任《科学》编辑部长,奔走社务,二十年如一日,募集基金,尤以先生之力独多。民国二十二年六月十八日在沪遇害逝世,年仅四十一岁。中国科学社同人念先生缔造本社之艰,努力科学之忠,爰于同年七月二日社葬先生于上海霍必兰路永安公墓,以志永思。

兹将本社公祭暨社葬典礼情形略记如次。七月一日下午在万国殡仪馆由本社董事会理事会暨全体社员致祭。主祭者为王社长,尚有来宾与新闻记者约计百余人。皆向杨杏佛先生灵前行礼,读祭文,献花圈。翌日下午三时开吊,除本社全体职员暨社友外,尚有各界来宾前来吊唁者,络绎不绝,计二百余人。行礼后,除灵帷。柩上覆以中国科学社社旗。由社友王琎、胡刚复、周仁、杨孝述、丁巽甫、唐钺等六人,拱柩畀至灵车,绕以鲜花。由蔡元培、吴稚晖等亲往执绋,送殡车都数十辆。素车白马,极尽哀荣。抵永安公墓,仍由王琎等六人扶柩下车,安放墓穴。覆盖安葬,时正四时。执绋者无不含泪哀悼,全体环绕墓地行三鞠躬礼乃退。丧礼于焉告成。

唐擘黄:杨杏佛先生传略

君名铨,江西清江县人,杏佛其字也。父永昌,字景周,曾官徽州。母刘氏。君以清光绪十九年生于江西玉山县,行五。六岁即读私塾。性好动,酷爱玩具小刀小枪小人马之属,常向父母索赀购置,得则一一拆散,复自拼合再造。十三岁,值父闲居,艰于生计,家中百事均赖母氏躬亲作苦,于是感念,不复嬉戏。书则苦读,夕归必代母操作,故父母甚爱之。喜读《申报》,恒以时事告弟妹为谈助,而其关心社会事业亦自此始。稍长入上海中国公学肄业。时清政窳败,君即从事革命运动,入同盟会为会员。辛亥光复,君与其役。

南京政府肇建,任总统府秘书。民国二年,以赞助革命有功,由稽勋局派赴美国入康乃尔大学习机械工程。留美时，月必节省所得官费寄家，为两亲甘旨之奉。君以吾国不振，实由国人乏科学修养，乃与同志胡明复辈十数人组织中国科学社，以促进国内科学为事，尽力社务二十年未尝少闲。君毕业康乃尔后，复入哈佛大学研究工商管理法。以民国七年归国，入汉冶萍煤铁公司负改进会计制度之责。嗣任南京高等师范学校教授兼商科主任，旋改任工科教授及工厂管理之职。师范学校改东南大学后，仍任工科教授。在校每持正论，不畏强御，因主张改派校长事去职。

贿选政府崩溃后，君随总理北上，任秘书。总理逝世后，为总理葬事筹备处总干事。斯时江南一隅，尚在军阀势力之下，君虽筹划陵墓事，仍努力于秘密革命工作，北伐军所以在上海成功如彼其速者，君之预备工作与有力焉。国民政府成立后，君任上海政治分会委员。当是时，各方势力冲突无宁日，赖君调停其间，革命之基础卒得巩固。君寻任清理招商局之职，一切出以大公。民国十六年，任大学院教育行政处主任，旋改副院长。十七年，中央研究院成立，蔡孑民先生为院长，君任总干事。六年之中，君为院事竭智尽忠，备尝艰苦，研究院之得有今日者，蔡先生之功，亦君之力也。

二十一年春，十九路军抗日于淞沪。君发起技术合作委员会，辅军队准备后方工作，又创伤兵医院，于战事协助甚力。近与孙夫人宋庆龄女士组织中国民权保障大同盟，以保障人民之生命自由为职志，且从事拯救被逮之政治犯。民国二十二年六月十八日清晨，方偕长子出游，遇暴徒数人狙击于中央研究院国际出版品交换处门前，枪中要害，旋即弃世，享年四十有一。

君赋性豪爽，待人诚挚，平生尚气节，愤嫉阿世取容之辈，避之如蛇蝎。素强毅，志之所在，不辞艰险，不苟取，死后家无余财。君健谈，善演说，庄谐杂出，至使受斥者亦为解颐。能诗词，虽案牍劳形，终不废吟咏。于经世之学尤多心得，有《杏佛文存》及《杨杏佛演讲集》行世，诗词及其他文字多未刊。妻赵志道，于二十年一月离婚。有子二，长小佛，肄业中学校；次阿难，方三龄。

柳诒徵撰：本社祭杨君杏佛文

呜呼杨君，夙婴肺病，药裹随身，恒虞短命。吾侪虑君，志壮体孱，幽忧损年，或随贾颜，数稔以来，转康而强。严装缚袴，骏足龙骧，宁沪于役，首试飞行，病魔惊却，游宴洋洋。畴意君身，乃遘奇死，非瘵非衰，非临战垒，乱枪怒鸣，单车不驶。心房冥穿，血缕潜滋，英英哲人，俄顷长已，呜呼哀哉。君居学府，不干政权，轸恤羁囚，扶危持颠，孰谓至仁，独罹巨冤，车箱一瞑，寂无遗言，仇者之快，爱者之悲，君乎何辜，乃止于斯。铦铦之锋，惟笔与舌，韬之不深，干莫爰折，嚼龈九地，沦肌寸铁，故剑终睽，孤雏长别，精魂何之，肝肠空热，呜呼哀哉。繄惟兹社，经始美洲，洎迁金陵，声施益修，基金既积，夏屋渠渠，蔚为学林，咸君之谟。奔走擘画，口焦舌瘏，摇兀艰难，终始不渝，年年社集，释粉震聋，为道幽炬，为警晨钟，浙粤燕齐，联艺骈纵，方期巴蜀，开拓蚕业，陨兹领袖，吾侪何从，呜呼哀哉。百年大齐，人孰不亡，尽性令终，世论所臧，明复之溺，君为神伤，志摩之熸，君涕淋浪，痛彼俊才，不俾寿康，岂惟哀友，国脉实戕。君视胡徐，毕命尤惨，坦荡通衢，欻成穽窞，智不及防，勇不容喊，咫尺书楼，烟尘黯黮。吾侪与君，谊等弟昆，五步之内，援君无门，凶焰高张，亲故声吞，营兹窀穸，只奠椠樽，追维风谊，莫慰冤魂，呜呼哀哉，尚飨。

第35期　1933年10月25日

社友消息

美　国

汤佩松君：于七月三日离美国，取道欧洲回国，就任武汉大学生物学系教授。

赵元任、吴大猷二君：代表中国物理学会参加六月底在美国芝加哥开之国际纯粹与应用物理学会议。

高文源君：已于七月十五日离美返国。

[留学密西根大学毕业生]：留美社员本年在米西干大学得高级学位者有陈来义君化学博士、袁丕济君算学博士、廖文义君化学硕士、丁绪淮君化工博士、吴大猷君物理博士、吴光君动物学博士。

周田君：新通讯如下：Dr. Bacon F. Chow, % Rockefeller Institute, E.66th & York Ave., New York City, N.Y., U.S.A.。

陈衡哲女士：已定于九月二十三或三十或十月七日三船期中，择一回国。

上　海

赵元任君及夫人杨步伟女士及三女孩：于九月十二日离华盛顿，自开汽车西行，沿途在绮色佳、诗家谷等处稍停。于九月三十日由西雅图乘 Jefferson 总统号回国，前日已到上海。

王元康君：现在上海四川路一一二号中国建筑材料公司。

方培寿君：现在上海浙江兴业银行。

金国宝君：现在上海交通银行。

杨汝梅君：现在上海盐务稽核所。

刘承霖君：现在上海交通大学。

陈端君：本年八月应孔庸之先生之召，担任中央银行经济研究号专门委员，兼代编译科主任。该处分为农、工、商、金融四组，陈君任金融、商业两组。全眷拟于十月初迁沪，寓愚园路三六五号。

伍连德君：自四川年会返沪后，撰《四川游记》一文在九月初《中国评论周刊》内发表，极饶兴趣。

郑礼明君：现移居南京龙王庙小火瓦巷寿宁村六号，或寄至南京建设委员会亦可。

顾世楫君：近已辞去杭州之江文理学院教职，改就导淮委员会工程处技正兼总务处第二科科长。通讯处为南京复成桥导淮委员会。

钱天鹤君：通讯处南京雀巷二〇二号中央农业实验所。

顾毓珍君：通讯处为南京成贤街安乐里一号。

王之翰君：现在南京铁道部工务司。

赵廷炳君：现已回国，暂在南京建设委员会任职。前在浙江大学任教授，自十九年赴美后，即入康奈尔大学研究，业于本年二月得该大学化学博士学位(其博士论文题为《用硫酸铁和石灰以清洁工业上的废水》，行将摘要刊登 *Industrial and Engineering Chemistry* 杂志)。嗣于三月赴英，复入伦敦大学听讲数月，旋又游历德法荷比意瑞诸国，参观化学工厂及肥料试验场多处。近于八月五日乘意邮“康德卢梭”返国矣。

平　津

李书田君：现移居天津英租界牛津道牛津别墅十号。

王金吾君：现改就天津商品检验局棉检主任职。

曾昭抡君：本年仍应北平〔京〕大学化学系教授。

区绍安君：现在天津交通银行。

张东荪君：现在北平燕京大学。

戴晨君：现在北平燕京大学研究院肄业。

丁绪淮君：于今秋返国，现在天津北洋工学院担任化学教授。

河　　南

李遵堂君：本年暑假后仍供职河南大学生物系，开始第七年教授之工作。拟开课程为《植物学》《植物生理学》及《植物解剖学》，并修正其所译就之(Swingle)氏《植物分类学》数本。将与胡步曾先生合订更续译(Raber)氏之《植物生理学原理》以作授讲之用云云。

涂治君：现任河南大学农学院院长兼植物病理学教授。

许振英君：改任河南大学农学院畜牧教授。

孙文青君：现已辞去南洋〔阳〕教育局长职务，暂住河南开封博爱街三十八号，从事整理南阳汉画象〔像〕云。

马孟强君：本年秋季应河南大学物理教授之聘，已于前日赴校授课。闻担任课程为《理论物理》《近代物理》及《普通物理》等科。该校四年级学生明年毕业，马君对于课业特别尽力指导，择其学力优良者令其在该校附设高中任实验物理课程之导师，使中学生多得物理实验之机会，以便对于物理课程发生兴趣，后日升入本科多有学习理化及工程者，并使大学毕业生学识经验藉以宏富，将来入社会不致感觉学不足用之虑。至对于演讲方面尤多擘画，拟以其历年所订购关于物理算学等科之杂志图书移存算理研究室，备师生参考阅读讨论云。

曲桂龄君：现改任信阳女子师范学校校长职。

武　　汉

查谦君：现就武昌国立武汉大学物理学教授兼理学院院长。

严仁会君：现在汉口电话局。

刘瑚君：回国供职汉口实业部汉口商品检验局。

郭泰祯君：现在汉口特区管理处。

四　川

姚启钧君：现任四川重庆大学物理教授。

徐崇林君：现任中国西部科学院理化研究所研究员，其通讯处重庆北碚中国西部科学院理化研究所。

刘淑兰女士：今年上期在四川省立女子职业学校及巴县县立中学任教，下期改任大足县立中学及女中之教职，通讯处为四川大足县立女子中学。

张国权君：移居重庆张家花园可园三号。

其他各地

吴光君：现已回国，今就广东建设厅农林局技正兼代昆虫系主任职。

何增禄君：回国，现就杭州浙江大学文理学院教授。

孙云台君：现应烟台山东省立第八中学之聘。

张兆麟君：现在烟台西沙旺街新建北巷之罘染厂。

陶桐君：现在安徽大学任教授，住安庆近圣街三十八号。

刘淦芝君：本定于今秋返美国哈佛大学继续其昆虫学研究工作，近以目疾未愈不能出国，现移居苏州望星桥八号暂住。

第36期　1933年12月4日

社友消息

美　国

周田君：为本社留美社员中最热心社务之一，上届分社会计，本届分社社长。近接其来函云：（一）拟将留美社员消息按月寄刊《社友》，以资与国内社员联络；（二）现正在计划一种季刊，大都为评论性质，旨在介绍最新而有趣味之资料，以简明正确为主，惟不分类亦不限定篇幅。第一批稿件，大概可于本年内送来。

胡经甫君：在北平燕京大学任生物学教授之职，已有七年之久，今年例当休假，曾于春间领得罗氏基金社之研究辅助金赴欧美编制《中国昆虫名汇》。已于七月中旬偕同胡夫人由沪启程赴美，刻在康乃尔大学专事编制名汇，大约明夏始能取道欧洲返国。通讯处如下：Dr. Chenfu F. Wu, 241 Linden Avenue, Ithaca, N.Y., U.S.A.。

上　海

曹简禹女士：于本年六月在美国伊利诺大学得化学博士后，即于七月回国，现在通讯处为上海南站大同大学。

赵元任君：现已移寓上海忆定盘路大西路一五四弄十号。

丁绪宝君：已离美返国，于上月十一日由西雅图乘加克生总统号轮回国，十一月二十八日抵沪。其夫人杨满生女士特来沪迎接，暂住中国饭店。久别重逢，其甜蜜可知。

程志颐君：现已迁移上海愚园路七百四十九弄六十三号。

曹仲渊君：住址现改为金神父路金各村三十九号。

卫挺生君：因起草会计法规，每星期来申一次，寓本社宿舍。今年五月《战时财政》一书计八万余言，九月由世界书局出版。

黄伯樵君：私寓已他迁，嗣后寄件径交上海北苏州路三七零号京沪沪杭甬铁路管理局。

张怀朴君：于十二月一日迁居上海白利南路四八四号百乐里四号。

丁文江君：于上月六日由欧洲返国，上海科学界同人极希望其能留在上海办理科学事业，闻丁君已允考虑矣。

中央研究院理化、工程、心理各研究所及国际出版品交换处：以白利南路理化工程实验馆巨厦业已落成，故已全部迁入新厦办公。凡有与各该所处中社友通讯者，请寄上海兆丰公园对门白利南路三十七号中央研究院可也。惟历史语言研究所因南京新屋未落成，现仍在上海曹家渡小万柳堂办公。

广　州

陈宗南君：自前年出游欧美考察化学工业，漫游两载，已于今年八月初旬由欧洲乘轮返国。现在广东省建设厅任技正职，专事各种化学工业工厂设立之设计，仍为本社广州社友会理事长。

张云君：国立中山大学天文台主任，为我国天文界研究最努力之分子。积数年教授经验及依今年我国天文学会议议决案之要求，编《普通天文学》一书，今年十一月已出版，允为我国各大学极适用之天文学课本。该书内容丰富，印刷精良，插图一百七十余幅，凡十七万言，三百五十余页，定价二元八角，由广州国立中山大学出版部发售。闻此书出版后，张君将续印《高等天文学》一书，期于明年六月底出版云。

梁伯强君：自去年一二八后，由沪回粤，就任国立中山大学病理学研究所主任及病理学教授职。年来常致力于血液类别之研究，此次特赴广西瑶山，研究该瑶民之血统问题。于八月二十八日离粤，三十日抵桂平。九月一日早向瑶山出发，以武装军士二十人卫之，二日晚抵瑶山之横冲村，由瑶王李荣保及驸马黄云焕款待。此处施诊赠药，以取验瑶民血液，计四天之内，本村及各村受验者，竟达百人，诚出乎意料之外。惟最初曾有瑶民，因血液被取去，恐生命不保，忧患不能入睡者，以后乃改变验血方法，使彼等毫不注意，乃得无事。七日赴良叚村，八日赴岭桂村，九日赴瓦厂村，以上均属板瑶，合计受验者，共百五十人。板瑶为瑶山中最贫者，常受长毛瑶之压迫，后者为瑶山之地主。九日即赴其地，先抵蛮营头村，此间之长毛瑶成为花篮瑶，人最凶诈，初入其村，多方为难，乃略施手段始就范，仅验二十四人。十日赴六巷村，亦属花篮瑶，未抵村时，既有人在远处大呼："野人来了！"村口既有人持枪以待，一再与瑶头交涉，说明来意。彼始终坚持先缴下卫兵枪支及检查行李（误认行军床为枪支）后，始行入村，如此又不无危险，乃只得行赴古陈，此为正瑶之村，以前中大生物系采集动物标本，曾寓于此，因此村人对来者感情极洽，受验者达五十三人。十二日赴罗运，亦正瑶之村，曾验四十七人。总计在瑶山西南部两星期之内，曾山行约五百里，日则爬山涉水，夜则施诊验血，受验者合计板瑶、花篮瑶及正瑶共为二百七十四人。关于东亚古代遗民，研究其生活其言语等等者，既不乏其人，而人类学方面，尤其血统方面，据所知尚付缺如。此次竟得检验至数百人，初非料及，诚大幸矣。十四日离瑶山向鹏化而行，十五日抵江口，即晚返桂平。十六日检验该地民团指挥部军士百二十六人，计来自武宣县四十三人，来自桂平县者四十三人，来自平南县者四十人（以上各县均系瑶山西南部之接近者）。上午验血，下午诊病，竟日忙碌。十七日早即搭船赴梧州，十八下午转航返粤，往返共二十三天矣。至于此次所验瑶汉共四百人之血液，其结果如何，须待整理后，始能分晓。

仓卒中观之，似乎该地瑶民之血统于该附近之汉人相似，盖瑶民之血液类别 A 比 B 为一·一五，而汉人则为一·一四；又分析之，则横板瑶民与武宣汉人同为一·零，古陈瑶民与桂平汉人同为二·零，罗运瑶民与平南汉人同为〇·八。各以地理连接关系，而血统竟相等，此或因由数百年以来，瑶汉混杂，盖以瑶民中花柳病（中途曾医治男女白浊及梅毒多例）之蔓延，性交之自由，以及血族婚姻等等，以至生产日减，不得已纳汉人为子，招汉人为婿，所过各村其例均有数起（如瑶王李荣保其先代为嘉应州人，二三百年以前入山为瑶婿。又驸马黄云焕亦汉人）。经过数百年后，其血统上汉族之成分日多，无怪今日瑶汉难以区别矣。至于详细研究情形及旅行日记，容后将在本社《科学》杂志发表云。

北　平

胡适之君：曾赴美参加太平洋会议，已于前月回国。近接其由北平来函云：此次出国，公事完后，曾回康南尔两次，一次住了五天，一次住了一天。现时在彼之中国学生只有七八人，远不如我们那时的热闹了。此次过上海，太匆匆，竟不得一访杏佛夫人志道，倘见她时，乞代致慰问。

任叔永君：上月中因出席财政部会计会议南下，曾来上海出席本社理事大会，并赴浙省一游。

杨光弼君：上月底偕其夫人南下，赴苏杭各处游览并留上海数日，业已回平矣。

孙国封君：现已移居北平北长街兴隆胡同三号。

刘运筹君：本年七月由平赴苏州参加中华农学会第十七届年会后，即乘飞机回川，为重庆大学筹备农学院，故本社在川开第十八届年会时，彼得亲自参加。现重大农学院业经成立，彼仍遄返北平继续主持国立北平大学农学院院务并兼代农业经济系主任教授。

余谦六君：现已改居北平北沟沿大觉胡同新四号。

林一民君：现改就财政部盐务学校教务长兼教授，通讯为北平灯市口盐务学校。

重　庆

陈邦杰君：现在四川乡村建设学院任教职，课余从事采集川东植物，尤注重于苔藓植物。通讯处为四川重庆磁器口乡村建设学院。

曾义君：通讯处改为重庆炮台书院街二十四号唐世丞转。

胡泽女士：通讯处同上。

冷伯符君：系摄影专家，在重庆创办得圜照相馆。本社此次在四川举行年会，冷君亦由上海参加大团体入川，直至游览峨眉山止，始终参加年会行动，一路为年会摄得影片不少。近承冷君惠赐本社成都及峨眉名胜照片五十余张，艺术深造，精美绝伦。除编藏以资纪念外，特此志谢。

厦　门

杨幼民君：仍任厦门大学工业化学教授，最近对于军用毒气写有论文一篇，已由《厦门大学周刊》分期登出。

王宗和君：已由美回国，通讯处福建厦门漳州浦南王子能医院转。

云　南

袁丕济君：在美国密喜根大学所著毕业论文，一篇题为《论对数次数分配及半对数相关立面》曾在《美国数学统计杂志》发表，并由美国统计学会代印单行本，特寄赠本社一册。袁君已回国，通讯处云南省城玉龙堆七号。

袁税伯君：现就云南昆明云南省立东陆大学教授。

广　西

马心仪女士：上学期在燕京大学生物学[任]教授，本学期改任广西大学植物学教授。自四川年会闭会后，即来上海转道赴桂，曾作《游川记事》载于该大学校刊。年会中曾作三次公开演讲，该讲稿已由广西寄到本社，即将分别发表。

闻诗君：本学期在广州大学掌教。

杭　州

张巨伯君：自接任浙江省昆虫局局长以来，局务蒸蒸日上。近鉴于昆虫学有关国计民生甚大，非广事宣传普及昆虫学知识于一般民众不可，特为本社主编之《科学画报》担任“昆虫丛谈”一栏，逐期发表。第一批稿件已送到，文字插图，均极有精彩，定当为社会所欢迎。将在“画报”第十期起刊载。

顾燮光君：于本年夏间辞去科学仪器馆总经理之职，由董事会公推为监理，年内将有秦中之行。其通讯处在杭州新市场龙翔桥北顾庐。

南　京

王益厓君：本年下半年改任国立中央大学教授，其通讯处在南京周必由巷新安里廿一号。

王以康君：现任本社生物研究所动物学部研究员，于上月初赴浙江作大规模之采集，为期须数月云。

其他各地

顾世揖〔楫〕君：已辞去之江大学教职，现改任江苏建设厅技正，通讯处镇江建设厅。

刘咸君：本年仍应青岛国立山东大学之聘，任人类学兼比较解剖学教授并兼任该校生物学系主任。刘君近应上海商务印书馆之请，撰述《动物学小史》一书，现已脱稿，大约年内可以出版云。

许心武君：现在开封教育馆街黄河水利委员会工务处供职。

张延祥君：前在汉口居住，现已迁移，以后函件可寄至武昌建设厅。

李俨君：已由广东韶州铁路局调至陇海铁路潼西段〈段〉工程局任职。通讯处在陕西西安二府街陇海铁路潼西段〈段〉工程局。

刘淦芝君：本拟今夏回美，后因目疾未果改来岁前往。除于最近草成长文一篇为《岭南科学杂志》寄去外，近方着手整理全国调查所得关于民间治虫方法一切材料，现已大体就绪，计四大类中，动植毒品约八十余种，即最近经济昆虫学家极力提倡之生物治虫法，吾国民间早已行之。而机械法中有若干亦极合科学原则，不能不叹吾国民间宝藏之富，而无人启发之也。通讯处改为苏州严衙前打线弄福荫里二号。

第37期　1934年1月25日

社友消息

朱复君：去岁由津迁沪，现寓上海西摩路别墅十一号。

林士模君：寓址迁移至法租界福履理路一三〇弄四号。

李垕身君：现移居法租界白赛仲路七十号。

何尚平君：本社去年年会在川开会时，各社友对于川省各种建设事业颇多贡献，川省各实业团体亦请各社员介绍各门专家到川考察计划。何君即于年会之后（十月卅日）应川丝整理委员会及大华生丝公司之约，偕同经济委员会意大利蚕桑专家玛利博士等七人入川考察，历时四十二日。所至重庆、成都、三台、乐山等处，对于蚕丝所关之农业工业均加实施考察，并拟有川丝整理详细计划，对于川省丝业之复兴极抱乐观云。

郑宗海君：自二十二年秋后专任浙江大学教席，郑君新译有《小妇人》《好妻子》等家庭教育小说，至为风行，业已重版数次。现正从事撰著《教育原理》一书云。

方文培君：自去年九月由四川出席本社年会归来，仍继续在本社生物研究所为植物分类学研究槭树科，专刊不日即可完篇。又于今春三月后，将再接续研究中国石南科植物。

刘孝基君：现在江西教育设计委员会任科学教育指导员职务。此间自社友程柏庐氏主持教育以来，对于科学教育颇为重视。刘君半年来力促各学校科学设备之充实，教学之改进，于去年教育厅举办之暑期学校内特设科学教育组，任主任职，听讲者颇为踊跃。最近复主办省会中等学校学生科学竞赛，内分算学、物理、化学、生物四科，笔试与实验并重，成绩尚佳。复于本市《真实报》（省府所办）主编“科学周刊”，现已出至第十二期，颇为中学生所喜读。

倪尚达君：最近于教学之余编述《高中物理学》一书，曾在南京中学试用。上册分三编，曰力学及物性、曰热学、曰音学，已于二十二年七月由南京钟山书局出版。国内高级中学用惯中文物理教本者均往订购，极为畅销。下册亦分三编，曰光学、曰电磁学、曰近代物理概论，早已付印，十二月底出书，亦由南京钟山书局发行云。

程孝刚君： 现仍在浦镇津浦铁路局机务处供职。去岁年底汇交本社洋二百元，以一百元为缴永久社费，其余一百元捐给杨杏佛遗孤教养金，已由募集杨杏佛先生遗孤教养金保管委员会会计杨孝述制寄收据矣。

王金吾君： 现已移居河南彰德水冶镇后街中成号。

陈宗蓥君： 现仍就河南开封禹王台军政部第十七陆军医院院长。

李先闻君： 现在河南从事育种工作。除选种外，对于粟之黑穗病及小麦之杆黑穗病之抗病育种工作在极力推进中。《粟之育种田间技术》一文不久当可在《河南大学农学院丛刊》第三卷发表。李君通讯处开封南关繁塔寺河南大学农学院。

刘咸君： 去年冬季山东古迹研究会在鲁南滕县属之安上村及曹王墓两处进行考古事宜，国立山东大学为履行前与该会订定之协定义务起见，特派刘教授率领该校高年级学生八人前往参加工作，为期兼旬，颇有所获，而人骨之研究尤为刘教授所注意。惟平津沪宁各报所载此项考古新闻颇多失实之处，闻刘教授拟著《考古与常识》一文，以资更正，免谬说流传，真相不明云。

李书田君： 近由天津来京一行，出席内政部所召集之水利专门会议，并会同李组绅、雷孝实两先生代表国立北洋工学院、实业部地质调查所、中国矿冶工程学会、中华民国矿业联合会四机关，向实业教育两部接洽本年六月二十一日至七月十日在北洋工学院举行全国矿冶地质联合展览会。经陈部长公博、王部长世杰慎重考虑后认为，为促进发展中国矿冶事业及矿冶学术计有举行之必要，业经提出第百四十次行政院会议议决，经费定为三万元，已由两部聘翁咏霓、李组绅、李书田、黄金涛等三十九人为筹备委员。因北洋工学院设有全国最有历史之矿冶工程学系及矿冶工程研究所，故择在该院举行云。

胡先骕君： 去岁春间应江西熊主席之请，赴南昌商议组织江西农业院。夏间农业院成立，理事中另有社员程时煃、萧纯锦、邹秉文、谢家声、赵连芳诸人。十二月一日在南昌开农业院理事会，公毕回平。又与陈焕镛教授合编之《中国植物图谱》第三册已在静生生物调查所出版。

寿振黄君： 新被举为美国加利福尼亚州科学院特会员。

张春霖君： 近著中文《鱼类纲要》(上)一册，定价一角；《两栖类分类纲要》一册，定价八分。为大学学生习分类者及中学教师之良参考书，由北平东安市场佩文斋、西单商场佩文书社及琉璃厂直隶书局代售。

盛绍章君：于去冬由京来申，暂居西藏路一品香旅社。小作勾留，拟返重庆，其通讯处为重庆千厮门内小河顺城街二十一号甘公馆转交。

周鲁瞻君：今年仍就成都国立四川大学理学院副教授，兼川大化学实验室管理主任。

汪敷升君：已于去年秋间离开重庆至汉口，现在通讯处为汉口后花楼公安总局对门益文公司转交。

袁耕君：现任四川中心工业试验所技士。

胡泽女士：现任四川璧山县立女子中学校长。

曾义君：现任四川中心工业试验所主任，住重庆白象街关监督署。公余尽在书院街慈善针灸治疗社研究针灸治病学术，极感兴趣。现正进行于(1)从事治疗，以细察针灸功效之实据；(2)应用解剖学以考证“经穴”部位之真伪；(3)用生理及病理学之实验以寻求针灸治病功效之类别；(4)加用轻微之热力、电力、机械力、药力，以增进针灸治病之效能。惟以该地现无生理实验室及完备之医校以完成其第三四两项工作，深觉可惜云。

王辅世君：吴淞国立同济大学工学院学生，仲社员王辅世君，自前岁发明秘密无线电，得该校当局及中央研究院假以仪器积极试验以来，至去年十月中秘密无线电话部分全部告成。曾赴京作半公开实验，成绩颇佳。南京教育部暨上海中央研究院，以其刻苦向学，得有如是贡献，殊属不易，特备赠予现金二百元，以示奖励。同时，该校当局亦以其年少奋发，深可造就，并鉴于国内无线电人才之缺乏，乃特许资送赴德留学，专习无线电科，俾将来学成归国，可以为国效劳。现王君业已于一月十二日乘德轮Cobleuz号出国矣。此后通信处暂如下址：Herrn Li Yu-liang Munechen Germany 转交 Schellingstrasse 1° bei Pietzka 王辅世君。

第38期　1934年2月28日

社友消息

李乐元君：现仍在四川巴县北碚〈里〉中国西部科学院理化研究所服务。以往工作多系关于煤之近似分析(已分析样品二百五十余种)，今后将就分析结果，择其合宜者作煤之低温蒸馏试验，前向英国订购之低温试验仪器，行将运到，俟新建所址落成后，即开始装配仪器，实行试验。

李季伟君：现迁居成都东玉龙街三十一号内附三号。

卫挺生君：于本年一月起草《会计法》完竣，凡十一章一百五十二条，其内容均一本其所著《超然主计与联综组织》之精神，使会计事务与会计人员对行政与出纳事务人员，处于超然地位，而同归就地之审计稽查人员所监督。此对于政府机关、财务行政之组织为一大改革，现方著手预备起草《审计法》。

江超西君：现停止两年来每周来回京杭一次，专任中央军校上校航空教官，兼中央大学兼任航空工程学教授。最近发明以五个码能打出华文电二字，可省电费百分之七十，其所著《经济电码》一书，不日可以出版。江君现寓大行宫水巷二十八号。

唐之肃君：现住太原新华路九号，因赴欧美考察工业，于二十一年十月间已将民生炼钢机器厂厂长之职辞去。返国之后，任太原绥靖公署炼钢委员会委员，筹备设立炼钢厂事。

朱君毅君：现任国民政府主计处主计官，兼统计局副局长。通讯地址南京大石桥居安里。

闻仲伟君：于二十二年九月来梧州，任广西大学物理教授。该校数理系自下学期起，拟分为数学、物理两系。因该校系初创之大学，数理系尚无四年级学生，但仪器设备大有可观，足供本科一二三各年级实验之用云。

丁绪宝君：现在通讯处南京周必由巷新安里二十号。

萧纯锦君：自二十年九一八后，遄返北平，与三数友人主持东北外交委员会会事，网罗与中日交涉有关之一切资料，供给日内瓦中国代表之参考。及国联调查团来华，即任顾少川代表办事处之专员，李顿爵士与张汉卿晤谈时，即任当时顾问。及调查团离华，外交局面一变，逐〔遂〕与友人共组东北外交研究社，发行《外交月报》。当时关于东北外交问题之论著，散见于平津各报及以中英文单行本流通者颇多。时华北局势日非，遂于二十一年冬南下，主持江西省政府经济委员会，专任全省经济调查及设计等工作，并发行《经济旬刊》《历年江西进出贸易统计》《江西之金融》《江西之茶》《江西之纸》《萍矿调查记》《江西经济统计图表》《江西米麦问题》诸刊物。其设计建议于政府者，有《整顿田赋办法》，创设《江西农业院计划》《整顿花票集中发行计划》及《兴筑玉萍铁路计划及经费概算》等，均次第由政府采纳见诸施行，同时并被任为玉萍铁路建筑筹备员，负责规划进行。去夏曾建议政府拟就江西瓷业与纸业，加以改良，特电邀本社社员周子竞、孙洪芬两君来赣商讨。周君与孙君均未果来，此事亦暂作罢。江西近年……，纯采经济封锁政策，粮食封锁自尤关重要，因有江西粮食管理局之设置，由萧君主持其事。调查集中调节运济，事无前规，而繁赜纷纭，非可想象。然自设立以来，经萧君之悉心规划，统制政策已具规模，现在如南昌、吉安、临川、永丰、南城等处，均有集中屯储之仓库，粮食之储备将近十万石，检定存储，运销极便。而各收复……之民食，亦全赖该局之接济，实际江西全省米谷之需供、定价，全在该局统制之下。中国之有统制经济政策，而能运用自如者，当以江西粮食管理局为嚆矢云。萧君现寓南昌道德观七十二号。

周继武君：通讯处仍在四川成都少城东门街，惟门牌号码数，现经警备部改为六十四号云。

王士仁君：去岁在四川重庆中国西部科学院工作，后因病离渝，现寓浙江黄岩桥头。

吴光君：现在南京全国经济委员会卫生实验处寄生虫学系为研究工作，二月底将赴杭州、嘉兴、绍兴一带调查“日本蛀血虫”“肺蛭虫”“姜片虫”及“肝蛭虫”等云。

第39期　1934年4月15日

社友消息

上　　海

蔡宾牟君：通讯处兹改为宁波路三四九号精诚公司转交。

许植方君：最近工作报告《益母草子赝碱质研究》。本届年会时，已将其初步研究结果报告，现着手大量提出，作进步一〔进一步〕之研究。

最近之著作及出版处：鹧鸪菜（或称海人草）植物化学研究已告一段落，在《中央研究院化学研究所集刊》第十一期发表。按鹧鸪菜，生于海中岩上，粤闽人作洽蛔虫菜。内含 agargar 碘，海藻素少许，fueoidin，gaeactem 及有效成分之赝碱质，初步之研究。

杨允中君：于去年底患伤寒症甚剧，即迁入沪西杨树浦圣心医院，经社友宋梧生医学博士悉心医治，并施以最新之伤寒症注射，经过〔结果〕十分良好。杨君先后病卧六星期，并在家养疴一月，业已完全复原，照常办公矣。

任叔永、秉农山二君：于本月四日由上海搭荷兰轮船赴两广视察科学事业。

翁咏霓君：前在京杭途中撞车受伤甚剧，最近据赴杭探病回沪友人云，翁君骨头业已长满，渐复原状，神志亦清，惟尚稍有热度，一目稍大。据医生报告，再隔二星期，即可迁至上海养病云。

沈义舫君：于本月初迁居福履里路三九五弄十一号。

徐善祥君：现任建华化学工厂公司协理（专任化学工厂之设计及建造），该公司事务所在南京路沙逊大厦一〇一号。徐君住宅为高乃依路十七号，电话七三一四七。

南　京

刘淦芝君：最近在南京全国经济委员会农业处主持计划植物病虫防治之事。此种工作自不免影响个人研究计划，但念及全国每年病虫害损失约廿余万万，只好将研究工作暂为搁置。刘君虽已完成全国调查计划，但以时间甚促，每省至多不过两月，对于各地病虫害不能完全洞悉。本社社友遍及国内，能将当地病虫害情形随时赐教，不胜感激，且兼为老农请命也。又刘君现在研究的问题有三：(一) 苏州蚁类之观察；(二) 玩鸟之虫食；(三) 食物的科学的保存法。希望社友能将当地蚂蚁标本，当地冬季庙会出售之虫食(如上海城隍庙所售者)及民间保存食物所用方法示知，极为欢迎。通讯处仍为苏州。

孟心如君：近编译德国 Dr. Gunther Bugge 原著《化学与工业》一书，准于本月底委由上海福煦路中国科学公司发行，每册定价大洋九角，预约仅收大洋六角，预约期本月底截止。是书为德国著名通俗读物，胪述化学与各种工业之关系及世界化学工业发展之程度。由孟博士译成极浅显之中文，并加以修订，凡关于地方性之材料，悉易以本国实况，指示中国应如何向科学之路前进，实为国内不可不得之科学读物。

北　平

杨毅君：现调任平绥铁路机务处处长，地址在西四牌羊肉胡同平绥路局。

赵畸君：通讯处现移至宣武门外棉花上四条十五号居住。

四　川

任百鹏君：去岁由北平定县回川，携有瑞士撒冷种乳羊多头，在渝创办百鹏牧场，以资倡提及试验。现已开始产奶，在此过程中，成绩颇佳。可见四川之气候环境，适于山羊之饲养，将来此项事业之发达，当极有希望云。

刘树梅君：前月奉财政部令调四川重庆盐务稽核处处长，当以继任在假未能赴调。新任蔡所长现已假满到任视事，刘君亦于本月底赴渝，接任四川重庆财政部盐务稽核处处长职云。

张国权君：通讯处现改至重庆小什字永利制盐公司曹清平君代收转交。

胡泽君：已辞去璧山第一女校兼职，专任四川中心工业试验所(重庆兴隆巷十五号)技士。现将川产松脂提出松节油及制成明净之松脂，在制造油漆等工业之用途上可以抵舶来品外，并制出松脂肥皂，用途更广。

曾义君：现任四川中心工业试验所有机药物部主任，提炼川产之大宗药材，大黄已得两种结晶，棓子已得淡黄透明之单宁细晶，证明川省市面之单宁为五棓末所伪充。姜黄已得细黄晶，杏仁、茴香均已提出精油，品质均佳。第二步将细定其含量之比列，以便设计大量提炼。

美　国

熊学谦君：自一九二九年入 The John Hopkins Univ.后，即与 Dr. E. E. Reid 研究有机硫化合物及 Indigoid and azo Dyes。曾于美洲分社一九三一年年会宣读关于有机硫化合物与无机盐之反应论文，又于一九三二年年会宣读论文一篇，其题目为《用较准热传导法测定比热》。现正研究 Anthraquinone Carboxy acid 的 Substitution Products 及 esters，并搜罗关于 Azo，Indigoid 及 Sulphur Dyes 的材料，拟于六月中旬回国云。熊君现任美国分社会计。

王海波君：已于今春赴美，其通讯处如次：Harper Wang，International House，Berkeley California，U.S.A.。

叶葆定君：现仍肄业于美国麻省工科大学(M.I.T.)，习土木工程科，希望本年六月可毕业归国。其通讯处列左：P. T. IP，21 Inman St.，Cambridge，Mass.，U.S.A.。

第40期　1934年5月15日

社友消息

美　国

刘云浦君：已于今春在加省理工完成博士[学]位，暑后应国立北京大学理学院教授之聘，约于八月间返国。

谢玉铭君：行将由美返国，其通讯处在北平燕京大学物理学系。

涂允成君：民二十年春赴美，在康乃尔大学得硕士学位后，转往爱荷华大学专攻水利工程，对密士什必河防灾工程尤为注意。本年夏季，涂君拟沿密士什必河参观实习若干月，然后返国。闻美国政府在维克司堡（Vicksburg, Miss.）地方设有大规模之水利实验场，所有防灾及治河计划均用河床模型试验后，再行决定。涂君对于此种试验报告，搜集甚富，实地参观后，必能于拟议中之我国水利实验场有所贡献也。涂君通讯处为：Mr. Y. C. Tu, 611 So. Clinton St., Iowa City, Iowa, U.S.A.。

上　海

陈思义君：新近迁居西爱咸斯路和平村十八号。

曾诒经君：新近迁居西爱咸斯路四五八弄一号。

孙克铭君：现调沪工作，其通讯处在爱文义路池浜路二九弄四号。

倪中方君：已于四月十四日由美国经欧洲返国，其临时通讯处在老西门元和里底新源转。

金国宝君：二月初七应广西省政府之约，前往讨论经济建设问题，遍游梧州、南宁、柳州、桂林等处，草成《广西经济建设初步工作意见书》，将由广西省政府印行。三月二十六日返沪，四月中又赴苏州、无锡、常州等处调查农业仓库合作社等，十九日归沪。金君擅长诗文，此番出游诗兴颇浓，得佳句不少，兹觅得数则，登入本刊“文艺”栏中。

叶善定君：自办之三善植药农场，已植有茄科莨菪 Hyocyamua Niger 及颠茄 Atropa Belladonna，玄参科之洋地黄 Digitalis Purpurea，茜草科之吐根 Urgoga Ipecacuanha 及薄荷、大黄、除虫菊、决明子、人参、红花等多种。值此春日和煦，百物向荣，所植药物且易生长。惟此为试植性质，对种植方法容未尽善，甚愿各界指导或参观。叶君通讯处仍在河南路一二〇号大陆药房，电话一三九〇一号。

赵燏黄君：浙江省政府建设厅为开发浙江东南名胜，宣扬文艺，调查物产起见，筹备东南交通周览会，延请各界名人学者招待游览。于三月二十八日从上海分五线出发，鄙人列第一线，由杭州乘杭江铁路至金华，游历永康之方岩，缙云之仙都，丽水之南明山，青田之石门洞，永嘉之江心寺、中山公园、积谷山、资福山、东山书院、延寿寺及王右军墨池，永嘉诗人祠堂，温属图书馆(即孙诒让先生籀园故址)。转乘汽轮至乐清之白溪镇，游雁荡山之灵岩灵峰诸名胜，宿灵岩寺能仁寺北斗洞，仙人坛之章声石家，大荆镇蒋叔南之亦澹荡庐，计六日而大致游毕。绕道大溪泽国，乘小汽船而至黄岩之路桥镇，再乘黄泽路椒公路之汽车而达海门，改乘舟山轮返沪，四月十五日晨三时抵十六浦。此次游历浙江东南诸名胜，计程千余里，采得之药用植物及搜得之著名药材不少，拟以二星期中整理游记，著《浙江东南交通周览会第一线采集旅行日记》发表之。

黎照寰君：本年四月上旬，因事由沪杭公路赴杭，回沪后据谈：“该路便于运输及交通，其建筑固未坚实，有多处似沿用旧基，故不甚顺直。然路角之弯度，不若传闻之峻险。乍浦约在沪杭路之中，乍杭间风景雅丽，乍沪间海风清爽，车行较多。现在除乍闵一段修理尚未完妥外，全路长为二百一十公里，均甚平整，若行车速度遵章为限，往返当甚愉快。”

鲁波君：现在沪宁铁路浒墅关中元制纸试验所工作。

秉农山君：于本月初又庆弄璋之喜。

周子竞君：于本月七日偕上海纱业界十余人赴日本考察纺织工业。

北　平

李顺卿君：前年休假出洋研究植物学，于去秋回国，仍在北平师大任教。李君此次到欧美各大植物园，专事研究中国森林植物，一年之间共研究中国树木一千五百余种，著成一书名《中国森林植物学》，现交沪商务印书馆印行，正在印刷中，不日出版。

张春霖君：近著英文本《中国鲤科志》卷上一书，内首述研究中国鲤科之源流；次述其分类，凡六十余属一百余种，每种有详细说明清晰插图，检索表同名考尤为详尽；又次述中国鲤科地理分布，末附参考书目。全书二百六十页，插图百余，图版五幅，定价八元，北平静生生物调查所印行。张君又与周勺泉君合著中文本《河北习见鱼类图说》一本，内述河北鱼类八十种，插图检索表亦多而详，定价一元五角，亦由北平静生生物调查所印行云。

任叔永君：于上月中偕秉君农山赴广州、梧州等处视察，业已北返。据云印象极佳，广西建设埋头苦干，颇具朝气。广大校长马君武先生力请本社下届年会在广西开会，广西社友会业已成立，举出马君武为会长，马名海君为书记，马心仪女士为会计，时人称三马云。

南　京

凌道扬君：最近被选为太平洋科学协会森林组研究委员会主任委员。现正着手组织，函约太平洋沿岸各国林务署及森林专家分任调查工作，定于第六届太平洋科学会议开会以前，汇集各种材料，编成报告。

吴光君：在全国经济委员会卫生实验处供职，于二月底经派往杭州调查寄生虫事宜，现将常驻杭州卫生试验所工作。

开　封

王金吾君：现就河南大学农学院教授。

孙文青君：自去年八月到汴后，即从事整理南阳汉画象〔像〕刻，已整理就绪，计共访得二百七十余石，影拓一百四十余幅，先后凡成《汉画象〔像〕石存目》一卷，《南阳草店汉墓画象〔像〕访揚记》一卷，《南阳汉画象〔像〕目录提要》一卷，《南阳草店汉墓画象〔像〕集并记》一册，《南阳汉画象〔像〕汇存》上编一册，今后将更作《南阳汉画象〔像〕汇存考释》云。孙君现在开封教育实验区任杏花园总干事之职，办理城市手工业者指导改良事宜，已于元旦开本镇工商品展览会三日,颇能引起中州人士注意。现正延聘专家成立工业指导委员会,从事改良制造并组织出品运销合作社,以备向各地流通云。最近通讯处改为开封刷绒街十一号。

李赋京君:于本月初率领河南大学医学院学生往京津沪杭参观医学事业,并顺道赴嘉善采集螺丝〔蛳〕,以供继续其多年研究。李君现任该院解剖学系主任。

重　庆

唐世丞君:现已迁居重庆字水街吉昌铁号内,任该号总经理。以后通信处改该处。

唐幼峰君:现任重庆市私立宏育中学主席校董,与校长杨世才君等共同努力,实施工学教育。

其他各地

鲁德馨君:鄙人上月出席在南京召开之中华医学会大会后,曾因事赴沪一行,惟为时间所限,未能至社所拜访为怅。兹将近中经手出版之书奉告,度所乐闻!(一)《医学辞汇》(第八版)。此书发行已久,近经与孟合理君(Dr. P. L. McAll)将其大加修订,并增入名词七千余条,想于从事医学及生物学药学者,不无多少之贡献。刻下已出版,定价银四元。(二)《英国红十字会应急疗法》。因鉴于国难之日亟,为使救护知识普及起见,爰乘去岁暑假之暇,挥汗编译此书,入秋脱稿付印。书中除救护敷里等事有详细之记载外,对于平时所可发生之种种意外,莫不备述无遗。并经取材他书,参译附章二章,详论担架及移运伤残之种种方法。插图一百七十九幅,都三百数十页,小册布面精装,实售银一圆贰角,即将出版。(三)《孔氏实地解剖学》(卷一)重译已出版。此书共有三卷,其类别:卷一论上肢下肢,卷二论胸部腹部,卷三论头部及脑。前次所译卷一,大部采取于英文原本第六版,今则原文已改版二次,于条目次序,解剖手续,均大有变更及增益。兹遵其第八版重译,以期与原文同价值。卷一已出版,附图一百三十七幅,且色图居多,都四百页。卷二卷三在印中,三卷合售银拾贰圆,为治医学及生物学不可不备之书。以上三书总经售处:上海北京路一四〇号广协书局。

张延祥君：现任湖北建设厅技正。创办武昌水厂，经十阅月而成，于四月一日出水，水量每日虽仅五十万加仑，水质澄清，费用仅五万元，利用旧料约五万元，总共亦不过十万元，可为内地小规模之自来水厂提倡。刊有总报告一册，本社社友可致函张君索取云。

罗河君：现应交通大学唐山工程学院之聘，担任测量学教职云。

孙宝墀君：现仍为胶济铁路工务处桥梁工程司〔师〕。铁道部近拟设计铁路标准桥梁，令调孙君赴部襄助该项工作，现拟五月下旬赴调，约八九月间方可回青。孙君前著《土压力两种理论的一致》刊登中国工程师学会主办之《工程》杂志七卷三号，曾引起热烈讨论，见《工程》八卷四号。孙君近将讨论结果另以英文撰就《合理化的古洛氏土压力理论》一文，送登美国土木工程师会主办之《土木工程》四卷五号，本年五月出版。篇首编者按语略谓孙君之法合理而简易，所得用力点之高度且能与历来实验相符，此种旧题新解，于学理上与实用上同为一有价值之贡献云。

第41期　1934年6月28日

社友消息

上　海

沈怡君：已于六月八日偕其夫人应懿凝女士，乘意船康脱罗梭号赴欧。沈君此次系受全国经济委员会及黄河水利委员会之委托，参加德国恩格思教授所主持之黄河试验。此项试验，将于七月初开始在德国瓦痕湖举行。同时又受上海市政府及全国经济委员会之委派，代表出席本年九月间在德国明兴举行之第七届国际道路会议。会毕尚拟便道赴欧洲各国考察市政，约于本年十二月底以前可以返国云。

赵燏黄君：近著《现代本草生药学》上编(代售处本社刊物经理部)，出版以来，备受医药界欢迎，第一版不日告罄，行将重版。盖著者为已故生药学泰斗下山教授之门下，曾亲炙其教，回国后，复在浙江担任斯学，教授十五年，继在中央研究院钻研斯学五年，故其经验较为丰富。欲知今日生药研究之现状者，大有参考之余地也。又《中国新本草图志》第一集第二卷亦已出版，全书十五万言，插图一百余幅，显微镜摄影图以上等铜版纸精印，备极明瞭，内容专论人参类十数种，旁及高丽参、日本参、西洋参，以科学方法沟通中西学说，再加以著者最新之实地研究，而成此书。发行所南京成贤街及上海愚园路底中央研究院。

张伟如君：近编《化学工业品检验汇编》一书，内容叙述植物油类、火酒、糖品等关于检验的标准、方法、统计等节目，为实业部上海商品检验局内化学工业品检验组刊物之三，现由该局印行，定价一元五角。又上海商品检验局局址现已移入北苏州路一〇四〇号内办公，电话为四二二三〇号。

叶上之君：现移居上海环龙路福寿坊九号。

朱鹤年君：现移居上海爱文义路长沙路口朱南山寓。

北　平

张景钺君：本年仍继续在北京大学任植物学研究教授，于五月在北平与自德国新归之动物学博士崔之兰女士结婚。

翁文灏君：前由杭移平就诊，现已回复健康，今将由平来函照录如下：

诸位先生大鉴：

二月间因调查地质事，乘专用汽车由京赴杭，原冀时间减省，事无丛脞之虞，不料车覆武康，几罹丧身之厄。昏晕之余，重承各方友好关怀弥切，或驰车就视商量续命之方，或慰电频传伫盼回生之讯。病势缠绵至四月初旬，始略见轻减，因头骨破碎须请专家诊治，乃专车北上移居北平协和医院，一切正在诊疗之中。大险已去，甚望仍效微力于将来，病榻

第四十一期　社友　3

經營坊九號

●朱鶴年君　現移居上海愛文義路長沙路口朱南山寓

●北平

●張景鉞君　本年仍繼續在北京大學任植物學研究教授，於五月在北平與自德國新歸之動物學博士崔之蘭女士結婚。

●翁文灝君　前由杭移平就診，現已回復健康，今將由平來函照錄如下：

諸位先生大鑒：二月間因調查地質事乘專用汽車由京赴杭，原冀時間減省，事無叢脞之虞，不料車覆武康，幾罹喪身之厄，昏暈之餘，重承各方友好關懷彌切，或馳車就視商量續命之方，或慰電頻傳佇盼回生之訊，病勢纏綿至四月初旬始略見輕減，因頭骨破碎須請專家診治乃專車北上移居北平協和醫院一切正在診療之中大險已去甚望仍效微力於將來病榻呻唫靡刻能忘諸君之厚意寮佚全愈再當趨謝先書短箋不盡謝悃專書敬頌大安　翁文灝敬啓　五月十日

●楊俊階君　現在北平天壇中央防疫處供職

●輕利彬君　現在北平西直門外北平研究院生物部任職

●河北

●李書田君　與徐世大君合編之永定河治本計劃英文本已在中美工程師協會月刊本年三月及五月兩期發表。中國第一水工試驗所，經李儀祉李書田兩君之提倡，現已有七處水利及學術機關合作，計為華北水利委員會，導淮委員會，黃河水利委員會，太湖流域水利委員會，建設委員會，模範灌溉管理局，國立北洋工學院及河北省立工業學院。其初步工程共需十三四萬元，已包由施克孚工程公司承辦，于六月一日舉行開工及奠基典禮。此後中國水利學術得有試驗研究之場所矣。美國鐵道工程學會近推李君書田為其水道及海港研究委員會委員云。

●南京

●吳承洛君　徵求氣管喘哮之根本治法。因敦患此症將及五年。初犯時一服麻黃精即平，後必須注射Asmalysin，更後又必須用麻醉注射。最因一次，痰乾氣急甚，及注射葡萄糖至八百公撮之多始平。繼乃注射氯化鈣碘化鈣砒製補針，一年餘未發。每欲發時，如果往他處一行，亦可避免。既發後往他處，可以速愈。就經驗所及，宜水不宜山，宜流動空氣，不宜潮濕空氣云。但彼對於公務整理學術研究仍照常進行，惟每次發時不免減少工作效能耳。此症據中西醫均不易斷根。雖無礙生命，究有傷體力，似為科學界醫藥界之一懸案。國人犯此者甚多，倘有我國單方，作為研究資料，未審何如？社員中如有特殊辦法，請函本社轉吳君或逕函南京全國度量衡局亦可。

●丁嗣賢君　前任安大理學院教授兼教務長之職，還因與程校長連帶辭職，於上月遷至南京湖北路三二七號居住。

●宋希尚君　自去秋奉黃河水災救濟委員會調往蘇冀豫三省主持堵口工程，至三月十七日馮樓大工合龍後，仍回交通部揚子江水道整理委員會工作。上月復派往揚子江上游勘揚，并按照最近航空測量所成渝宜段江圖，加以視察，順至四川瀘縣考察水利工程，刻已返京云。

●王家楫君　在本社生物研究所擔任動物學部技師有年，近兼任中央研究院動植物研究所（即前自然歷史博物館）所長之職，現已就任矣。

●南昌

●錢昌祚君　現已離杭至南昌，其通訊處為南昌老營房航空委員會第四處。

●董時進君　現改就江西南昌南關口農學院之職。

●武昌

●葛祓山君　以武漢大學煤氣廠的消息見告：水火電乃試驗室必備的三個條件。國內各大學及其他學術機關水電大都有相當的解決，火的問題充分解決者尚不多見。六七年前北京大學曾建造煤氣廠一座，記者經手其事。武漢大學于二十二年六月建築之試驗煤氣廠亦係記者經手，使用將一年，結果尚稱滿意。一年來之詳細紀載將登武大理科季刊，供有志於斯者之參考。

●張資珙君　三年來任教於華中大學。於教課及指導研究工作之暇，嘗於去年夏着手迻譯M. E. Weeks。「元素發現史」一書，於

《社友》第 41 期第 3 页，“社友消息”分区格式

呻吟，靡刻能忘诸君之厚意，容俟痊愈再当踵谢，先肃短笺，不尽谢悃，专肃敬颂大安！

翁文灏敬启　五月十日

杨俊阶君：现在北平天坛中央防疫处供职。

经利彬君：现在北平西直门外北平研究院生物部任职。

河　北

李书田君：与徐世大君合编之《永定河治本计划》英文本已在《中美工程师协会月刊》本年三月及五月两期发表。中国第一水工试验所经李仪祉、李书田两君之提倡，现已有七处水利及学术机关合作，计为华北水利委员会、黄河水利委员会、导淮委员会、太湖流域水利委员会、建设委员会、模范灌溉管理局、国立北洋工学院及河北省立工学院。其初步工程共需十三四万元，已包由施克孚工程公司承办，于六月一日举办开工及奠基典礼，此后中国水利学术得有试验研究之场所矣。美国铁道工程学会近推李君书田为其水道及海港研究委员会委员云。

南　京

吴承洛君：征求气管哮喘之根本治法，因彼患此症将及五年。初犯时一服麻黄精即平，后必须注射 Asmalysin，更后又必须用麻醉注射。最凶一次，痰干气急甚，及注射葡萄糖至八百公撮之多始平。继乃注射氯化钙、碘化钙、砒制补针，一年余未发。每欲发时，如果往他处一行，亦可避免。既发后住他处，可以速愈。就经验所及，宜水不宜山，宜流动空气不宜潮湿空气云。但彼对于公务整理学术研究仍照常进行，惟每次发时不免减少工作效能耳。此症据中西医均不易断根，虽无碍生命，究有伤体力，似为科学界医药界之一悬案。国人犯此者甚多，旧有我国单方作为研究资料，未审如何？社员中如有特殊办法，请函本社转吴君或径函南京全国度量衡局亦可。

丁嗣贤君：前任安大理学院教授兼教务长之职，迩因与程校长连带辞职，于上月迁至南京湖北路三二七号居往〔住〕。

宋希尚君：自去秋奉黄河水灾救济委员会调往鲁冀豫三省主持堵口工程，至三月十七日冯楼大工合龙后，仍回交通部扬子江水道整理委员会工作。上月复派往扬子江上游察勘，并按照最近航空测量所成渝宜段江图，加以视察，顺至四川灌县考察水利工程，刻已返京云。

王家楫君：在本社生物研究所担任动物学部技师有年，近兼任中央研究院动植物研究所(即前自然历史博物馆)所长之职，现已就任矣。

南　昌

钱昌祚君：现已离杭至南昌，其通讯处为南昌老营房航空委员会第四处。

董时进君：现改就江西南昌南关口农学院之职。

武　昌

葛筱山君：以武汉大学煤气厂的消息见告：水火电乃试验室必备的三个条件，国内各大学及其他学术机关水电大多有相当的解决，火的问题充分解决者尚不多见。六七年前北京大学曾建造煤气厂一座，记者经手其事。武汉大学于二十二年六月建筑之试验煤气厂亦系记者经手，使用将一年，结果尚称满意。一年来之详细记载将登《武大理科季刊》，供有志于斯者之参考。

张资珙君：三年来任教于华中大学，于教课及指导研究工作之暇，尝于去年夏着手移译 M. E. Weeks《元素发现史》一书，于十二月间脱稿。因原书有漏略及稍误之处，决于本年夏间将译稿详加评注，然后以之付梓云。

杭　州

罗英君：现在杭州担任建筑钱塘江大桥总工程司〔师〕职务，通讯处为杭州镇东楼钱塘江桥工程处。

四　川

冯家乐君：本期为四川省立工学院应化科三年级教授，现移居成都省城支机石街十号冯寓。

曹清明君：现已由涪陵航务派驻所调至重庆川江航务管理处服务，公余之暇常同曾义博士筹备针灸社事务。其通讯处为重庆嘉陵码头川江航务管理处。

姚启钧君：以暑假离重庆大学，俟开学返渝。现通讯处在江苏金山县朱泾镇。

其他各处

赵孝清君：现就安徽省立第二中等职业学校教职。

郑衍芬君：拟于本月初赴美东各大学及工厂参观，约七月中旬由西雅图乘轮返国，任浙江大学物理学教授云。

第42期　1934年7月30日

社友消息

国　外

魏寿昆君：现在特莱斯顿工大色染化学研究所(Institut für Farben-und Textilchemie, Technische Hochschule Dresden)，从事工学博士研究工作，命题系《羊毛化学上待解决诸问题》之研究(Frrgen uber die chemische Konstitution der Wolle)。通讯处列左：S. K. Wei, Institut fur farben-und Textilchemic, Dresden A.24, Bergstr, 66c, Germany。

郑集君：准于六月卅日离美返国，已应本社生物研究所研究技师之聘。暂时通讯处为南京蓁巷九号中华自然科学社办公处转郑集博士。

上　海

赵燏黄君：六月间因父病回常侍疾，七月三日丁忧。日前返沪，料理琐务，现已移居静安寺路戈登路口庆福里七号，所有信件均改寄此处。下年已受浙校之聘，专授生药学和植物化学，兼上海新亚化学制药公司制药技师，主持该厂新设之研究室，执行药师业务。

李振翩君：现移居上海福煦路福煦坊二十五号。

王季梁君：定于八月十四日放洋，赴欧美考察科学研究事业，先至美国约留一年，再赴欧洲。王君担任本社社长三年，主持《科学》编辑垂十年，热心社务，辛劳备尝，此次出国暂别，上海社友会已定于八月十号左右开会，为王君祖〔祝〕饯，以壮行色云。

张宗汉君：下半年已应本社生物研究所之聘，担任生理学研究室技师云。

南　京

王家楫君：业于本月二日就任中央研究院动植物研究所所长之职，该所系由前自然历史博物馆改组。闻自王君就任后，该所费用已较前增加一倍云。

顾毓瑔君：近奉实业部调派为中央工业试验所所长，仍兼该部工业司第三科科长。

刘恩兰女士：向任金陵女子大学地理学教授，近接其来函云，因住址未定，以后应得之各项函件及刊物，请暂交"四川巴县北碚中国西部科学院理化研究所徐崇林转"。

冯景兰君：近四年来皆在天津北洋工学院矿科服务，自去年八月改就清华大学地学系地质学教授。本年一月曾到湘南游历月余，现应教育部聘为地质名辞审查委员会委员，从事审查国立编译馆所编译之地质学名词，并应实业部及教育部之聘，为全国矿冶地质联合展览会审查委员会委员，出席于本年七月在北洋工学院所举行之展览会。此后通讯处为北平西郊国立清华大学。

张泽熙君：现仍任清华大学土木系教授，自九一八由东北大学来此，今已三载，专任铁道工程及大地测量诸课程。清华工学院有土木系、机械系、电工系，惟土木系开办较早，已有毕业生四班，而机械、电工两系则开办少〔稍〕晚，现只有三年级生也。

广　州

彭家元君：任中山大学农林化学系主任教授已经六年，本夏北平、南昌、杭州数处函电相约，均未克离粤北上。其原因由于(1) 广州土壤调查所经数年经营已略具基础；(2) 农校化学系正在扩张，今秋即将移入新校舍；(3) 农学院长本社社友邓植仪离粤北上，考察各省土壤及农业情形，一切院务土壤调查所事务皆由彭君代理。

土壤调查所分县土壤报告及图说已出版五县，其余在陆续印刷中。本年四月邓植仪更有《广东土壤提要》初集出版，彭君新著《肥料学》，商务印书馆"大学丛书"之一，大约本年九月可以出版。

第43期　1934年9月30日

社友消息

上　海

胡鸣时君：自九月一日起已辞去上海慎昌洋行建筑部建筑工程师职，现在全国经济委员会水利处担任设计工作。通讯处为南京铁汤池全国经济委员会水利处。

陈耀真君：已由美回国，通讯处为上海国立医学院朱君转。

方子卫君：通讯处上海姚主教路二三〇——二〇号，电话八四五八八号。供职于上海国营招商局，电话一八三二七号。

唐焘源君：前供职于中央研究院化学研究所，本年七月间应商务印书馆之聘，主持组织该馆纸张及化学实验室，并兼任该馆编审委员会职务。唐君现正代表该馆设计一最完善之纸张研究室，以为国内改良造纸及审定纸张品质之唯一机关。该馆印书纸张选择标准，均将经过科学方法的审定后应用，益见该馆管理之合理化也。同时实业部中央工业试验所复聘唐君为通讯研究员，关于芦苇纸浆之化学研究，唐君已缮就报告寄交《中国化学会会志》发表云。现通讯处为上海静安寺路一一二二弄七号。

胡宁生君：现移居至康脑脱路延平路太平坊二百弄九号。

南　京

陈燕山君：已于八月十四日赴美留学，在美地址为康乃尔大学，一年后赴各处考察半年或一年再行回国云。

张泽垚君：自三月由航空署向实业部借调筹备"油料研究所"，迄月底止已四阅月，业已设备完竣。关于航空汽油、特种汽油及滑油均可分析检验。又滑油用后，可以收复，年可省十数万元。张君亦曾研究收复方法,其收复之油完全可以再用。闻最近拟赴西北专做开发石油之探讨。据张君意见,我国石油宝藏必甚丰富,亟应设法开发,以厚国力。张君在航署数月,并编有《航空汽油检验法及其暂行标准》与《滑油检验法及其暂行标准》各一册云。

陆志安君:通讯处改为南京大方巷兵工署技术司。

丁绪宝君:通讯处现改为南京大石桥宁兴里八号。

李世琼君:八月底由沪讦京,其通讯处为南京军政部兵工署。

李成〔振〕翩君:现改就南京卫生署职。

方文培君:方君在本社生物研究所研究植物有年,已于本月十一日赴英留学,以资深造。其在英通讯如下:Mr. W. P. Fang, ℅ Prof. W. W. Smith, Royal Botanic Garden, Edinburgh, Scotland。

赵廷炳君:现已辞去建设委员会职,改就中央大学化学教授,并已移居于南京成贤街成贤里六号。

张其昀君:奉国防委员会之命,于本月九日赴西北考察,至明年一月始能返京。朋友中如有函件可径寄兰州道升巷公字十二号国防设计委员会兰州办事处杨诒祥君转。

更正:上期"社友消息"栏内所载刘恩兰女士通讯处改为四川北碚西部科学院某君转一则,刘恩兰系刘淑兰之误。刘恩兰女士仍在南京金陵女子文理学院担任地学教授,前载消息系刘淑兰女士寄来。特此更正,并志谦忱。

重　庆

杨开甲君:二十年前辞去外交边务重任,接办成都华西协合中学校。本年六月廿三日该校校董举办二十五周年纪念,华西协合大学即于是日赠送杨君荣誉学位,各界来宾济济一堂,莫不嘉许杨君长校二十年良好之成绩,冠盖觥筹,颇极一时之盛云。

张国权君:现任四川开源机器制糖公司制造师,目下正在重庆调查四川之糖业产销情形。通讯处在重庆小什字四号永利制碱公司转。

涂继承君：现移住重庆第三模范市场实用商业学校内。

姚启钧君：仍在重庆大学理学院任教授。

曾义君：迁往兴隆巷十五号工业试验所内。在川产之甘松与川芎、当归均各提出油质，甘松油甚香，当归与川芎油均比水重，其功效是否可以代表该生药，准备用动物试验解决。公余之暇，仍研究针灸学术，现用铜人经穴点在人体之缩小照面与解剖学皮下神经分布图相比较，证明铜人之穴道即皮下神经之分枝点，且用虚线联络其末梢等距离之分枝点，即天然的形成铜人之经络。但是否在同虚线上之各分枝点即有相互之反射功能，须待于生理之实验以解决之。盖针灸治疗，已有事实之佐证也。更据其针灸治疗经验之结果，揭出生机天秤平衡说与比较之诱血疏滞治疗说，均将整理发表云。

北　平

许寿裳君：新任国立北平大学女子文理学院长，其通讯处为北平齐化门内北小街该学院院长办公室。

胡传揆君：已由美回国，通讯处为北平协和医学校。

杭　州

曹元宇君：本学期就浙江省立医药专门学校职。

汪敷升君：现改就杭州浙江省保安处特别党部职。

开　封

李荫桢君：在河南大学执教七载，于本年夏由教育部复试录取河南公费留学。李君已于八月放洋赴美，对于造林学作深刻研究之云。

周彦邦君：通讯处为开封建设厅街二十四号。

其　他

陈祖炳君：现应安徽大学之聘担任理论物理专任教授。

赵孝清君：改就芜湖东门外省立高级农业学校讲师。

倪中方君：本学年在广州岭南大学任教。

张怀朴君：通讯处改为浙江平湖新仓。

李俨君：所藏中算书先后记在本社《科学》杂志，近抽出一部分在陕西省立第一图书馆第一届展览会独立陈列一室。兹将该会所刊说明书摘录如下：

（甲）绪言。本馆第一次展览会于今日开会，丁室陈列陇海铁路潼西段工程师李俨先生所藏中国算学书。李俨先生二十年来专力修治中算史，所著单行本有《中国数学大纲》上册、《中国算学小史》、《中算史论丛》（一）（二）（三）三部并由商务印书馆出版。其所收藏中算书多至五六百种，中多善本，国内外任何图书馆收罗无此详备，向未公开展览，兹特选出百六十余种分为（一）古代算书；（二）明清之际算书；（三）清人撰述算书；（四）清季输入西算书等四类，按顺序陈列，每书详加说明，参观者可于此中获览中算进展状况，并可藉此鉴赏各项善本。李先生并为会中编《中国算学略说》一文，以通俗文义说述中算发达经过。至其所著单篇论文关于中算史事者凡四十余篇，散见于各杂志，亦由会中辑录刻行，藉以引起学者对于中算之认识与研究数学之兴味。（乙）中算书展览目录：（一）古代算书类一号至三十八号；（二）明清之际算书类三十九号至六十一号；（三）清人撰述算书类六十二号至一百三十七号；（四）清季输入西算书类一百三十八号至一百六十一号。

周尧君：月前因无钱购置参考书，将所译之文学书一册名《虚心的人》版权卖与中华书局，近日往浙西雁荡山采集植物云。

孙基昌君：现在广西龙州黄家祠四十五师军医院供职。

陶英君：本学期已辞去中央大学农学院职，其通讯处在无锡北澗金鉴医师诊所收转。

王海波君：现在移至新址如下：Mr. Harper Wang，2112 Addison Street，Berkeley，California，U.S.A.。

第44期　1934年12月5日

社友通讯

美　　国

王季梁君：近接王君十月二十七日来函云，离沪时因贱躯患病未愈，以至社友会既未能到，动身时亦未克辞行，殊为抱歉。至美后，曾至各处参观，芝加谷博览会亦曾一去，惟因时间匆促，未能详细浏览，殊为可惜。美国情形与前大致相同，惟因不景气之故，失业人较多于以前，人民似较以前“Sober”，学生俱甚用功，态度沉着。弟本拟到各处多参观，惟因有固定研究问题，不易离此间。大概最近通讯住址将为 Mr. Chin Wang, School of Chemistry University of Minnesota, Minneapolis Minn., U. S. A.。弟现寓 1600 4th Street S. E. Minneapolis, Minn., U. S. A.，寄函两处俱可。此间中国学生不多，现新来数人，俱在农学院，离大学本部甚远，故不易见到。此间报纸关于中国消息极少，国内情形顿成隔膜。科学社情形想必甚好，庐山年会想必盛极一时，得暇请见示一二。《科学》杂志及《科学画报》如能寄数期来，最为欢迎。

上　　海

曹凤山君：现任上海真如暨南大学理学院教授。

陈忠杰君：上海南市局门路吉桂里十五号。

卢于道君：现移居愚园路底新村十四号。

金国宝君：八月中国经济学会在长沙开第十一次年会，本拟先到庐山出席科学社年会，但以此二会日期冲突，故只能赴长沙矣。长沙开会一星期，湖南省政府招待殷勤。会毕游南岳衡山，归途专车在岳州停车四五小时，余等得饱览岳阳楼、君山、小乔墓诸胜。南岳归来，余一人抽暇到衡州一行，视察衡州商业状况，途中略得小诗数首，另纸录呈同社诸先生郢政（诗见文艺栏）。

刘同仁君：现就上海九江路二八四号民生实业公司职。

曹仲渊君：仍在上海三马路大华无线电公司服务，该公司承造上海江海关无线电台六座，计上海、烟台、厦门、汕头、九龙、琼州各一座，电力各二・五启罗华脱，正在进行制造中。上海电台地点在兰路，业已完竣，其他五台将于年内完成。该公司又承接香港江海关船舶无线电台九只，已于上月交货，目前正在香港装置，成绩甚佳，共价国币二十四万元，为国人自造无线电机合同之最巨者。

汤震龙君：迁移至本市法租界金神父路二九八号。

丁嗣贤君：现就上海徐家汇交通大学化学系教授。

朱汉爵君：现在上海盐务总所供职，九月中旬奉派赴岳管理建仓事宜，约明春返沪云。

南　京

凌道扬君：最近被推选为太平洋科学协会森林调查委员会主任委员，现正从事施业上各种调查工作，并分函太平洋沿岸各国林务机关及森林专家，请为分任各国森林事业之调查统计，期于第六届太平洋科学会议时，将总报告交会核议。

胡竟铭君：通讯处改为浦口津浦铁路工务处。

欧阳翥君：现已归国，其通讯处由南京本社生物研究所转交。

张鸿基君：现就南京金陵女子文理学院数理系教授。

李振翩君：现在南京黄浦路卫生署服务。

钱天鹤君：现已迁寓南京中山门外孝陵镇实业部中央农业实验所内。

钱端升君：于本年九月离天津《益世报》，近任南京中央大学政治系教授。

高君珊君：现移寓南京傅厚岗九号。

钱宗贤君：已脱离南京市工务局职务，其通讯处为平湖荷花池头。

北　平

任之恭君：现改就北平清华大学教授。

任叔永君：现迁居北平西城察院胡同二十九号。

秉农山君：于本月初由京来平，在静生生物调查所工作，为期三月，明年二月初即返南京。

广　州

梁伯强君：前任上海国立同济大学病理学教授多年。一二八后，受广州国立中山大学之聘，任该校医学院病理学教授及病理学研究所主任。该研究所系三年前新建，仿德国式，本年得英庚款之辅助三年，设备更完善，尤以最近完成之“人体病理博物院”为可观，实吾国刻下各医校中之鲜有者。东西各国病理学研究所所收藏之人体病理脏器标本，多属于鲜见的奇特的，以其日常尸体解剖甚多，典型之标本每日可在解剖台上见之，无需保存。而在我国则不然，尸体解剖既如是其困难，则习医者对于模范的典型的病理标本，不宜获睹，是以该所收集之病理标本，特别注意此点，为适应吾国习医者之需要也。该所之人体脏器标本，系用 Tores 液质保藏，颜色天然，贮之于各式方形玻璃瓶内，参观甚为便利。

该院共有四个陈列室，第一室为胸腔内脏标本，第二室为腹腔内脏标本，第三室为头腔内脏及身体各部标本，第四室为战争标本。

许浈阳君：去年离康乃耳大学后，既往欧洲考察各学术机关之物理研究情形，随即回岭南大学，重掌物理教授职。是夏广西省教育厅聘为广西大学预科毕业考试委员会命题委员，随后参加广东省教育厅与中大合办之中等理科教员讲习班教授。

叶葆定君：于本年七月由美返国，现寓广州东山竹丝岗二马路三号三楼，供职于广州市工务局。

重　庆

陈得一君：通讯处四川重庆炮台街第三十八号川江旅行社。

刘淑兰君：现任川东联立高级工业职业学校及四川省立女子职业学校之制革工业化学及化妆品制造等课程。

徐崇林君：现仍在中国西部科学院理化研究所任研究员。最近著有研究报告出版，即《四川煤炭化验第一次报告》，内有川煤三百余种之详细分析报告，对于分析方法更为详尽。

杨达权君：通讯处改为四川巴县北碚北川铁路公司。

盛绍章君：现已由重庆移居成都东桂街七十四号。

张德敷君：川省政务处教育科长，与曾义君在重庆主持针灸研究所。近由伍连德博士捐赠该所六百元，藉资研究之助。曾君将从试验猴兔等动物入手云。

唐世丞君：近著有《糖的研究》一文，其大意是利用化学组合法，以人工制造各种糖类。又著有《电针学之研究》一文，在《中国针灸杂志》第二卷一期上发表。

成　都

刘世楷君：原任吉林省立大学仪器部主任、理工院讲师。九一八事变后回籍，于二十一年二月就国立四川大学聘，任川大理学院副教授，兼物理实验室主任。现已辞去兼职，专任副教授，担任热力学、热学、气象学等科讲演，并指导物理实习。译著《趣味的化学实验法》一册，已由天津百城书局出版，《高中物理学实验》三册，亦先后在成都印行。现正整理《普通物理现象解释》中下卷旧稿，该书上卷曾在吉林印行赠各友好，于教授中学物理略有小补。又刘君于测候事业颇感兴趣，在吉林大学创办测候所，主编《气象月刊》及年报，数年未缀，在四川大学亦为理学院测候所创办人。通讯处成都南较场川大理学院。

何文俊君：仍任成都华西协合大学理科生物系教授兼天然历史博物馆主任，一切教职事功顺利，教学同人咸深钦佩云。

张凌高君：仍任华西协合大学校长，主持一切校务，颇得校内外人士之赞助。惟暑中以事烦责重，患腹疾者数月，现已渐就痊可矣。

其 他 各 地

马仁堪君：本期应保定河北农学院之聘，已于开学前前往就职，闻系担任农艺化学、土壤及肥料等科学，对于教学之外，领导学生实习，颇多改进陈法。拟于明春在该校特别试验，利用新法以试成效。

丁绪贤君：现在苏州东吴大学化学系任教授，通讯处为苏州卫前街二十八号。

区嘉炜君：现在通讯处河北塘沽黄海化学工业研究社。

孙基昌君：在广西四十五师军医院服务，现该师移防平乐驻扎。

张趾仁君：现应河南建教两厅之约，赴豫南镇平县创办野蚕丝绸漂染学校，其通讯处为南京石鼓路十三号。

高礼瑾君：现改就陇海铁路局机务处。

茅以升君：现在杭州镇东楼钱塘江桥工程处。

曾省君：自今年七月后，改任山东大学农学院院长事。通讯处为济南东关外黄台山东大学农学院。

梁绍桐先生事略

先生字靖琴，又号瓠卢，生于前清光绪十四年，粤之阳江人。幼而颖敏，好学深思。以其赋性爱美，对于事物无论巨细力求美化。五龄就学家塾，攻举子业，非所好也。虽曾应试，不售。唯嗜艺术，十二三岁时，喜弄音乐与摄影。阳江习俗，于重阳节比赛风筝，先生曾创制一具美化风筝竞赛，外国教士见而奇之，争相摄影，以留事迹。

科举废后，学校代兴。先生始受新教育之洗礼，得窥科学之门墙。年十八，进广州粤垣速成师范及附设音乐专修科肄业，后又改进广州唯一学校之游学预备科，因该科立案不得准，遂归并该校之速成师范科，光绪三十三年卒业。对于科学渐感兴趣，复进农业及医学等校，均因不愿受机械式教育而辍学，专致力于自修。唯于外国文不感兴趣，未有根底。故不能直接阅读科学书。研究凭藉，仅恃译本，如傅兰雅编译之《格致汇编》及江南制造局编译之几种科学著作，为其最得力之导师。先生研究学问，不但理论，并求应用。民国四年自建住宅一所，即应用研究之机械学和建筑学。工程之设计、估料及一部分新式工程为工人所不能者皆自任之。屋内现代生活之设备，如自来水、洒浴、水厕、火炉以及花圃温室等皆备。又曾应用机器任碾米、锯木、榨蔗油等工作。初拟试办工业，卒以缺乏原料，未能实现。然而先生手创之屋宇、机器，足为阳江科学产物之始祖，而先生实为阳江应用科学之先驱。先生探讨学艺，颇具心得，于建筑工程、机械工程、化学、药物学、园艺学、养蜂学、音乐、摄影以至图案装饰等，均有相当成就。而致力较久、造诣较深者，惟建筑学与音乐两门，颇有著作。关于建筑者，有《营造法式大木作制度各物赘说》一篇，但尚未写定；关于音乐者可分为三部分：第一部分为历代尺制与律制的汇考；第二部分包含霓裳羽衣舞的研究，宋代燕乐之标准音，宋代传说高于唐代五律之研究，宋代琴笛制度以中吕为正宫调的测度，词曲调名之研究，晋书笛制的研究，中国月琴与Mandolin和横笛与Piccola的比较等篇；第三部分为通论，尚未写定，亦未题名。霓裳羽衣舞的研究一篇，曾发表于北平国乐改进社刊行之《音乐杂志》第五期。先生平生行事，无论公私大小，先虚心研究方法，方法既定，然后负责进行，不少懈怠。平居沉默寡言，但遇问题讨论时，却议论风生，滔滔不绝。对于政治公务，不愿干预；维遇时局艰危而官绅袖手时，则亦当仁不让，竭力维持。鼎革之初，民军蜂起，官吏士绅逃匿一空，群龙无首，现象可危。先生纠合同志，组织共进社，为临时维持地方治安之团体，闾阎赖以乂安。

民国六七年间，讨龙之役，本邑发生空前战事。先生承父命，筹办中国红十字会阳江分会，于八年成立。九年复有陈铭枢与伍骀之战，十一年又有梁士锋与徐东海之战。该会皆尽救护之责，先生曾亲与救护之役。二十年复以原有救荒机关名书年社，改名为书年医社。所有一切设施，皆由先生一人负责，设法应付以供地方之需。

民国十四年，成立公开图书馆，原拟名为阳江图书馆，后以纪念先生尊翁孝则先生，因名孝则图书馆。该馆以私人财力维持，经济有限，初时仅有其尊翁所藏书籍六七千册。其后渐次增置，现有一万五千余册。馆址即在瓠卢旧宅之后。近来本有修筑之设计，未及实施，而先生已归道山！

民国二十二年，因研究电学，用脑过度，遂得失眠症。是时又值发觉商店司理人侵吞巨款情事，复受打击。忧虑煎熬，以致神经错乱，医药罔效，竟自沉于其屋内自来水池而殁，年仅四十六。遗有一女一子，女倍俭适中山黄彰汉君，现肄业于福建厦门大学商科。子倍椽，现肄业于北平清华大学电机工程系。

梁君特立独行，抱负不浅。天不假年，赍志而殁，曷胜惋惜！本社前得乃兄绍桨先生函寄瓠卢先生行述一册，并将瓠卢遗产二千元汇捐本社，作为纪念瓠卢先生之用。业经本社理事会议决，允予接受，并经拟定纪念办法。兹摘述先生生平事略，殊未能表彰其伟大精神与人格于万一也。

第45期　1934年1月15日

社友消息

唐钺君：现移居至极司非而路梅村三十六号。

汤震龙君：已由沪返武昌，仍居武昌转角楼前街三十二号。

邹秉文君：移居海格路幸福村五号。

朱惟杰君：现仍调回上海盐务稽核总所工作。

沈璇君：于一月十七日赴日本考察科学事业。

鲁德馨君：近著《近世产科学》，系由中华医学会出版，约七百页，定价七元五角，上海北京路广协书局经售。

朱翙声君：现移居广州市惠爱路将军前粤华东二街十七号三楼。

顾鼎梅君：于去年六月赴陕西省城清理家事，岁杪返杭，已将上海科学仪器馆监理及董事辞职，仅担任监察名义。刻在杭寓整理积稿，所著《译经书眼录》十卷三月间可以出版，内分史志、政治、法律、格致、舆地、兵事、游记、小说、杂记各类，分目约百条，为书凡一千余种，均顾君三十年前读各种译书，记其大要之作，盖言新学目录之书也。至顾君搜罗碑刻已逾万种，稍暇亦当整理，列为专书。至所辑《古志汇目》六卷、《古志新目》四卷，搜集至八千余种，可谓言墓志目录之大成者，业已出版，颇为考古家所重视也。

王士仁君：现被任为黄岩县立女子简易师范学校校长。该校开办仅七年余，系县款设立而受省款辅助，经费异常支绌，故教职员报酬待遇等与外埠相差甚远。王君以桑梓教育义不容辞，特勉为其难。

茅以升君：现在杭州闸口白塔岭三号钱塘江桥工程处供职，通讯处为杭州平海路二十八号。

冯景兰君：近为北平国立清华大学计划建筑一地学馆，馆址已拟定在该校地学系气象台之西北隅，长约一百八十尺，宽六十尺，高凡三层。第一层为地层及古生物陈列室和研究室，第二层为矿物岩石及构造地质陈列室、实习室、教室和研究室，第三层为地理陈列室、教室及研究室。预计明春开工，暑假落成，用款约十万元云。

孙文青君： 现已辞去开封教育实验区职务，改任省立杞县实验教育区实施部主任，通讯处为杞县教育实验区。所著《张衡年谱》已在《金陵学报》三卷一期发表，《九九传说及九九表》在《学艺》十三卷七号刊出。现正从事编辑《中国算学书目汇刊》，正文凡分十二卷，计卷一史志目、卷二方志目、卷三知见目、卷四历代公藏目、卷五图书馆见存目、卷六历代私藏目、卷七考订目、卷八刊行目、卷九海外目、卷十算学丛书目、卷十一合刻丛书目、卷十二自著丛书目。凡我社员如有以所藏中算书籍列目见示或就罕传书目中摘录算法部分俾便采入者，请径寄西安陇海路局李俨或河南杞县教育实验区孙文青收均可。

廖温义君： 自去年六月在米西根大学化学系得硕士学位后，即转学到渥海渥大学化工系继续博士工作，研究"电解盐水造纸法"，已于本年正月底考过博士总试，现在论文工作约有九成，大约明春三月中可完成博士工作。其后拟往美国最大之盐水电化造氯厂(Westvaco Chlorine Plant)实习，而得氯气场之计划及管理之经验。廖君又于去年写《化淀粉厂之计划》一文，得上海天厨味精厂之奖金，此文已在上海中国化学工业会会刊《化学工业》第八卷第二期发表，颇引起国内有志于国防者之注意。

吴定良君： 已由欧洲返国，现任中央研究院历史语言研究所研究员，通讯处南京北极阁该所。

刘咸君： 业已辞去山东大学教授职，于本月十五日到上海就任本社编辑部长。各社友如有稿件，请径与刘君接洽。

第46期　1935年2月20日

社友消息

上　海

邬振甫君：近受美国 *Psychological Abstracts* 月刊特约任 Collaborating Editor 之职。按该刊系美国心理学会所出版，专载各国心理学及相关较切的科学之重要论著提要，销行极广。除主编人 Prof. W. S. Huntor 等二人外，现有国际特约编辑仅十三人，每人代表一国，如法之 Prof. H. Pieron，德之 Prof. W. Wirth，英之 Prof. F. C. Bartlett，意之 Prof. M. Ponzo，俄之 Prof. V. Osipov，瑞士之 Prof. Ed. Claparede，及日之 Prof. R. Kuroda 诸氏，凡膺斯聘者，在心理学界殊为一种荣誉云。

马弼德君：已由英属加拿大缅省大学得医学博士归国，现在上海李施德医学研究院生理化学部为研究员。

张一志君：现寓西爱咸斯路慎成里十号楼上。

蔡乐生君：通讯处为愚园路愚园村十二号。

张泽垚君：现已离赣来沪，其通讯处为上海金神父路明德村三〇二号。

周兹绪君：现在英租界电力公司供职，其通讯处为白利南路花园村四十号。

周榕仙君：曾与三四爱好科学之同志经营之中国仪器厂，刻迁移于闸北华盛路九十一号。民国二十三年份新制品：物理应用者有高度真空油抽气机、新式落体试验器、圣路易式电动机说明器、内燃机剖面等，生物应用者有精密切片机及普通显微镜镜基等。最近工作为制备教育部颁定示教及实验用之新增仪器。厂中出品全部由科学仪器馆独家经售。

朱振钧君：现在通讯处为白利南路中央研究院化学研究所。

邱培涵君：现在通讯处改为四川路二一八号永明人寿保险公司。

张孝庭君：现在爱文义路一百二十弄平乔里六号上海东方化学制造厂发行所供职。

陆宝淦君：现已迁至新加坡路九〇五号。

刘寰伟君：现仍在京沪路任职。近以代筑苏嘉线收用民地甚广，为求计算亩分迅捷起见，特编制三线对数法一种，十分简便。现沪宁路产业课计算亩分，均已采用是法矣。

南　京

潘铭新君：通讯处为首都电厂。

郑法五君：通讯处现在黄浦路励志社宿舍二二九号。

冯泽芳君：通讯处现改为孝陵卫中央棉产改进所。

熊子璥君：现在冬瓜市金陵女子文理学院数理系任主任职。

秉农山君：已于二月初由北平返京到所视事。

北　平

俞季川君：现在静生生物调查所供职。

李良庆君：去年夏季应山东大学海滨生物研究所之聘，前往青岛做藻类之采集研究暨讲习之工作。八月中旬返北平，即担任静生生物调查所植物标本室主任兼藻类植物技师。此外并任《中国植物学杂志》编辑干事职务。研究方面除将湖北、广东淡水藻类完成外，并起首编制《中国藻类植物志》，其第一篇为鞘藻类属，已在《静生生物调查所汇报》中发表。

赵燏黄君：北平研究院生物部鉴于赵君在中央研究院五年来努力于国药之生药学的研究，如《中国新本草图志》第一集第一卷、第二卷等正在研究进行中，一旦中止实为学术前途之不幸。北平研究院生物部长经利彬先生，医药学而兼生物学专家也，现在致力于国药之药理学的研究，已于前年聘植物学专家钟宪鬯先生整理本草，鉴定药用植物，今复聘赵君为生物部生理学研究所专任研究员，继续从前中央研究院国药之生药学及化学的研究。赵君已于一月十六日北上，通讯处北平西直门外天然博物院内北平研究院生物部生理学研究所。

重　　庆

曾大珪君：近于十二月十六日在重庆适中花园与王学明女士结婚。

杨世才、唐幼峰两君：仍在重庆罗家湾宏育中学，现正为该校筹募基金，已请得田园会一万元。

徐崇林君：现在重庆大溪沟川东共立高工校任教。

志　　哀

兹据重庆社友报告，照相专家、曾摄制《到四川去》影片之冷伯符君，已于近日逝世，又陈学池君亦已于数月前在重庆寓所逝世，特志哀悼。

其 他 各 埠

王崇植君：已辞去南京社会局长职，现在天津英租界咪哆士道开滦矿务总局供职。

王慎名君：现任汉口市政府广播无线电台工程师。

陆志安君：现在河南河孝义巩县兵工分厂供职。

孟宪民君：现在云南作地质调查，通讯处为云南昆明邮政局待取。

项葵璋君：现调至望平苏嘉铁路工程处任职。

吴文利君：现移居广州东山江岭东六号二楼。

王葭舲君：现在盐城省立高级应用化学科职业学校服务。

第47期　1935年4月7日

社友消息

李振南君：已回国，现寓上海愚园路五七六弄五十一号。

沈怡君：上年六月初因出席第七届国际道路会议及参加黄河试验赴欧，现已于本年正月回国，仍在上海市工务局任职，寓上海市中心区民府路九十一号。

张伟如君：现移居爱文义路联珠里二十八号，电话三二二八二号。

朱汉爵君：于廿三年夏辞去教课生活，改就上海盐务稽核所副工程师职，旋派至岳州管理建仓事宜，现暂驻岳州。

徐善祥君：现迁居上海忆定盘路九十一弄(忆庭村)十七号，电话二二二八七号。

荣达坊君：近迁至上海极司非而路华村四四九号。

刘同仁君：现已脱离民生公司职务，其通讯处为吴淞国立同济大学周良佐君收转。

陶桐君：现寓上海慕尔鸣路二百二十九号。

徐韦曼君：现移居上海愚园路愚谷村九十四号。

徐渊摩君：现移居上海巨籁达路存厚坊四号。

钱端升君：于本月七日假座上海新亚大酒店举行婚礼。

杨雨生君：现移居南京城内大益仁巷润德里四号。

郑肇经君：通讯处在南京铁汤池全国经济委员会。

张轶欧君：现住南京鼓楼头条巷六号。

张钰哲君：现迁至南京蓝家庄兰园一号之二。

黄元贲君：现住南京蓝家庄十三号。

段续川君：现在南京国立中央大学任教授。

郑礼明君：现住南京西华门三条巷仁寿里二十四号。

戴芳澜君：现在美国。

王守竞君：现在德国。

郭凤鸣女士：现就四川成都第一女子师范学校职。

徐崇林君：现任川东高工校应用化学科主任兼造纸专任教员，其通讯处为重庆川东高工校。

陈隽人君：现任山东济南中国银行行长。

瞿文琳君：现任河南省立水利专科学校校长。该校专科系两年毕业，并附设高级中学三年毕业。高中系职业性质，所设课程多属工程基本学科，如数学、物理、英文、画图、测量、应用力学、材料力学等门。专科专注重水利工程，所设课程为水力学、水文学、河渠工学、灌溉工学、水力工学、水工计划、水工研究等，并设有各课程计划实习等门，俾学生所习功课得切于实用。已毕业学生一百一十余人，多在河南工程界服务。现有学生三班共九十余人。常年经费为四万余元，由河南建设厅建设费下开支。以后当逐年增加设备扩充班次，为华北唯一之水利工程学校云。

李书田君：现为国立北洋工学院积极募款兴建新图书馆大厦，其大阅览厅及期刊室同时可容四百人看书，其书库可容十五万卷，各处装满可容二十万卷，业已募有成数，决于本年春季开工，期于本年十月二日该院四十周年纪念日落成。此馆凡三层，长二百尺，宽五十余尺，后面书库亦宽五十余尺，将来尚可延长至容书五六十万卷。内并有研究室凡十，展览室大厅一，善本藏书室一，特别纪念藏书室一，落成后为天津最大之图书馆云。

吴文利君：现在广西省政府教育厅供职。

涂允成君：已由美国回国，现居武昌贡院新街灯笼巷三号。

蔡宾牟君：通讯处改至宁波蔡家巷四号。

葛成慧女士：现改通讯处为杭州马市街省立医院产妇科部。

孙克铭君：现在烟台电报局供职。

方宁赞君：现迁至广州东山新河浦路四号之三二楼。

第48期　1935年5月25日

社友消息

李书田君：近被举为中美工程师协会副会长，该协会系中美两国在中国之工程师所组织，已有十五年之历史，会员二百余人。

王非曼女士：自前年秋季充任天津河北女子师范学院家政系教授，成绩卓著。该校去年春季举行展览会，王女士所引导设计之模范家庭具有特色，为一班观察者所赞赏。近来王女士又领导家政系学生造出各种织品之成绩如地毯等，其模范家庭亦加以新的整理。王女士在家政系主张学理与实习并重，以为中国新家庭发展之先趋〔驱〕云。

孙云台君：孙君最近之工作——为烟台进德会组成一博物馆，为烟台中学组成一博物室（模型标本已共制成四百余件），现任烟中生物教员。最近之著作有下数种：

1.《实用植物图说》（上海新学会社出版）。

2.《有毒植物学》（已出版，济南新学会社代卖）。

3.《诗三百篇中动植物之注释》（正在本校校刊发表）。

4.《人体寄生动物学》（拟在济南大东书局出版）。

5.《保护鸟学》（已在前山东农专校校刊发表一部分）。

6.《有毒动物学》（已编完），《乡村实用生物学》（烟台德隆印）。

马名海君：原在广西大学任教务长兼理学院院长，嗣广西省政府聘为政府顾问，专任广西省政府气象所事物。现该气象所成立已久，连同柳州前有之仪器，共有仪器图书值两万余元。省内共有气象分站大者六处，其余各县九十余处，均有雨量站。现每日出有气象预报，与东亚各台通电报，成绩甚佳。马君自四月一日起又兼任广西家畜保育所及畜牧兽医养成所两所主任。按家畜保育所规模宏大，设备完善，内聘有美国技术顾问及菲律［宾］技师多人，所造血清疫苗，不但可供全省兽疫防御之用，并可售之省外，现设备已费四五十万元，诚国内华兽医药品制造防疫首屈一指之机关也。现在通讯处南宁省政府气象所或家畜保育所。

刘雨若君：在中国西部科学院工作四年有余，平时办理农村事业，常遇疑难问题，故欲到外间参观学习，以便多得方法。现因定县平民教育促进会之约，已于四月起在定县工作。此次由四川到河北，顺路曾往江西参观一次，对于农村事业之办法，颇觉小有心得。以后通讯处即改为河北定县平民教育促进会。

熊学慧君：与王明聘女士于五月廿五日在演武厅社交会堂举行结婚。

宋杏邨君：现居上海愚园路俭德坊六号。

荣达坊君：现移居邻屋极司非而路华村四五一号。

韦悫君：现移居愚园路五七九弄中实新村五十一号。

徐正铿君：现移居麦特赫司脱路七十二弄二十一号。

邓栽岑君：现任全国经济委员会棉业统制委员会技术专员兼代总务主任。最近寓白利南路三十七弄二十号。

葛成慧女士：现任浙江省民政厅卫生实验处技正兼省立助产学校暨附属医[院]主任。

茅以升君：督造钱塘江桥，近来工作甚为紧张，工程大有进展。所编《钱塘江桥开工纪念刊》业已脱稿，不久可公诸于世。刊中对于本桥工程，有详细说明，颇饶兴趣。

高尚荫君：美洲分社会计，于上月离美赴欧，一切会计文件及未了事物，已交会长裘开明君接收矣。

第49期 1935年7月10日

社友消息

方文培君：现在爱丁堡皇家植物园研究中国杜鹃，拟秋后将此间材料做完后转赴伦敦或柏林，其通讯处仍旧。

赵以炳君：去冬在芝加哥大学得理学博士学位(生理)后返国，本学期任清华大学生物系教职。

陈世骧君：去冬在康乃尔大学得理学博士学位(动物)后返国，本学期任河南大学生物系教职。

陈世昌君：去夏在本雪文尼大学得理学博士学位(物理)，已于本年五月赴欧返国，将就福州协和文理学院教职。

高尚荫君：将于本年夏在耶路大学得理学博士学位(动物)，现已结束，偕陈世昌君赴欧返国，将任复旦大学教职。

饶钦止君：将于本年夏在米西根大学得理学博士学位(植物)，约在七月间返国。

陈义君：将于本年夏在本雪文尼大学得理学博士学位(动物)，约在八月上旬可抵沪，通讯处南京中国科学社生物研究所。

陈思义君：通讯处现迁至上海西爱咸斯路四九五弄八号。

汤彦颐君：现移居西爱咸斯路三四三号。

张延祥君：通讯处现改至上海江西路三七八号。

杨树勋君：现在上海中央研究院化学研究所任职。

严智钟君：现就南京军官学校军医处处长。

郛振甫君：现在南京鸡鸣寺路一号中央研究院心理研究所供职。

袁丕济君：于二十二年由美国回国，即在云南大学任教，现改就军事委员会资源委员会专员，通讯处在南京三元巷二号。

许应期君：现任中央大学电机系主任。

彭先荫君：现就广西大学算学讲师。

顾世楫君：现仍继续任职于江苏建设厅，并兼任省会测候所所长，在镇江北固山建一气象台，业已落成，设备亦均就绪，已迁入办公。顾君对于江苏全省测候事业拟有改进步骤，在全省酌设二等测候所八处，三等测候所八处，四等测候所五十处，以尽量与各机关合作，并将各县已设立测候所加以改进为原则云。

孙文青君：因杞县教育实验区奉令取消，以后通讯暂为开封刷绒街十一号。

李秋谷君：通讯处为汕头梅县西门街汇兴号转。

卢伯君：向在湖北建设厅服务，兹已于六月三日辞职，即将往河北赵各庄开滦矿务局供职。

张兆麟君：自去岁受河南建教两厅委托筹备镇平工艺学校，内分机织、漂染、雕塑三科，而以前两科之工作(改良河南野丝绸)为主体。张君负责筹备者为漂染科，今已竣事，内分化验、精炼、漂白、染色、印花、整理等组。各组除相当设备外，整理组有卷筒压光水机械各一部，蒸汽发生有四八尺锅炉具，原动用八马力煤油机，油箱一则用上海仲明工厂之木炭代油炉，夜间发动机带动 4.5 kW 发电机一具。化验组工作处漂染试验外，研究植物颜料之提炼与人工颜料之结合，并及于本地土产之分析。现学校已筹备结束，定于暑后招收本科高级生(初中毕业)及职工班。此后张君将留此间工作至少一年，烟台之“之〔芝〕罘染厂”已交与一训练成熟之技术主任，但每三个月须往彼看视一次。又镇平县立民生工厂，亦将由张君任经理而加以整理云。

刘同仁君：现在青岛海军第三舰队海军工厂任职。

李书田君：原系美国铁道工程学会会员，前二年充任该学会铁道运行经济研究委员会委员，本年被推为该会河道及港工研究委员会委员，其工作将特别注重防波堤、海墙、码头等形状之断面及其各部分设计之用意，各种不同设计之建设费，经久年限及养护费等之比较。又近来国人对于民生渠工程颇多訾议，李君近在《中美工程师协会月刊》第十六卷第三期中为文讨论，希以公正之评论促该项工程用最经济方法设法改进，以免功亏一篑。

张泽熙君：在清华大学工学院土木系任专任教授，今年已满四载，担任〈测量〉大地测量、应用天文及铁路工程各课程。本年春假曾同土木系四年级学生廿余人赴津、济、京、沪、杭各处调查工程状况。本年暑假尚须同二年级学生四十余人在西山松堂做大地、地形、天文测量两星期,又于事毕须同学生赴塘沽作水文测量六天,时期自六月底至七月底。竣事返平,或径赴广西南宁年会云。

邓植仪君: 现代表国立中山大学暨广东土壤调查所,赴英国牛津出席第三次国际土壤学会及国际教育大会,并顺通〔道〕考察欧美各国土壤及农业教育,于六月中旬启程,约冬返国。

倪中方君: 最近为岭南大学教育学系心理学组设备一动物心理研究室,已初具规模。

曹清明君: 通讯处改至四川奉节县航务分处。

窦维廉君: 现已归美国,其通讯处如下:Dr. W. H. Adolph, c/o Department of Physiological Chemistry, Medical School, Yale University, New Haven, Conn., U. S. A.。

第50期　1935年9月30日

社友消息

任鸿隽君：于八月初回川，就任四川大学校长职。

钱崇澍君：应四川大学之聘，担任讲学一年。

韩祖康君：寓所现迁上海法租界巨籁达路久和坊三一六号。

刘晋钰君：现移居上海金神父路金谷村九号。

彭旭虎君：现在通讯处上海浦石路二六二号徐药群先生转交。

丁绪宝君：现移至南京蓝家庄二十四号，电话三一七一九。

唐仰虞君：现在南京大光路一〇五号。

崔宗埙君：现移居南京四象桥慧圆街慧圆里十六号。

江超西君：现移至南京升州路升州里九号。

蒋导江君：通讯在南京下关鲜鱼巷四十号永利公司转。

张希陆君：现在天津南开大学理学院算学系任教授。

孙劭勤君：现在通讯处为北宁路古冶站唐家庄开滦煤矿局。

鲁波君：通讯现在山东济南东流水华兴造纸厂。

张鸿基君：现在安庆安徽大学算学系任教授。

李俨君：现在通讯处为郑州陇海铁路西段工程局工务课。

张国藩君：现在天津北洋工学院任教授。

徐荫祺君：现改就北平燕京大学生物系动物学教授，兹正从事研究中国之直翅目及浮游目。

杨达权君：现任湖北省第五区公路朝长段工程师。

李之常君：现改就广州中山大学地质系教授。

李书田君：自民国二十年冬交通部铁道部接办筹辟北方大港，改组为北方大港筹备委员会后，李氏即任主任委员兼总工程司〔师〕。经费年仅一万余元，极为支绌，然以该会同人之努力，筹备工作业已将近完成。计已出版之报告书有(一)《北方大港之现况与初步计划》；(二)《华北水利月刊》"北方大港专号"；(三)《河海测量指导》；(四)《北方大港港址测量报告》；(五)《港址及附近建筑材料调查试验报告》；(六)《葫芦岛港建设实录》；(七)《民国廿年港址气象潮位年报》；(八)《民国廿一年港址气象潮位年报》；(九)《民国廿二年港址气象潮位年报》；(十)《民国廿三年港址气象潮位年报》等十种。已编就尚待出版者，计有(一)《北方大港之现况与初步计划》英文本；(二)《港址及滦县公路规划》；(三)《港址至唐山铁路规划》；(四)《港址岸上地质钻探报告》；(五)《港址及附近渔业调查报告》等五种。近因中央减政，该会业于本年六月底结束矣。

孙基昌君：现奉调南宁第四集团军总部军医处材料科服务。

祝绍祖君：现在广西柳州军医院供职。

彭先荫君：现任广西大学理学院数学讲师。

葛成慧君：通讯处现改至杭州城站马坡巷三十二号省立助产学校。

闻诗君：现改任浙江大学物理教授。

冯家乐君：现居在成都少城仁厚街二十二号冯寓。

周烈忠君：现更名周君适，现在四川重庆大学理学院任职。

彭周仪君：现任〔在〕四川重庆大学理学院任职。

万树焜君：已辞去四川江津女中校长职，改就川东联立师范学校图书馆主任。通信处四川重庆通远门外川东联立师范学校。

万宗玲君：现任川东联立师范学校生物指导员，通讯处同上。

陈邦杰君：暑后改就苏州中学教职，通讯处为苏州中学。在川二年内，共收集苔藓植物标本二千余号，拟加以整理发表，并将所藏藻菌等标本分赠各研究机关。

刘淑兰女士与徐崇林君：现在通讯处均在重庆联立高级中学。

高学中君：今夏已赴美国留学，其通讯处俟其到达美洲后，再来信通知云。

李冰君：原在安徽大学理学院化学系任教，近经安徽省政府派赴欧美研究，已于八月二十五日乘俄罗斯皇后号由沪放洋赴美，预定在美一年，再转欧洲云。

王季苣女士：现仍在美国，其通讯处改至 2810 Stratford Avenue, Cincinnati, Ohio,

U. S. A.。

何文俊君：原任华西协合大学生物学系教授兼该校自然历史博物馆馆长，兹因受加拿大多伦多大学生物学系研究助教奖金，定今夏偕其未婚夫人彭国蕙女士同行出国，入该校从事高深研究工作。何君专究应用昆虫学，而彭女士系得该校研究院家政学系奖金，入该系肄业。渠等通讯处如下：Wen-chun Ho, Department of Biology, The University of Toronto, Toronto, Canada。

第51期　1935年11月10日

社友消息

冯泽芳君：于十月廿一日自南京出发赴山东、河北、河南、山西、陕西、湖北、湖南、江西、安徽九省考察今年棉花合作试验，并沿途考察今年各省棉产情形，需时一个半月，大约于十二月上旬可以返京。

朱谋先君：现移居上海白利南路兆丰别墅四十一号。

马孟强君：现居上海北四川路施高塔路四达里四号。

陶桐君：现移居槟榔路金城里十七号。

徐仁铣君：现移居槟榔路金城里七十八号。

张葆灵君：现调至上海英租界河南路北京路中国农民银行上海分行供职。

许植方君：于今夏离中央研究院化学研究所，应上海国立交通大学之聘，任该校有机化学讲师，余时仍研究中国药物。现在研究中国产防已〔己〕科植物之膺碱云。

马寿徵君：现移居杭州武林门外沈塘桥十六号果树试验区内。

茅唐臣君：通讯处现改至杭市闸口钱塘江桥工程处。

闻诗君：本学期辞去广西大学教职，现在浙江大学物理系担任教职。

徐乃仁君：现在镇江江苏省政府垦殖委员会服务。

张云青君：现在南京国立中央大学任教职。

宋希尚君：住址现改为南京第一住宅区灵隐路九号。

李振翩君：现在南京军医学校任职。

李顺卿君：现任安徽大学校长职。

张国权君：现应山东济南黄台溥益糖厂之聘。

林济青君：现寓济南东关华美街二十一号。

何增禄君：改就青岛山东大学物理学系教授。

吴功贤君：现在北平静生生物调查所任职。

王益厓君：现改受北平师范大学教职。

申以庄君：于本年五月辞去四川公路局职务，现寓四川重庆都邮街得圆照相馆。

程孝刚君：现移住南京宁波路三号。

赵廷炳君：移居南京豆菜桥豆菜园二号。

芳〔茅〕以新君：通讯处改为湖南衡阳粤汉铁路株韶段工程局机务课。

曾义宇君：通讯处现改至四川成都宝业街四川工业试验所。胡泽、杨荫民、顾鹤皋三君之通讯处与曾义宇君同。

吴绍熙君：通讯处在日本东京本乡区森川町一〇四番地本乡馆。

瞿鹤程君：现在广西梧州广西大学任教职。

高学中君：前奉山西经济建设委员会派遣赴美留学，研究油脂工业，现已入哥伦比亚大学，其通讯如下：Mr. Hsueh Chung Kao, International House, Riverside Drive, New York, N. Y., U. S. A.。

第52期　1936年1月12日

社友消息

马君武君：于去年十月间离桂来沪小住，旅赴南京出席本社二十周纪念大会，转道津浦北上，视察平津教育事业，复赴汴鄂一带视察，前后约历月余。返沪后，与其夫人移寓迈尔西爱路三十号，据云新年中即须返桂也。

丁燮林君：中央研究院总干事丁文江君逝世后，蔡院长即请丁君代理总干事职，业已晋京就任。二十二年杨杏佛君逝世后，该院总干事一职亦由丁君代理，此次为其第二次矣。

严济慈君：为北平研究院物理研究所勘定所址来沪，业已从事装修。古历年底前仍须返平也。

孙洪芬君：现任中基会代理干事长，为筹划基金投资事宜来沪，寓新亚酒店，也于本月十日返平矣。

袁守和君：袁君为国立北平图书馆馆长，为接洽与本社图书馆合作办法，于本月七日来沪。

胡经甫君：于去年十一月间因事赴京，曾对本社理事秉农山君表示燕京大学欢迎本社本届年会开会，现社友中主张在北平开年会者甚多。

杭庆元君：现就江西全省卫生处之职。

刘孝基君：现充江西省立鄱阳中学校长。

孟心如君：现移居南京宁海路鼓楼新村十五号。

马孟强君：通讯处改为四川重庆巴县福寿场邮局转。

杨达权君：通讯处在四川重庆拾八梯漆家院漆公毅转。

狄宪君：更名为狄宪章，现在上海启明女子中学、徐家汇中学及国光中学三校任化学教职。

许引明女士：已于去夏从美返华，其通讯处在福州华南女子学院。

顾翼东君：自本年其改为永久社员，其永久地址在苏州大郎桥巷二十九号，通讯处为东吴大学。

蔡德粹女士：现在上海忆定盘路中西女校任教。

莫古礼君：现由美国来华，仍在岭南大学自然博物采集所任教授。

宋大仁君：现移至上海愚园路七一八弄云寿坊七号中西医药研究社。

徐崇林君：现任四川省立重庆大学应用化学系讲师。

裴益祥君：已辞去皖省水利工程处处长兼总工程师职务，其通讯处改至安庆汪家塘四号。

程宗阳君：现已迁寓上海愚园路愚园坊七十六号。

吴诗铭君：现在上海四川路二六一号德孚洋行技术部供职。

陈忠杰君：现迁至上海闸北天通庵路滋德里一号。

朱觉卿君：现在汉口申新第四纺织厂担任副厂长职务。

黎照寰君：于去年十月二十四日晚出席本社上海社友会庆祝成立二十周年纪念大会，在散会时于国际饭店门口被某西人所驾汽车撞伤足部，医治经月，现已步行如常。本年度黎君被选为美国大学同学会会长，连任留美同学会副会长、中华青年会全国协会会长。通讯处仍为上海徐家汇交通大学。

魏寿昆君：曾于去年六月在德国特瑞斯顿工科大学色染化学研究院完成工学博士考试，八月至十月在好望钢铁公司(Gutehaffnungshutte Oberhausen)实习，先后经过焦炭厂、副产物精制厂、煤膏蒸馏厂、化铁炉部陶马氏炉及西门马丁氏炉炼钢厂等部。现于十一月来阿含工科大学，决在该校钢铁研究院对于电力冶金并钢铁组合方面加以深造云。最近通讯处 Dr. Ing. S. K. Wei, Aachen, Lohergraben 8, bei Victor, Germany。

第53期　1936年2月20日

社友消息

曾昭抡君：在北平各校全体罢课的当中，我倒变了忙人。自从罢课一直到现在，每星期替学生讲三次《国防化学》。同时许多研究工作，仍然是照旧进行。现在在寒假期中，跟我做研究的学生，除掉听讲外，有好几位是在那儿特别加油的进行研究。同时我把下学期的许多功课，很认真的在这里预备，连许多朋友的信都没有回了。对于本社，希望今年的年会，仍照旧议，到北平来开，并且希望全体社员到会。

胡先骕君：开岁应友人之招，至镇江及南京小住数日返平，最近曾被举为国际科学教授会副会长(代表中国)。去年秋间哈佛大学阿诺德森林植物院芮德教授曾发现安息香科一新属，称为胡氏木(*Huodendron*)。此属先后为胡君及陈焕镛君发现为新属，惟芮德教授发表较早，而胡君发现之新属芮德木(*Rehderodendron*)已发现至第八种云。

陈焕镛君：现兼任广西大学植物所所长，发现一豆科新属，将名为任氏木(*Zenia*)，以纪念理事长任叔永君多年为中国科学事业努力之功绩。

徐荫祺君：前任〔在〕美国康乃尔大学时，曾与该校昆虫学系主任尼登教授合编《蜉蝣生物学》(*The Biology of Mayflies*)一书，已于去岁年底由美国 Comstock Publishing Co. 出版。该书内容丰富，共分为内外形态、生态、产卵生活史、分类等项目。徐君现在从事研究中，蜉蝣目之分类约于本年六月中可在《北平博物杂志》中发表。徐君现任燕京大学生物系教授。

陈文君：近年创造成功"首尾号码排检法"，于上月上海社友会年宴时，将说明书分送各社友，凡阅其书者莫不推崇备至，以为陈君之方法甚为合理，可以解除许多困难。陈君说：汉字排检法这样东西，在普通的眼光里，是值不得什么研究的。但是一经着手，就有许多繁难的问题，经过了许多的时间，还不能解决。现在通行的，是部首制与号码制两种，部首制固然有许多编制得不对的地方，有许多一时查不出的字；但是所谓号码制里，那一时查不出的字还是很多，这本是曾经验过的事实，所以这两种方法，都不能算做好的方法。本人创造的“首尾号码排检法”是一种有部首有号码的方法，完全依科学的方法组成，居然就像一种科学的雏形。假使通行，科学思想定能深入民间，在本人一方面，当然是以为一种最好的方法。但是当局者迷，旁观者清，其中的坏处，是要旁观的人才看得出的。社友中如愿一读陈君说明书者，可向上海福煦路六四九号中国科学公司或宝山路宝兴里十九号陈君索取。

李俨君：近著《中算史论丛》第二册第三册，二十四年十二月由商务印书馆出版。查李君中算史著述由商务印书馆出版者，计有下列各著——(一)《中国数学小史》一册，(二)《中国数学大纲》上册一册，(三)《中算史论丛》(一)(二)(三)共三册，就《中国数学大纲》为本社“科学丛书”之一云。

李书田君：因服务国立北洋工学院即前国立北洋大学，而北洋大学实创立于前清光绪二一年即甲午中日之战之次年，迄去年十二月二日已满四十周年。北洋大学创立之始，即有土木工程、采矿冶金、机械工程三个工程学门，实为中国自办大学工程教育之始。李氏乃撰《四十年来之中国工程教育》一文，登载于本年一月份商务印书馆出版之《教育杂志》，对于我国四十年来工程教育之沿革及其现状，言之綦详。

黄友逢君：现就中央党部宣传部国际宣传处处长。

涂治君：通讯处现改为陕西武功农林专校。

张怀朴君：通讯处改为厦门大学。

彭光钦君：现在北平清华大学生物系供职。

鲁波君：近在永利铔厂任职，通讯处改为南京下关鲜鱼巷四十号，永利公司转铔厂。

陈雨苍君：通讯处为南京司法院法规委员会。

蒋锡智君：通讯处四川成都学道街高级工业学校。

陈宗贤君：来函云：径启者，现因中央防疫处移至南京办公，鄙人已迁至南京居住，所有社中刊物请即寄送南京黄浦路一号中央防疫处交鄙人查收无误，并祈在“社友消息栏”内代为刊登，不甚感激。

薛培元君：来函云：径启者，培云在此院长(河北省立农学院)职务业已交卸，即日归里。嗣后通讯地址请用“北平东城铁狮子胡同三十二号”，所有通知及刊物均寄此为便。

第54期　1936年4月18日

社友消息

赵燏黄君：通讯云：河北祁州(今之安国)为全国药材汇集之地，每年冬季十二月间，各地药商各携其道地品，开盛大之庙会(祁州南国有宋代相传之药王庙)于此。鄙人奉北平研究院研究国产生药之使命，已赴祁实地调查，采得六百余种之国药而归。研究报告第一集下月可以出版，题为《祁州药材之调查及其初步之观察》，内容概括菊科及桔梗科产出之药材，附精密之照片六十余幅，留心斯学者不难按图索骥。此报告计分十二集而全部成功，其主要之目的，在解决国药之基本问题(即原植物问题)。待基本问题略有头绪，再继续研究其供药部分之组织学。至于国药之化学及药理问题，实先有待于本问题之提前研究也。

陈宗南君：来函云：径启者，自本社《科学画报》出版以来，备受社会欢迎，国内一般中小学生获益匪浅，此皆兄等努力撰述之功，无任钦佩。弟忆及年前曾投稿两次，但因事忙，未能继续，曷深抱歉。兹弟拟继稚晖老先生之后，捐助"画报"出版费国币五十元，藉资提倡，尚希代为缴上是幸。三月二十五日。

尤寅照君：通讯云：本人以历年在外奔波，且事务繁琐，致多年未付社费，至引为歉。兹已决计加入永久社员，……本人民二十二年冬奉铁道部调派，随同瑞典地理家斯文赫定察勘由绥远经内蒙至新疆公路，沿途履勘路面状况，预计修筑费用，测候气象，绘制地图。抵新疆时，值盛马之战，数经危难，至民二十三冬方出新省，经甘陕两省，顺勘兰新路线。二十四春返京，缮具报告，计历行程一五四四四公里。日内将赴四川建筑铁路。

窦维廉君(W. H. Adolph)：自美国来函云：本人将于四月间返北平，通讯处燕京大学。

朱汉爵君：来函云：弟原名为权，嗣见争权夺利者众，故改名为德和，但亲友知者不多，转感不便，以是仍用原名权字，希在社员条上改正为荷。

陈延炆君：现已调职在南京铁道部办事，住所在南京中山北路六九八号。

许振英君：通讯处改为中央大学农学院。

张纳川君：现住上海赵主教路八十号。

李先闻君：通讯处改为武昌武汉大学。

杨春洲君：通讯处改为日本东京淀桥区下落合一四四五三秋方。

涂治君：通讯处改为陕西武功西北农林专科学校教务处。

刘肇龙君：现任委员长行营第二厅专员，住重庆黄土坡二号。

郝象吾君：现任河南大学农学院院长。

卞彭君：通讯处为武昌华中大学。

刘淑兰君：通讯处改为重庆大学徐崇林先生转。

朱耀芳君：已迁居广州市东山保路九号楼下。

李俨君：通讯处改为西安陇海铁路西段工程局工务课。

第55期　1936年6月3日

社友消息

王季梁君：近由美国来函云：研究工作业已告一段落，决于五月间赴欧洲各处考察科学及工业状况，即行返国，大概于七月间，即可抵沪也。闻浙大、川大均以电聘王君，近据王夫人云似以就浙大之成分较多。

罗河君：近著《联立一次方程式之几何》，已于本年三月由商务印书馆出版。此书内容完全系著者一人研究之结果，其目的在说明以直边圆规解联立一次方程式之各种方法。本书共论方法五种，均以纯粹几何方法决定方程式之各报。惟决定各报之手续则各有不同，其变化之多竟非代数法所可比拟。如在某一法中未知量可每次消去两个，又在另一法中各未知量之值尚未求得而其总和反可首先决定。此在几何学中固属别开生面，各法尤可演为分析而成新的代数解法。罗君最近除授课外，更从事编著《共线图解》一书。按共线图解即英文所谓 Nomogram，为应用算学中新兴之一支，欧美久有专书论之，而国内尚无系统之介绍。预计本年秋间即可脱稿云。

竺可桢君：自就浙大校长后，常川驻校，振〔整〕顿不遗余力，全校师生，精神为之一振云。

方子卫君：现已由国营招商局调任欧亚航空公司工程师职，最近工作为设计指导装设各飞机及沿线各站无线电定向仪及发射机等。该公司上海龙华飞行港新建机棚房屋，不久即可竣工云。方君现仍居住上海姚主教路三二〇号。

欧阳藻君：自美国来函云：本人即将回国，以后一切函件，由南京金陵女子文理学院鲁淑音女士(亦系社员)收转。

周仁君：于上月下旬专赴江西景德镇考察窑业，摄影甚多，其中一部分将在《科学画报》发表云。

任鸿隽君：于上月下旬由川飞沪聘请教授，曾赴杭州及北平一行，定八月间再行出川，出席本届年会云。

李书田君：前著《四十年来之中国工程教育》一文，业刊载于《教育杂志》本年新年特大号即第二十六卷第一号。近鉴于本社在较小城市如苏州等已早有社友会之组织，即甚远城市如成都近亦有社友会之组织，特连〔联〕合在津社友杨绍曾、张洪沅、魏元光、何之泰等从事组织天津社友会，业已成立。

周尧君：将于六月二十六日乘Conte Verde号赴意大利罗马大学研究院研习昆虫学，通讯处中国公使馆转。

顾升禄君：通讯处改为重庆菜园坝浓华油漆印墨工厂。

唐寿源(凌阁)君：现迁居上海静安寺路一〇二五弄五十三号。

尤寅照君：业已由津迁京，在铁道部新路建设委员会任职，寓南京石板桥板桥新村十八号，惟不日将入川一行云。

杨荫庆君：通讯处北平前内小四眼井十号。

程燿〔耀〕椿君：[字]子茂，现住广州东皋大道智兴街四号蜇庐。

章元善君：自任实业部合作司后，最近通讯处改为南京中正路程阁老巷三十一号。

朱权君：原名为汉爵，最近通讯处为四川自流井运使公署。

蔡宾牟君：永久住址现改为宁波尚书街一〇五号。

赵承嘏君：业已迁寓上海福开森路三九五号。

薛培元君：现转任教育部高等教育司科长职，通讯处南京教育部。

孙英选君：近著一《保护鸟图说》，正在烟台印刷，五月终印完。

张伟如君：近奉令入川，在重庆筹设重庆检验分处，业于三月四日成立。由四川输出之桐油、猪铁〔鬃〕、牛羊皮皆经实施检验。处址设在重庆三圣殿重民里。

第56期　1936年9月20日

社友消息

施白南君：已由川返平，现在静生生物调查所将川中年来采集之动物标本〈来〉做些整理工作，最近期间恐难回川。通讯处为北平养蜂夹道静生生物调查所。

张肇骞君：因两粤出师抗日，各校均提前放假，现已东返。其通讯处暂为温州瓯海医院张景飞先生处转。

谭友岑君：现任南京建设委员会首都电厂营业课长兼勾〔句〕容分厂主任，近著有《电厂经营法》一书，由南京正中书局印行。

李书田君：近被中国工程师学会执行部推选，代表该会出席本年九月初旬在美京华盛顿举行之世界动力会议及巨坝会议之联合会议。上次第二次世界动力会议在东京举行时，李君亦曾代表中国工程学会及建筑委员会前往。又我国电机、机械、矿冶、化工等专科工程学会均已成立，上次在杭州举行〈在〉工程学术团体联合会时，李君特联合土木工程同志，发起组织中国土木工程师学会，业于五月二十四日成立，会长为夏光宇、副会长为李书田与沈怡两君云。

谢家荣君：专任北京大学教授兼地质调查所矿床地质研究事务，通讯处仍为北平西城兵马司九号或北京大学地质馆。又中国地质学会自本年起发行一中文双月刊，名曰《地质论评》，谢君为主任编译，已出三期，其第三期为"丁文江先生纪念号"，扩大篇幅，增加材料，零售每册仍为四角，预定全年连邮二元，学生八折，该会会员则全年仅收一元云。

魏寿昆君：接其由阿痕城来信，已于七月底乘意船回国，通讯处改寄天津国立北洋工学院转云。

张绍忠君：通讯处改为浙江杭州刀茅巷十八号。

李庆麟君：今年二月来京任中央土地专门委员会委员，仍兼天津南开大学经济研究所研究指导，每月赴津一次。最近通讯处改为南京鼓楼双龙巷梧村一号。

熊大仕君：通讯处改为四川成都南门外浆洗上街八十六号。

张延祥君：通讯处南京水晶台资源委员会电气室。

杨季璠君：十月一日起移居愚园路俭德坊四十六号。

孙宝墀君：通讯处为重庆新街口美丰银行大楼成渝铁路工程局。

周尧君：已于六月间出国，赴意大利留学，其国内通讯处现改上海四马路望平街东华里十四号转。

宋春舫君：前患咯血甚剧，仍在青岛养病。病中仍以写剧为消遣，最近发表《五里雾中》及《原来是梦》两剧，并整理其数年来之论文，汇印五巨册，名为《褐木庐戏剧论文集》（一至五集），每册约十万余言，将由商务印书馆承印。此空后之巨著出版后于戏剧界上必有相当之贡献云。

吴功贤君：现已离平赴英留学，其在英国之通讯处如下：Mr. Kon-Shing Wu, c/o Chinese Embassy, 49 Portland Place, London。

戴述古君：于去年九月赴西康考察社会状况及人民之口腔病症，因所得之根据不足，故尚未发表。今年二月转川，四月来桂，现任广西省省立医学院齿科主任。

胡竟铭君：新奉铁道部调派为四川重庆成渝铁路工程司〔师〕，通讯处为重庆美丰银行五楼成渝铁路工程局。

尤寅照君：现供职成渝铁路工程局，通讯处四川重庆新街口美丰大楼。

江超西君：通讯处改为成都文庙街孟家巷一号。

范谦衷君：现任南京金陵大学动物系教授，近于教课之暇，以个人经济能力创办谦衷生物科学材料社，作促进生物科学教学之辅助。现出品有切片、玻片、标本、生物学模型挂图及各种标本等，并编订《生物科学杂志》，现已出版二期（全年四册预订一元），欢迎社友采用及订阅。社址通讯处为南京汉口路十九号云。

张和岑君：原任苏州东吴大学生物系主任，去年复兼任该校生物材料处主任之职。视事以来，对内部整顿不遗余力，并由该校生物系诸教授之通力合作，审检之严密，管理之完善，实无出其右者，故该处出品颇为精良。复于原有标本之外，推陈出新，如体素学玻片及透明标本等增添极多，更有注射解剖标本之制作，可称为该处独创，即国外生物材料供给机关尚无是项出品。近来标本供给之激增，足证张君提倡生物学教育之努力云。

张其昀君：通讯处杭州大学路浙江大学史地系转。

顾世楫君：已辞去江苏建设厅校〔技〕正职务，于本秋起担任杭州之江文理学院教授之职。

葛成慧君：通讯处改为南京珠江路四十四号。

陶心治君：通讯处改为松江东门内二三五四号。

杨世才君：通讯处改为重庆售珠市重庆书店。

徐兆瑞君：通讯处改为重庆陕西街赣江中学转。

彭旭虎君：通讯处改为南京双井巷十四号杨尧羽君转交。

彭先荫君：通讯处已改至扬州韦家井八号。

盛玫君：通讯处现改为南京城北蓁巷三号之二。

何增禄君：本学期起仍回杭州，任浙江大学物理学系教职。

金咸珩君：现迁至霞嘴路一八八六路〔号〕。

路敏行君：现迁居沪闵路蔷薇园新村C字十一号。

衷至纯君：现已由北平取道东三省，经苏俄以达柏林留学。国内通讯处为北平西直门内火药局二号刘颖君收转。

程燿〔耀〕椿君：通讯处现改至杭州市华藏寺巷内华藏里十五号。

崔宗埙君：现迁君〔至〕南京大光路利业村二号。

唐钺君：现移居南京成贤街七十六号。

徐崇林君：通讯处改为重庆菜园坝浓华油漆印墨厂。

刘淑兰君：通讯处改至四川长寿中学。

曹凤山君：刻已脱离暨南大学，改就上海交通大学电机工程学院教职。

闻诗君：本学年在四川省立重庆大学担任教职。

陈邦杰君：已于八月底赴德国留学，其通讯处如下：Herrn P. C. Chen, c/o Herrn Yin-Chien Wu, Charlottenburg-Berlin, Kantstr. 12III, By Tsrchka, Berlin, Germany。

何文俊君：由美国来信，略谓自去夏来多伦多大学后，每日忙于研究工作，除于《科学》中得知国内学术消息外，余则甚形隔膜，今夏乘暑中之便，复来爱沃华农科学院研究。此间研究院同学有志愿加入本社者甚多，敬希赐寄入社愿书十份，以便介绍云。何君在美通讯处如下：Wen-Chun Ho, Department of Botany, Iowa State College, Ames, Iowa。

黎照寰君：曩在美国夏佛福大学毕业，前年夏大百周纪念，曾拟赠以名誉博士学位，惟黎君因交通大学校务纷繁，未能行。本年该校曾函达黎氏，已赠给名誉博士学位，闻此项办法，在夏大实不多观云。

王琎君：已于今夏返国，现应四川大学之聘，业于八月初赴成都矣。其上海寓所为沪闵路蔷薇园新村N字二十号。

萧纯锦君：字叔䌹，现在住址为南昌新宅区二纬路三十三号，新近兼任江西工商管理处长。该处系遵照省政府组织法，各省于建设厅之外，对于重要事业得设专管机关之规定而创立，将该省原属建设厅内有关工商之事务及附属机关悉划归掌管。江西当……之后，百业凋敝，民生困窘，对于产业之整理救济运销，金融之便利以及需供之调整，进出口之平衡，皆须有专管负责机关为之区处擘划。工商管理处之创设即由于此。江西近年以来，百废俱举，进步颇速，而交通之便利，行政效率之特高，已渐为全国各方所注意。以后本社同人，对于江西工商原料制品有所调查研究，工商事业有所筹划创建，皆可与萧君接洽。萧君以负责之地位，自能尽量给予便利，期目的之实现也。

孙克铭君：服务于烟台电报局，近编成《无线电考试问题解答》一书，系积多时业余辛勤，参考西籍多种，斟酌国内实情编集而成。都二十余万言，正文计分十二章、五四五题、一一六图，凡有关无线电之问题，如普通学理、发报机学理应用、无线电与收讯机测向、蓄电池、电动发电机、整流器、无线与周率测量、公约法规、短波广播等无线电话及航空无线电等，……均已蒐〔搜〕集殆尽，可谓包罗万象。附录五种，计分二十余目，各种有价值之参考表均应有尽有。此外又添入最详尽之缩语表及国内试题汇等，尤为附录中之特色。该书现由上海劳合路七十七路中雍无线电机厂总经售，实价二元，外埠另加挂号邮资一角三分云。

刘淦芝君：现由苏州迁至南京常府街城左营金谷村三号。

朱炳海君：自本年始改任中央大学气象学讲师之职，通讯处改为中央大学地理学系。

陈燕山君：业于今秋自美经欧返国，现在北平前赵家楼二号河北省棉产改进会供职。

许业贵君：通讯处改至河南淮阳农林学校。

岳尚忠君：在美留学，其通讯处如下：Raymond S. D. Yoh, 860 Ackerman Ave., Syracuse, New York, U. S. A.。

第57期　1936年11月20日

社友消息

吴承洛君：于此次参加北平年会以前，曾在山西接洽推行新制事宜。查晋省新制早已公用民用自由推行，显有成绩。现经议决由政府强制民间一律采用市制，并加选学员若干人至中央训练，回省主办，全省各县限于一年内彻底划一。年会后即赴大同，游览云岗，再转绥远、归绥、萨拉齐等县，至包头视察，该省新制推行成绩为北方各省之冠。旋飞至宁夏、甘肃、青海、陕西各省视察，推行均有五成以上。同时考察工业建设事宜，并蒙藏各族风土人情，以期新制之普及。此行经两月有余，始于双十节前返京云。

姜立夫君：曾于十月十五日在上海新亚酒店与胡芷华女士举行婚礼，姜君现〈任〉在天津南开大学讲学。

张云君：在广州国立中山大学连任天文学教授达十一年。民十六年于校内倡建天文台，十八年夏完成，为天文数学系员生研究及实习之用。今年暑假后，中山大学由广州市内全部迁石牌，天文台亦在被迁之列。关于新台建筑，仍由张君计划及指导，已于今年七月间兴工，现方督促工程，希望于明春可以落成。年来张君除授课及天文建筑事业之外，并主持该天文台两月刊之发行(现已出至第七卷)，并著有《普通天文学》一书(民国二十二年十二月在中山大学出版〈部〉)。最近复著有《高等天文学》一书，凡十余万言，已于今年八月由商务印书馆出版云。

胡刚复君：在暑期内曾患伤寒症甚剧，病卧两三月，吉人天相，业已康复，并已赴杭就浙大文理学院院长之职，照常视事矣。

梅光迪君：久在美国哈佛大学讲学，近经浙大竺校长邀聘，业已返国，现在浙大授课。

任鸿隽君：因川大建筑校舍事飞京，曾与其夫人陈衡哲女士抽暇赴杭一游。

马心仪女士：自本学期起就任广州中山大学教职，所任功课为《植物生理学》及《细菌学》，甚形忙碌。女士因不惯南方气候，身体不甚健适云。通讯处广州东山寺贝通津十五号。

徐渊摩君：于本月中旬初获弄璋之喜。

辛树帜君：现任陕西武功西北农林专科学校校长，曾于本月初偕社友陈可忠、涂治二君赴上海公干，并来本社明复图书馆参观一周。

许应期君：任中央大学电机系主任四年，本年暑假后改任上海建设委员会电机制造厂厂长。惟因中央大学不许遽予脱离，故暂作请假云。建筑厂出品为马达、方棚、收发报机、广播机电池等项，厂址在上海半淞园路六百五十号(电话八三〇九八)，现住亚尔培路亚尔培坊二十三号(电话七〇九七三)。

倪中方君：已离开广州岭南大学，于本秋起担任长沙湖南大学教授之职。通讯处改为湖南长沙湖南大学心理实验室。

戴志昂君：刻在交通部技术官室服务，业由蓝家庄丁绪宝先生寓所迁至归云堂宏□村三十三号居住。

邹明初君：专任国立北平大学教授兼农学院秘书，通讯处为北平大学农学院教职员宿舍。最近有一英文著作名《世界大战后列强在远东外交之经济背境〔景〕》(*Economic Back-Ground of Modern Diplomacy of the Great Powers in the Far East Since the World War*)，对于英美日俄德法意诸强国在远东外交的经济背境〔景〕，分析极详，约十余万言，现正在印刷中，不久即可出版，当寄赠社中并请指正。至对社务之建议，则个人以为本社为出版印刷之便利计，似宜创办一大规模之新式印刷所，以供本社之用，且以鼓励各社员热心从事著作。又鉴于经济关系在国际上之重要，特同此间学界同人与社友等发起“中国国际经济关系学会”之组织，以谋文化发展与本社合作，使为本社之友会云。

谨按：本社已有中国科学图书仪器公司之创立，资本十万元，除本社基金投资三万元外，其余均出社友分任。自民国十八年开办以来，以印刷为主要业务，营业蒸蒸日上，在上海极著信誉。除便利本社出版物外，其他出版品亦不少。社友中如有易于推销之佳著，该公司甚欢迎代为印行也(编者志)。

李俨君：本年应商务印书馆之约，编成《中国算学史》一书，共分十章一百零二节，约十万言。内容多附插图，并收入最新史料，已于九月写就，交由该馆印行，不久即可出版。李君关于中算史著之单行本，尚有《中国数学大纲》上册、《中国算学小史》《中算史论丛》第一二三册，各书均由商务印书馆出版云。

曾义宇君：因由重庆迁到成都之四川工业试验所停办，仍返重庆大学教书，其已开始之川产药材研究工作，亦在该校继续进行。近接到巴黎医学会国家通讯员 Dr. A. Leprince 所著《反射疗学》(*Traite de reflerotherapie*)一书，述及巴斯德学院注射 Entero-antigenes 之结果与吾国针灸疗(acupuncture)者相类，又美国 Wetterwald 之神经带与吾国铜人针灸穴道之对照图，颇多暗合，与重庆科学针灸研究所数年来之结果，亦颇多互证之处，特为译出以供国人发展新医学与整理旧医学之参考，现已脱稿，在付印中。

又重庆社友会，因社友等行踪不定，久未开会，现拟于新年约同中国工程师学会分会及中国化学会分会，举行聚餐以共商推进地方之科学事业云。

杨振声君：现住北平西斜街甲五五号。

方俊君：移居南京蓝家庄二十四号。

程延庆君：通讯处北平北平大学女子文理学院。

王恭睦君：通讯处陕西武功张岗国立西北农林专科学校教务处。

周同庆君：现在南京中央大学物理系任教职。

陈忠杰君：迁居上海法租界李梅路松柏里六号。

唐仰虞君：已脱离河南焦作工学院，现在安庆安徽大学化学系服务。

张国藩君：现在上海沪江大学任职。

高君珊女士：迁居南京颐和路十七号。

李书田君：近赴西安出席中国水利工程学会第六届年会，会后参观渭惠渠、泾惠渠、洛惠渠等工程，并到国立西北农林专科学校及陕西同州师范等处讲演。

萧世永君：通讯处广州市豪贤路豪园第一号三楼李文光君收转。

崔宗埙君：现在福建厦门大学任教职。

胡品元君：通讯处南京铁汤池全国经济委员会或南京土街口寿康里七号。

丁求真君：近编《卫生学纲要》一书，内包括水、空气、衣服、食物、居住、传染病预防法、消毒法、废弃物除去法、身机检查法、卫生调查、各国卫生行政制度等编，由杭州福民路浙江省立医药专科学校出版。

刘鹤晃君：寓南昌廉让里三十五号。

沈良骅君：迁居上海中山路大夏新村六十号。

何育杰君：通讯处南京新住宅区颐和路二十三号陈宅收转。

汪敷升君：通讯处浙江余姚马堰合作棉场。

蔡诵芬君：自民国十八年八月就任浙江省温岭县立初级中学校长之职，迄今已历七年，仍任斯职。现校中共有学生(初中三班，简师一班)四班计一七四人，教职员十二人，本人兼任算学。校中因经费有限，对图书仪器设备，尚欠充实。本学期已呈准浙江省教育厅补助半费，购买物理仪器一套。最近成立青年团直辖中队加紧童子军训练。校内男生约占三分之二，女生约占三分之一。毕业生升学者约占半数，其余大多任小学教师为唯一出路，故自本学期已添办一班四年期之简易师范矣。

第58期　1937年1月20日①

社友消息

李协君：自陕变突发，各方对于陕中友人，莫不忧虑。近接李仪祉先生由西安来函，兹摘录如下：去年十二月十二日之前，弟尚在渭惠渠视工，回省中途被阻两星期，诚如梦境。幸全家讬〔托〕庇平安。渭渠十五日放水，虽无要人参加而仍依序进行，沿渠百余里男女老幼如市，锣鼓鞭炮之声，自朝至夕不绝，各大村镇俱搭台唱大戏，百姓热烈之情绪，为向所未见，而此时亦即全国人民陷于沉闷之时也。现渠工仍照常继续前进，古人云功成身退，三渠完全告成，亦即弟退隐之日也。尔时或山中著述或从吾兄之后教育青年，尚有许多水利工程，吾诸弟子可尤为之云云。

李俨君：驻在西潼铁路工次，其寓所与李仪祉君住宅为前后邻居。闻当西安事变时，遭乱兵抢劫，而仪祉君住宅则未被光顾，亦云有幸有不幸也。

寿天章君：现在兰州任甘宁电政局局长，在西安事变中，兰州亦甚混乱，南中友人颇以寿君为虑。但元旦日社中曾接渠自兰州发来贺年电，知渠安好。沪友曾发一航空信致彼，询问一切，但迄今二星期并无复信。

蔡子民先生：前患肠病甚剧，各方莫不关怀备至。吉人天相，业已日渐康复。惟大病之后，亟需静养，故日来尚未能见客也。

刘君谔女士：自民国二十二年秋季起，专事研究桑树蛀虫。其所研究第一种桑蛀虫经英美法三国国家博物院内专家详加检查后，确定之为亮翅蛾科 *Paradoxecia* 属内之一新种。刘女士已定其学名为 *Paradoxecia* Pielin.sp.。此桑蛀虫之英文形态论文已于二十四

---

① 该期刊行时标明“第59期”，出版时间为“1936年1月20日”。第57期刊行时间为1936年11月20日，比该第59期的刊行还晚整整十个月，故该第59期的期号与刊行时间都有误。据1937年3月20日刊行的第59期最后“更正”说，正常刊行的第58期被手民误植为第59期，于是出现了两个第59期。可见，该第59期实为第58期，时间上从正常刊行看，也应是1937年1月20日。另据社友消息内容中有西安事变的爆发，也可推知时间为1937年。

年十二月在上海震旦博物院之 *Notes d'Entomologie Chinoise* 二卷十期内发表。其生活史及防治法之初步报告乃用中文发表而冠以英文摘要。以上两种论文已由《科学》二十卷五期、《昆虫与植病》四卷六期又七—九期及英国国家博物院月刊 *The Review of Applied Entomology* Series A, Vol. 24, p.287 (May, 1936)摘要介绍。且闻美国国家博物馆内亮翅蛾专家 Dr. C. Heinrich 函称,该院月刊 *Proceedings of Washington Entomological Society* 冬季出版时即欲提前为之介绍。按此种桑蛀虫*Paradoxecia* Pieli 虽为一年一化,但其幼虫及蛹时期共长约十一阅月之久,均进行于活桑枝内。故研究其年龄、习性以及幼虫、蛹、准蛹,及越冬各时期之长短非常困难。刘女士曾用去两年工夫潜心设计,坚忍进行,不避艰辛,卒得遂其愿,一一查明。英国国家博物院内亮翅蛾科专家 Mr. H. Stringer 接到以上两种论文后,曾致函刘女士云:I must congratulate you on the excellent way you have produced these papers which must have cost you much time and patience, and I should be glad if all authors followed your example……云云,可谓知音之言矣。刘女士所研究之他种桑蛀虫计有天牛科四种。其中以 *Pascothea hilaris* Pasco.为廿五年主要工作,其余三种为附带研究者。以上天牛科材料多半采自上海中国合众桑蚕改良会桑园内。渠商得该会主任何尚平博士之慨允,于二十五年三月及五月共在该桑园内,采得被害桑枝三十余枝(枝径约一至三寸)。每枝锯为二或三段,每段皮下及木质内有幼虫数条至十数条。材料丰富,进行顺利,故结果颇为满意。其第二代之幼虫,移植于震旦博物院内活桑树之枝内者已于十月内先后越冬,但其饲育于实验室内者,则至十二月下旬尚未完全停止活动,至十二月二十五日在枝内蜕皮者尚有之,故检查工作虽在冬季并未□多松也。其研究报告亦在预备中。刘女士现在通讯处为上海赵主教路华邨三号。

任鸿隽君:于昨日由成都飞沪,今日赴京转平。

陶翼圣君:去年伏假前在河南水工专校教书,六月间接到湖北钟祥遥隄善后工程委员会电,率领学生廿五人到工协助。七月初遥隄堵口没有成功,学生们也回校去了。我个人被委员会留下担任工务主任的职务,下半年便一直在沙港工次——钟祥的一个乡村——做事。十一月廿日遥隄断流坝堵口成功,现在正赶修未完堤段,预计一月底可以告竣。委员会结束,我往什么地方去现在还没有想到,凡给我的函件请寄到开封水利工程专科学校。

申雪琴君：于去年秋已转入重庆民生公司船务处服务。

黄昌穀君：现在广州国立中山大学工学院。

刘淦芝君：现在南京孝陵卫中央农业实验所供职。

邓福培君：现迁居上海麦特赫司脱路二二七弄十六号。

马君武君：现住上海迈尔西爱路三十四号。

唐文悌君：通讯处改为陕西潼关黄河桥工程处。

蔡乐生君：现任北平国立师范大学教育学院教授。

张绍忠君：去年暑假回任杭州国立浙江大学物理学系主任职。家庭多故，七月丧弟，八月丧兄，十一月丧妹，不及五月同胞三丧，精神痛苦，身体过劳，故妹丧甫毕，即卧病，现渐复原。

陆寿仁君：迁居松江城内南内路四号。

臧玉淦君：已由美返国，现就北平清华大学心理学系教职。

陈忠杰君：现迁居至上海成都路二百七十七号。

陈雨苍君：现在上海格罗希路五十弄十八号。所著初中卫生教科[书]及乡村师范卫生教科书已由正中书局出版，现正起草师范卫生教科书，预订今春可以脱稿。

张春霖君：新著《脊椎动物分类学》一册，全书十二万余言，多采中国材料，插图百余面。乃张君近年在北京大学、师范大学担任脊椎动物分类学之讲稿，故最适宜于大学学生及中学教员参考用。定价二元四角，邮费一角五分，代售处北平文津街三号静生生物调查所。

李良庆君：任职北平静生生物调查所植物标本室主任兼藻类技师。今年除所中工作外，兼任中国植物学会评议员及书记，会中刊物《中国植物学杂志》及《中国植物汇报》皆由李君担任干事编辑。

魏嵒寿君：近于中国酒精厂工作之暇，编就《化学方程式》一书，颇为新颖别致。左页列化学物之简单说明，右页排列方程式，两相对照，对于一切化学变化了如指掌。原为中学校学生及自修化学者而作。每册实价五角，由上海中国科学公司发行。

周子竞君：于本月十二日赴江西景德镇计划制瓷工业，约半月返沪云。

顾鼎梅君：昔年访碑河朔，曾发见各金石书所未见汉魏齐隋唐宋金元碑刻七百余种，均毡拓全文，存诸行箧。年来湖滨栖隐，闭户著书，已将碑文加以整理，名曰《河朔金石文字新编》，厘为十四卷，明春可以定稿，再付手民，洵讲求大〔太〕行山脉考古家所宜参阅者也。

朱纪勋君：于二十四年秋季辞去金陵大学动物学教职后，就任南京军医学校生物学及生理学教授。兹决于二十六年一月赴北平协和医学院解剖系继续研究神经解剖学，以后我社来件请径寄北平协和为荷。

彭先荫君：自广西大学改组后，即接国立暨南大学之聘，任该校理学院数学系专任讲师，现授微分方程、近世几何、非欧几何等学程。

袁翰青君：最近代中国化学会编辑一种刊物名《化学通讯》，为半月刊，一年二十四期为一卷。该刊专载各地化学消息，本只赠该会会员，后因会外人士函索颇多，决自第二卷第一期起(二十六年一月一日出版)定价出售，每卷连邮费一元(二卷一期为日本化学情报专号)。

张延祥君：最近编制《工程单位精密换算表》一大张，为工程设计之良好参考图表，可钉在墙上，由上海南京路大陆商场五楼中国工程师学会印行，每二张定价一角。张君又印有民国二十六年《工程年历》一种，欢迎社友函索，通讯处为南京水晶台资源委员会转。张君不称“日历表”而称“年历”，表中不称星期日而称星期，意义甚长，将提倡推行云。

孙文青君：自二十四年十一月丁外艰后，即到河南博物馆任保管部主任，督造该馆碑林一坐。二十五年三月改任研究员，整理馆藏石刻，计在近年编有《(河南博物)馆藏石刻报告》一册约三十万言，《馆藏石刻目录提要》一卷约十万言，《馆藏墓志图录》七卷约五十万言。现正分别缮校中，并积极接洽出版处。历年所集中算书目十四卷，初稿亦于去年完成，惟此书包罗太广，河南藏书有限，将来校补，仍尚须时日。现正研究新石器时代中国民族迁徙问题，大概则以近年国内科学发掘之研究，参以中国古史之传说。谓传说中之五帝时代当在新石中期，夏代当在新石晚期，商代当在石铜过渡期。并谓商族在新石中期即自陕南经豫南皖北豫东而达鲁西，且为黑陶文化之代表者。

陈宗蓥君：近兼前敌总司令部军医处，移驻洛阳国民政府内。通信处仍由开封陆军医院转。

裴益祥君：现由安徽迁至湖南长沙湘雅路大王家一号。

梧州社友会消息

本社梧州社友会自去秋两广政变后，该会职员已全体离梧，社友亦星散，是以会务无形停顿。今幸承黎宗辅君函告，始获近况，兹将各社友通讯处照录如次：

盘珠祁：梧州广西大学农学院。

裘献尊：梧州广西大学理工学院。

李运华：西大理工学院。

黎宗辅：梧州广西大学农学院。

赵玉昌：西大理工学院。

何玉昆：西大理工学院。

蔡树繁：西大理工学院。

时俊光：梧州思达医院。

陶心治：西大农学院。

黄锡九：西大理工学院。

蒋　纲：西大理工学院。

欧文炎：西大农学院。

杨溪如：西大理工学院。

钟济新：梧州广西大学植物研究所。

钟嘉文：西大理工学院。

黄荣汉：西大理工学院。

陈立卿：西大农学院黎宗辅转。

周百嘉：西大农学院。

苏汝淦：西大农学院。

蒋朝清：桂林西大第二附中学校。

夏兆龙：广西柳州庆云路生盛昌号转。

过昆源：同右〔上〕。

蒋宏汉：广西贵县县立中学。

唐国正：南宁科学集中实验所。

韦　谦：南宁化学试验所。

许维樑：同右〔上〕。

黄　瑶：广西荔浦中学。

黎焕森：梧州西大植物研究所钟济新转。

马名海：南宁气象所。

雷沛鸿：桂林省政府。

第59期　1937年3月20日

社友消息

黎照寰君：上月到杭州参加之江文理学院董事会经济委员会特别会议，顺道参观杭江桥工。后又赴京主持中山文化教育馆奖学委员会会议，顺道出席铁道部纪念周，演讲《培养专才定策与建设计划之关系》。

秦大钧君：北洋大学于机械系分普通机械及特别机械两组，特别机械组即航空机械组，于去秋开始成立，由本人主其事。过去四个月间，对于航空组各学年课程之订定及设备之添置，与人造风室之建筑，大体已规划就绪，尽本年暑假前，初步设备可以完成。其较大之建筑，如口径较大之风洞等，大约至今冬方能竣事。现有航空机械组学生最高级为三年级，计十四人，程度甚佳，且极用功，前途殊有希望。本人研究工作以课务设备所累，尚未开始进行，拟于假前对于空气动力学方面继续研究，于一年内有所成就发表，俾于中华教育文化基金会设置此讲座之原意相符。

秉农山君：于本月十八日偕川大校长任叔永氏飞赴成都讲学。

赵修鸿君：自美国支加哥大学得物理学博士回国后，继任上海圣约翰大学物理学系主任，对于光学、无线电课程新添不少，校中师生，互相研究，兴趣甚浓云。

邹明初君：现任国立北平大学农学院教授兼秘书，自二十五年十一月以来，代理院务。从事研究工作，同时不辍，于国际经济问题，尤倍感兴趣。刻正译述 Paul Einzig 所著 *World Finance Since 1914* 一书，系一九三五[年]出版，述叙世界财政自欧战以来之国际经济情况，颇能道其底蕴，不久即可完稿。并集约“中国国际关系学会”同人，决定发行《国际经济》刊物，刻正在商洽中。又个人对本社意见，当此国际问题日趋严重之时，似应特别提倡国际问题之研究，以贡献于国家社会。

寿振黄君：新著《河北鸟类志》由北平静生生物调查所出版。全书上下二巨册，共千余页，葛利普博士称之为中国自然科学界空前之巨作。今年休假，赴欧洲研究，通信处柏林大使馆转。

李书田君：近著《国内工程学术研究机关之鸟瞰》一文，业刊载于《国闻周报》本年新年特大号内。又著《中国四十年来之工程教育》一文，系用英文写成，登载于本年一月号之《中美工程师协会月刊》。又与郃光谟先生合译《学问道德和礼貌》一文，将登载于《教育杂志》。又中国土木工程师学会自本年一月起发行会务月报，李君已为撰长篇发刊词矣。

刘增冕君：近中编纂《民国二十六年济南气象历》一书，内容列载是年日序、曜次、干支、时令及逐日之日中平时，周年气压、温度、雨量之变迁值，气象要素、历年之标准平均，中国各地太阳出入时间表、行星现象摘要、天文常数表，颇足供参考之用。已由山东建设厅气象测候所印行，并函发各地测候机关。近又作《中华民国万岁历盘》，可供数千年检曜之用，商务印书馆拟准予采印。

范谦衷君：现任金陵大学动物学教授。以教余之暇，组织谦衷生物科学材料社，近制就生物学用模型多种，切合教学之用，如荷社友采用，极为欢迎。如需目录，函索即寄。又编辑之《生物科学杂志》，现已发行至二卷一期，全年四册，订费一元，欢迎订阅及介绍，通讯处南京汉口路十九号。

李之常君：于本年一月间由广州迁香港，寓西营盘高街第三十五号三楼。

葛成慧君：通讯处改至南京教育部医学教育委员会。

陈宗南君：自去年秋间粤局改组后，即辞去所任职务，改在浙江建设厅任职。但近接陈君来函通知，谓拟于本月底离杭返粤，住广州长塘街近圣里三号。

陈汉清君：现任启新洋灰公司南京办事处经理，该处在南京鼓楼车站十四号。再陈君素精法律，保障民权，现在仍兼执行其律师职务。

唐幼峰君：自宏育中学因经费支绌停办后，即改就重庆市警察局会计主任，现在通信处重庆罗家湾峰园。

郭履基君：由德来函，谓于本年二月中旬起程回国，国内通讯处俟返国后再行通知。

康清桂君：因病暂已离开国立编译馆，其固定通讯处改为南京(五)石钟路二十一号康宅。

上官尧登君：现已迁居南京萧公庙二〇二号。

宋焨章君：通讯处改为南京中央大学。

刘淑兰君：通讯处改为重庆省立高工校。

祝绍祖君：通讯处改为广西西容县金珠街廿四军军医院。

何之泰君：通讯处改为杭州浙江省水利局。

张延祥君：南京住址已迁至上海路北秀村六号，最近为中国工程师学会编辑民国二十六年第一版《中国工程记数录》，内全系数字（DATA），分铁道、公路、水利、电力、电信、机械、航空、矿冶、化工、教育、杂项、附录十二类，共二百页，十六开本，为参考设计有用之资料，定价每册六角，邮费每册五分，由上海南京路大陆商场中国工程师学会发售，上海福煦路中国科学图书公司亦有寄售。

第60期　1937年5月20日

社友消息

张云君：四月初旬代表广州市气象台及国立中山大学赴京出席全国气象机关联席会议，会议毕后即已返粤，现方主持中山大学新天文台之建筑，颇为忙碌。查中山大学天文台已于民国十九年成立，七载以还，所做工作已博得国内外学术界之认识。自去夏中山大学全部迁往石牌后，天文台亦同时计划重新建筑于石牌新校山岗上。此新天文台较旧台为大，且内容拟大加扩充，以图发展，大约今年暑假中工程竣工后，可完全迁入云。

严济慈君：将于本月廿九由沪乘轮出国，参加国际联盟文化合作第二次大会及第十九次各国协会联合会，会后拟留欧美读书一年云。

张洪沅君：近接在美社员阮传哲先生来函，对于《科学》纸张主张采用上等纸，弟亦有此同感。按现时所用纸已较两年以前者为佳，不知可否再进一步，采用更佳纸料，惟不知每年所费将增几何耳。附上阮君英文原函(函略)。

编者按：现在《科学》用纸为次号道林纸，若改用正号，照现市价每令约增六元，每年用一百八十令约增一千一百元。

王孝华君：自去年九月起改在柏林中华民国驻德大使馆商务专员办公处服务，其通讯处如下：Hsiauhua Wang, Handelsabteilung der Chinesis chen Botschaft, Kurfuerst endamm 54/55, Berlin W 15, Germany。

吴绍熙君：现著有《心理学纲要》一书，在中华书局出版，内容系采发展的观点，不落行为派心理学的机械观点的窠臼。又近撰《学习之大脑机构》一文，系用日文写成，将在日本心理学杂志上发表。其通信处为东京本乡区西片町十、十二、十三松野方。

李秋谷君：现在在日本东京帝国大学理学部化学科研究X射线分析及分光分析，颇欲得国内含稀罕元素之矿物以供研究，社友中如有此项材料寄与李君，万分感谢。通信处即该校理学部。

李书田君：近被举为中美工程师协会会长，任期一九三七至一九三八年。与国内其他九水利专家李仪祉、张含英、徐世大、郑肇经、汪胡桢、须恺、宋希尚、孙辅世、黄谦益等所著《中国水利问题》一书，凡五百余页，业经商务印书馆于四月十四日出版，售价每部叁元。又近为《经世半月刊》撰文两篇，其一为《卫生人才与国民经济建设运动》，其二为《民元以还教育行政中枢当局之递嬗》。

李俨君：李俨近著《中国算学史》为"中国文化史丛书"之一，今已出版。该书多附插图，其中有一二刊误之处，已由作者举出，将于二版订正。出版处为商务印书馆。

李君并辑有《中算史论丛》(一)(二)(三)三册，前已由商务印书馆出版，其第四册近亦交印，不日即可出版。此册收有《近代中算著述记》一篇，收罗清代算家凡五五七人，著作品凡一千一百四十八种云。

黄昌穀君：二年来在国立中山大学任教授，前著有《三民主义之科学性》及《钢铁金相学》，已由国立中山大学出版。近将前著《钢铁金相学》二章增加材料，扩充为二十章，包含显微相片及曲线图画五十余幅，文字约十五万言，为学校工厂中金属材料科超前绝好的教科书与参考书，不日出版，以供同好。

曹元宇君：新著《定量分析化学》，约四十万言，已交上海商务印书馆排印。又译Engelder, Dunkelberger & Schiller著《半微定性分析》，初稿已成。曹君近信仰佛教，茹素念经，余事为画，一变向来之雄浑而为淡雅矣。

张又新君：本人近写《西洋城市进化小史》，暑假可以完成，内容起自上古迄于现代，详叙西亚及欧非美等古今各大城兴衰存废之缘由，为讲市政学与市政设计者最重要之参考书。

徐厚孚君：现已迁居上海蒲石路四六六弄四号。

李振翩君：现住南京新住宅第四区天同路二号。

葛天回君：通讯处现改至广州石牌国立中山大学工学院。

田世英君：现在江苏新浦财政部税警第四团。

李乐元君：已由四川中国西部科学院来京，借住珠江路水晶台地质调查所。

邓振光君：现在上海劳勃生路奇异安迪生电灯厂服务，寓居静安寺路金城别墅一五二一号三楼。

金邦正君：现移居上海海格路七十九号，办事处上海银行愚园路分行。

胡宣明君：寓居真如浦家阁一甲。

刘晋钰君：现在上海市殷行区闸北水电公司电厂。

黄震君：现已迁居河〔湖〕南衡山省立衡山乡村师范学校。

陈尧典君：现移寓广州河南素社新村太原别墅二楼。

曾义君：通讯处现在四川重庆磁器街六十二号重庆国医院。最近发明电针器，能疗治各种病症，颇为奇验云。

第61期 1937年7月20日

社友消息

郑万均君：本社生物研究所研究员，去年应四川建设厅之托，前往四川峨边调查森林，结果极佳。其所发现之森林，已由官商合办之中国木业公司从事开发。本年二月又往浙南，为温溪造纸厂调查龙泉杉木之森林，以为造纸原料之参考，就龙泉局部杉木林之测勘，可敷纸厂四十年原料之用。迩来实业部为调查国内森林资源，特组织湖南莽山森林调查团，邀请郑君为该团主任，已于七月十五日率团员八人，由京入湘工作。郑君定于八月底前先行返京，将于九月中赴欧研究木学及森林学云。

李永振君：[字]鹭宾，自柏林来函云，于上年正月辞去南通学院农科教务，前往美国研究棉花运销及农业金融，本年二月结束后，参观美国各棉市场及农部棉花股与农本局合作运销组，转赴英国参观利物浦棉花市场及孟却斯德皇家交易所。现到德国勃来孟棉市场参观，将自德赴丹麦参观合作事业，然后南下法国，参观该国拉喔棉市场后买掉〔棹〕返国，或就途中埃及、印度两产棉国稍作停留，预计七月中旬可返抵上海。通讯处上海九江路一一三号棉业统制会转。

赵曾珏君：新著《电镀学》一书，已由中华书局付梓，不久当可出版。赵君主持浙江省电话局已届六载，近为该局刊行事业报告一种，纪〔记〕载该局历年工作，至为翔实，洵属我国办理电信事业有价值之参考物。现兼浙江省政府建设厅秘书主任，公余仍多所著述。并由中国电机工程师学会〈被〉选为一九三七至一九三八年之董事兼总编辑云。

凌道扬君：现任广东农林局局长兼广东农村合作委员会总干事。最近赴琼崖考察实业，编有《琼崖农林渔业报告书》一本，约数万言，已经出版。

赵燏黄君：前著《祁州药志》第一集《菊科及川续断科(山萝蔔科)之生药学研究》，已引起斯学专家之注目，日本东京帝国大学生药学教授藤田直市博士谓能实地调查证明汉药，解决从来之错误，有功于斯学者不少也。近又新著《本草药品实地之观察》，已于上月出版，北平中海怀仁堂西四所国立北平研究院出版课印行，每册定价一元五角。最近住址北平西城航空署街七号，电话西局三五八。

叶善定君： 于月前赴日考察医药，经行日本东京、大阪、名古屋、京都、奈良、横滨、神户及大月关西线及中央线等处，并登富士山之顶。此行计阅武田、盐野义、三共等药厂及帝国医科及药科及各药房等一百五十余处。

欧阳祖经君： 办理教育二十余年，喜浏览文史。去秋以来，任江西省立图书馆馆长，编有《谭襄敏公年谱稿》《南明赣事系年录》《王船山黄书注》三书，均已先后出版，并寄赠本社图书馆。通讯处现改为南昌干家后巷二十四号。

黄震君： 本期在中华平民教育促进会农村建设育才院工作，现正从事搜集农村实用生物教材，着手编辑乡师适用之应用生物学教本，初稿编毕，下期即在衡山乡师试用，预计年底可以全部完成。本年通讯地址即为衡山乡师。

陆志鸿君： 最近著《最新金属材料学》一书，约四十余万言，材料新颖，大者如碳钢合金钢，小者如自来水笔尖合金等，罔不包括在内，显微镜写真图甚多，现脱稿在即，行将出版。又陆君最近就非铁合金与铁金之热处理悉心研究，摄成显微镜写真，示其组织变化，汇成巨册，加以详细说明，可供研究金属学者之参考，亦拟出版。陆君在国立中央大学材料试验室内使用金属显微镜、膨胀计（universal-differential dilatometer）及X线结晶分析仪器，先进行钢铁之研究，次及于铝合金之研究。又前著之《工程力学》已由商务印书馆编入“大学丛书”，行将出版矣。

徐正铿君： 新著《稻作学》已由上海中华书局出版，为我国稻作书本中之最完善者。除以前所著在商务印书馆出版之《留美采风录》《美国之农业教育》《养蜂学》《家禽病害学》，及中华书局出版之《植物育种学》外，此为其第六著作。又徐君将于七月初旬迁居上海法租界台拉斯脱路台拉别墅一百八十九号。

陈雨苍君： 新著《人体的研究》一书，已由正中书局出版。现正在编著简师及乡村师范卫生教科书，预计七月以前可以完全出版。

魏寿昆君： 近著《井陉偏苏汽油提洗法之改良》一文，系实验研究之报告，大意系应废去浓硫酸洗法，改用稀硫酸或防阻剂洗法，可得下列三利益大〔大利益〕：（一）汽油产量增加百分之六，樟脑溶剂油产量增百分之四；（二）酸量可少减少；（三）洗过之酸仍可用以提取铵液。又著《炼铁高炉炉身之设计》一文，系作者在德实习时心得，并参以欧美名著汇成。该二文均由国立北洋工学院印为研究丛刊，并将在本年度中国化学工程学会太原年会宣读。

徐荫祺君：现已被聘为杭州浙江省昆虫局技师，主持仓库害虫之研究事宜，并兼任全局研究股主任，指导该局各种害虫防治之研究工作。闻徐博士已于八月一日到局视事。

杨振声君：北平寓所今已移居鼓楼后国祥胡同丙十二号。

张作干君：本年暑期在北平燕大生物系，九月后则改至协和医院解剖学系任教。

刘君谔女士：现已迁居上海赵主教路华村对过七九弄十七号。

葛绥成君：现已迁居上海劳勃生路养和村十七号。

程燿〔耀〕椿君：住址现改至杭州市华藏寺巷十八号甲。

裴益祥君：现在服务于湖南湘潭湘黔铁路局工程课。

宋春舫君：现在移居上海愚园路一千号。

倪中方君：下学期在广州国立中山大学研究院教育研究所服务。

陈延炆君：现已迁寓上海愚园路愚园村二十六号。

朱鹤年君：在湖南长沙湘雅医学校生理系任教。

任鸿隽君：已辞去川大校长职，将出国考察科学事业。

王琎君：因遭鼓盆之痛，不便远离上海，业已辞去川大教职，下学期决就浙大教授。

第62期　1939年1月15日

社友消息

任鸿隽君永叔：于去年十一月就任中央研究院总干事职，近来往来于重庆昆明间，甚为忙碌。

曹惠群君梁厦：自前年八一三沪战起后，暂离大同校务，专心著述。近为科学名词审查会整理旧稿，辑成《算学名词汇编》一册，业已出版，由上海中国科学公司总经售。暇中为《科学画报》写文不少。

秉志君农山：现在上海本社工作，利用震旦大学博物院及本社贝壳学图书室，工作甚为紧张。秉君在沪，于生物研究所对外事务诸多便利。

赵元任君：于去年九月间携同夫人子女出国，赴夏威夷大学讲学。

王明贞女士：向在金陵女大任物理学教席，于去年九月间赴美留学，与赵元任君同船。

刘恩兰女士：金女大与金大地学教授，于去年十月间赴英国研究。

徐渊摩君厚孚：于去年六月底辞去中国科学公司经理职务，现在广西八步办理矿务，通讯处八步西约街九十九号。

胡先骕君步曾：仍在北平静生生物调查所。

严济慈君慕光：现住昆明黄公东街十号。

李书华君润章：住上海辣斐德路辣斐坊一号，已于去年岁底赴港转滇。

金绍基君叔初：通讯处为上海静安寺路二〇二八号。

姜立夫君：于去年秋间由津徙居上海爱麦虞限路文元坊二三〇号三楼，十一月初获弄璋之喜，十二月上旬赴昆明西南联合大学，夫人胡芷华女士现仍住上海原址。

竺可桢君藕舫：因浙大迭迁校址，办理校务，异常辛劳。去年七八月间，竺君在湘桂途中，其夫人与二公子竺衡因患痢疾相继去世，接电返校已不及见云。

薛绍清君宇澄：现任大同大学电工学教授，住西爱咸斯路十九号。

廖慰慈君复生：仍任之江文理学院土木工程教授，之江已迁上海，廖君住薛华立路和平里二号。

顾世楫君济之：现任之江土木工程教授，每日余暇到本社主持“土木工程丛书”编译事务，住址慕尔鸣路升平街芝瑞里十五号。

贺懋庆君勉吾：在前年战时紧张时，曾一度出任浙江某县县长，国军退出杭州后，渠亦辞去，转辗到上海。贺君年来好易，应用算学阐明易理，已成一书待刊。现住上海姚主教路树德坊二弄十号。

汪胡桢君幹夫：近在上海与友人合刊一种五年日历，并分记事、名人与食谱三种，颇为社会所欢迎。现住慕尔鸣路升平街二十五号。

关实之君：仍在上海大同大学，住址霞飞路1562F6。

张定钊君：通讯处为上海高恩路三五一号孔德研究所转，或法租界霞飞路一五六〇号林肯公寓D六号。

马荫良君：仍在上海主持《申报》，该报于去年双十节复刊。

周仁君子竞：在八一三战事发生后，因多受刺戟，精神颇见衰弱，一年来在香港、昆明休养，颇有成效。近据其由昆明来函云，业已复原，其夫人聂其壁〔璧〕女士近在美国游历。

李熙谋君振吾：仍在上海暨南大学任教，现住古拔路古拔新村二弄九号。

顾翼东君：随苏州东吴大学迁来上海，现住吕班路万宜坊七十二号。

李赋京君：战事发动后，曾随河南大学迁镇平县，后因学校经费不继，乃赴四川万县。通讯处万县电报路红卍字会军政部第十重伤医院。李君所著《普通解剖生理学》一书，业由中国科学公司出版。

孙洪芬君：自中基会迁沪办公后，孙君曾二度赴西北、西南各地考察，其办公处为上海九江路四五号花旗银行楼上。

李书田君耕砚：现任国立西北联合大学常务委员兼工学院院长，通讯处陕西城固县该校。兹接其开来城固社友名单，特录于左〔下〕：

刘拓君泛弛：西北联大文理学院院长。

程孙之淑女士：同上教育学院家政系教授。

魏寿昆君镇雄：同上矿冶系主任。

包志立君：同上文理学院讲师。

高文源君味根：同上教育学院教授。

王非曼女士：同上教育学院家政系教授。

赵进义君希三：同上文理学院数学系主任。

张贻惠君少涵：同上文理学院物理系主任。

俞谦六君骞陆：同上工学院电机系主任。

许寿裳君季茀：同上文理学院历史系主任。

黄国璋君海平：同上地理系主任。

李俨君乐知：现任陇海铁路副总工程师兼宝天测量队队长。通讯处西安陇海铁路局。

陈义君宜丞：自国立中央大学迁移四川重庆沙坪坝开学后，即往该校，仍就生物系教授。

欧阳翥君铁翘：亦在四川重庆国立中央大学生物系任教。

吕钟灵君：现迁至重庆木牌坊仁济医院。

郑集君礼宾：仍就国立中央大学医学院教授，该院址现在四川成都。

张文湘君叔沅：现在仍就国立四川大学农学院教职。

关颂韬君亦弨：现仍在北平协和医学院任教授。

张其昀君：自改就国立浙江大学史地系教授后，现随该校迁移至广西宜山县。

唐国正君：通讯处改至广西南宁南国街A字五十二号楼上。

周厚枢君星北：现改任国立四川中学校校长，其校址在四川合川。

朱炳海君晓寰：现在四川重庆国立中央大学任教授。

徐崇林君：通讯处现在四川巴县南泉省立高级工业职业学校。

王叔培君：住址现改为成都少城东二道街培庐。

戴安邦君：现在四川成都华西坝金陵大学化学系任教授。

陈立夫君：通讯处在四川重庆教育部。

尤寅照君青敬：现仍在四川重庆成渝铁路工程局供职，其居所为重庆中一路四德里八号。

刘大钧君君谟：通讯处改为重庆邮政信箱五十三号。

罗家伦君志希：自南京战事发生时，已将国立中央大学迁至四川重庆，其通讯处为该校校长室。

刘梦锡君：自战事发生后，即逃难赴渝。其通讯处为重庆新街口四川美丰银行大楼馥记营造厂转。

吴有训君正之：现在云南昆明，任西南联合大学教授。

吴定良君均一：通讯处昆明市青云街靛花巷三号国立中央研究院历史语言研究所。

陈公弼君：通讯处改为广西贵县广西糖厂。

杨钟健君克强：自地质调查所在昆明设立办事处，即随往工作，其处址在昆明市翠湖通志馆。

李秋谷君：通讯处改为广东梅县西门路复容照相馆。

冯泽芳君：通讯处现在云南昆明市云南省建设厅转。

张禄君服真：通讯处改为昆明市华山东路八号。

曾昭抡君叔伟：现在云南昆明市西南联合大学任教授。

袁丕济君向耕：通讯处在云南昆明市万钟街一〇五号资源委员会办事处。

张景钺君岘侪：通讯处在云南昆明市，西南联合大学任教授。

何鲁君奎垣：通讯处在昆明市云南大学。

陆仁寿君：前在省立松江高级职业学校服务，现迁居云南昆明市万钟街一〇五号或昆明市第五十号信箱。

沈嘉瑞君：现在云南昆明市西南联合大学任教授。

刘君谔君：通讯处四川重庆邮政信箱第五十八号。

宋大仁君：通讯处改至上海浙江路五十六号山西医院内。

朱谋先君：已迁居静安寺路五九一弄一一五号。

李寅恭君勰丞：通讯处改至四川重庆柴家巷中央大学办事处转交森林系。

张汇兰女士：前以天津河北女师学院被焚，现已来沪，通讯处为上海胶州路一百七十弄二十号。

路敏行君季讷：通讯处在上海台拉斯脱路福履理路口二三四号 A。

孙文青君：前已辞去河南博物馆职务，改在国立北平研究院史学研究所考古组任职。

现在陕西西安粮道巷陕西考古会。

裘燮钧君星远：现居上海新闸路甄庆里四十二号。

周榕仙君：已移至上海英租界大沽路永庆坊二十七号。

张世杓君葆灵：移居上海法租界白尔路茄辣约路口祥成里一号。

荣达坊君：移居上海赫德路恒德里四十四号。

吴承洛君涧东：通讯处现在四川重庆曾家岩一〇七号全国度量衡局。

汤彦颐君乐甫：现迁移至上海高恩路三四〇号华盛顿公寓第二五号。

刘寰伟君：现迁居上海极司非而路圣约翰大学内树人堂二楼。

关富权君衡清：现迁居上海西摩路六〇七弄六号。

王守成君志稼：现就上海女子大学教授，其寓在上海辣斐德路五百八十一号。

杨树勋君健吾：现在上海愚园路一二六七号信谊制药厂化学治疗研究所。

陈耀真君：现在四川成都陕西街存仁医院服务。

丁求真君任生：已移至浙江天台小北门内西湖疗养院门诊部服务。

陈笛孙君：已迁居香港，其通讯处为德辅道中广东银行四楼华南米业公司转交。

丁嗣贤君：现在广西大学理工学院任教授。该校为免受战事之影响，已迁至广西良丰县。

袁守和君：通讯处现在香港般含道冯平山图书馆转交。

姚启钧君：通讯处现在上海西爱咸斯路顺安里十五号。

顾燮光君鼎梅：现在移居上海劳勃生路二十三号。

朱君毅君：通讯处现在上海古拔路古拔新村一弄五号成寓内转。

李珩君晓舫：通讯处现在四川成都长顺上街一四一号。

彭家元君：现在四川成都望江楼侧四川省稻麦改进所服务。

杨肇燫君季璠：现仍在上海，通讯处贝当路十三号。

钟兆琳君书琅：现迁居上海姚主教路怡邨二弄(二一二弄)一号。

孙令衔君：通讯处在上海西爱咸斯路十七弄三号。

赵廷炳君丹若：现在重庆中央大学化学系任教授，对于著述方面甚为努力，廿六年暑假著成《阴离子分析法》一书，此为赵君多年研究之结晶，曾在本社第二十届年会(南宁)及第二十一届年会(北平)发表,可供各大学教本之用,原定由中国科学公司出版,嗣因战事,未及将稿移沪。是年又与其高足范敬平君将美国 Curtman 所著《定性分析》一书(一九三六年版)译成中文。该书对于金属离子之分析改良之点甚多,异常新颖,业已由上海中国科学公司出版,并由中央大学等采用为教本矣。

陈可培君:近著有《饮料水氯化消毒法》一书,前因环境关系,以至出版延滞。顷承美国罗氏基金董事会资助印费一部分,遂于去岁底与读者相见。该书为陈君素日研究所得之精心结构。其内容如下:(一) 绪论;(二) 漂粉消毒法;(三) 液态氯消毒法;(四) 氨气消毒法;(五) 食盐电解消毒法;(六) 味臭袪除法,并附图表索引。关于用水种种卫生之方法,论述綦详,颇切实用。精装一厚册,定价国币三元。经售处上海福煦路六四九号中国科学公司云。

赵燏黄君苏〔药〕农:现在上海新亚制苏〔药〕厂任研究技师。其通讯处为南阳路一五四号。

张延祥君:通讯处现在香港铜锣湾礼顿山道一一三号地下。

陈忠杰君:自客岁夏间由湘至港,服务于商务印书馆。其通讯为香港英皇道商务印书馆驻港办事处第四组。

李协君仪祉:君志行高洁,学术湛深,二十余年来致力于水利事业,始则创办河海工程专门学校,继则对于国内巨川如华北水利、导淮治江及陕省泾洛渭诸渠工,或手定治本计划按步进行,或主持实施工事已获成效,不特为学术界所敬仰之大师,亦当代水利界所一致推崇之权威。方谓春秋尚富,报国正长,执〔孰〕意竟于廿七年三月八日因病逝世于西安,噩耗所传,无不深致痛悼。李君于民国八年至十年任本社董事(即今之理事),二十一年至二十四年复任本社理事。

徐新六君振飞:徐君早岁游英,学成归国,于经济学识,造诣宏深,致力社会金融事业,不遗余力,与议国是,贡献尤多。廿七年八月廿四日由香港乘中航机桂林号赴渝,不期甫越港界,即遭敌机袭击,竟以罹难闻,享年四十有九。丁兹多难,无论朝野,咸以君为人望,期待弥殷,是以噩耗遥传,中外人士,皆为扼腕中悼,欷歔不自禁。徐君于民国十七年起迄其去世,任本社基金保管委员。

其他故世社友:民国二十七年一年以内,本社社友去世者特多。除上述李、徐二君外,尚有张君轶欧、顾拯君湛然、林君襟宇、宋君春舫、孙君昌克、于君文蕃均因病逝世，而沪江大学校长刘君湛恩为汉奸所枪杀，尤为惨痛。诸君均系学术界之中坚，抗战建设，胥赖人才，天胡不佑，赍志而没，曷胜悲悼。

第 62 期载被日军焚毁的中国科学社生物研究所实验馆照片

该照片图注云："国难中之牺牲者本社生物研究所实验馆，民国十九年三月落成，二十七年一月十二日被焚。"

第63期　1939年6月15日

社友通讯

张延祥君： 最近创制《万万密电码》一种，可替代万万本密电码书，节省自编密电码本之麻烦，扫除普通密电码本之弊漏，为军政各机关保持电讯机密之利器，已委托上海科学图书公司及商务印书馆等处经售。张君最近通讯处为香港铜锣湾礼顿山道一百十三号地下。

曹梁厦君： 年来暂离大同校务，从事著述。其三公子友信君毕业于大同大学理科，并曾在中研院物理研究所工作，成绩甚优，近以肺病复发，于上月间逝世，凡属知交，同深悼惜。

张登三君： 通信处现在广西龙州尚武街七号，任职于广西出入口贸易处。

郑权伯君： 为救济苏北水灾事，曾赴兴化转往各灾区察勘，业已拟定工赈办法云。

袁翰青君： 自一九三七年十月随中央大学西迁重庆后，现仍在该校化学系任职。彼代中国化学会所编之《化学通讯》，已改为不定期刊，尚继续出版。望化学会会员函告最近通讯处，俾免失去联络。

何尚平君： 于四月间赴昆明，办蚕桑改良事宜，业已返沪，据云植桑情形甚佳，闻不久仍须前往昆明也。

陈雨苍君： 自民二十七年七月即留上海，仍住法租界格罗希路五十一弄十八号，度其译述生涯。最近由正中书局出版者：一、《人体之研究》；二、《生活与生理》；三、《师范卫生教科书》；四、《建国生理卫生学》。目下正在整理新出版之简师及乡村师范教科书云。

周厚枢君： 近由北碚迁居合川，其通讯处为四川合川书院街五号。

宋大仁君： 素精中西医术，对于消化器病，尤有研究。近以原有诊所不敷应用，特创设上海胃肠病院一所于静安寺愚园路口新华园三十三号。

杨石先君： 现在通讯处为云南昆明西南联合大学化学系。

周泰岳君：已于二十七年八月离开四川省立江安中学，现任四川省立成都女子职业学校教务主任云。

陈可忠君：现仍在国立编译馆供职，该馆移设四川重庆两路口巴县中学内。

李寅恭君：现仍在四川重庆国立中央大学任教授，其通讯处为四川重庆沙坪坝石门村六号。

刘椽君：现仍在国立厦门大学任教授，该校已迁至福建长汀县云。

吴雨霖君：通讯处现改至上海海格路六八四弄九号。

周宗璜君：通讯处现改至四川成都外东净居寺侧四川农业改进所。

何鲁君：已由昆明返重庆，仍就重庆大学教职。

陈任君：现迁居在上海威海卫路二五一弄十八号。

张定钊君：现迁居至上海霞飞路一四一二弄二十三号。

章元石君：现由广西梧州广西大学来沪，其通讯处为上海宁波路福源钱庄章伯炎君转交。

徐厚孚君：现在四川，其通讯处为重庆上清寺牛角陀二十六号。

蔡宾牟君：由贵阳返沪，兹以杂物羁身，一时恐不能回贵阳，现在上海。通讯处为卡德路十五弄五号楼上二号。

卢于道君：现在四川北碚文华路四十六号，借中研院动植物所作研究云。

丁求真君：向在杭州西湖疗养院悬壶有年，活人无算。乱后移设天台县小北门内西湖疗养院门诊部。兹又得其通讯，现在临海道司浙江省立医药专科学校。

沈怡君：现在昆明万钟街一〇五号资源委员会供职，其寓在香港九龙太子道三三三号三楼。

黎宗辅君：原任广西大学助教兼附中教员，后因西大迁址，调任广西省政府建设厅技士，现经奉调至广西桂平县农管处主任职云。

王家楫君：四月中由北碚飞昆明，参加中研院评议会。于上月初转道香港来沪，所乘法邮轮霞飞号中途与英船相撞，曾折回香港换船，故行期延迟多日。王君在沪半月，校对动植物研究所新付印之论文凡十期。业于上月下旬回川矣。

裴鉴君：本社生物研究所研究员，近著《中国药用植物志》，其第一册业已寄沪付印。

杨孝述：李仪祉先生之治学行谊(转载《河海友声》)

民国四年春，南通张季直先生创办河海工程专门学校于南京，时仪祉先生适留德学成归国，乃与许校长肇南共同擘划，一切课程编制多出先生之手。余于是年夏，担任河校暑期课业，已耳先生名。民五之秋，余复应聘教职，始与先生相识，彼此一见如故。自民五至民十一，六年之间，不但与先生为在校同事，抑且两家同居，朝夕相从，谊同手足，此情此景，犹在目前。民十一年秋，先生奉召返秦，治桑梓水利，其在工程上之实际生活，实自此始。先生虽离校，但对于校事未尝一日忘怀，如毕业生之提携，校舍公债之筹募等事，在在予以有力之援助。十五年秋，即河海奉令归并中央大学之前一年，且曾回校讲学，并主任教务。是先生对此国内唯一之水利工程学府，始终贯注精神，乐育不懈，今日国内得有如许水利人才，兴办如许水利事业，盖皆出先生教泽之赐。自民国政府奠都南京，积极推进一切建设，先生之事业乃转入最重要之阶段，如华北水利、治河导淮以及长江救灾等大工程，均先后由先生主持，而陕西灌溉计划之实现，尤为先生伟大精神之结晶。先生在学术上之嘉言名著，及工程上之丰功伟绩，事迹俱在，必有能传之者，可毋烦余言。兹姑就先生生平治学行谊，最为余所景仰而容为世人所不尽知者，述其一二，倘亦为知者君子所许乎。

先生天聪慧绝，好学不倦。犹忆余初识先生时，先生固未谙英语也。顾当时河海采用之教本悉系英美原本，先生颇觉为难，乃一面用国文编撰讲义，一面自修英文，不期年而竟能阅读无碍，复三数年且能写作长文，为侪辈所惊异。即此一端，已可概见其聪慧过常人矣。先生于教课余暇，绝不浪费光阴，中外治河之书，莫不穷搜博览。但先生绝非书生也。平日好步游山野，考察地质，采掘矿石，更喜搜集建筑材料，制作河工模型。校中特设陈列室，其中所列参考品，琳琅满目，悉系先生所手集及监制之物。每年暑期赴冀鲁江浙招生，必顺道勘察各省水道。民六夏，且单身遍历淮黄流域，历时半载，收获至丰。盖先生治学，崇尚实地观察，一秉科学方法，迥非历来空谈水利者所可同日而语。先生之学，初不限于水工，举凡数学、天文、气象、地质以及史地、文艺、宗教，莫不研究有素。故其著述特富，除平时致力于水力学及水工方面写作外，最为人所称道者，尚有《最小二乘式》《实用微积术》《诺谟术》《宇冰学说》等书。谈佛亦娓娓动人，盖先生博学敏行，宜其无所不通也。

先生自奉甚约，食淡衣粗，习以为常。晚年虽地位崇高，而生活简朴如故。待人和厚慷慨，有古豪杰风，凡遇公益义举，以及朋侪缓急，辄援助不稍吝惜。家庭之间，情谊尤笃，视叔伯如己父，视侄辈如己子，束修所入，悉以供诸侄教育之需，此为世俗所难能，足以表现其不自私之美德。人称先生为深涵旧道德之新人物，洵非虚语。先生志行高洁，恢宏大度，处事负责公开，交接推诚相与。对于僚属尤有疑人不用、用人不疑之气度，以此人咸敬仰，乐为追随。先生抱负远大，立志坚定，毕生提倡水利救国，努力奋斗，实事求是，二丨年如一日，临终犹以科学治水为念。呜呼！先生逝矣，先生之学问事业，已永垂不朽，后之从事水利者，能继续奋斗，拯救民生，以完成其遗志，则先生为不死矣。

第64期　1939年10月15日

社友消息

王季梁君： 于八月十四日与徐文漪女士(厚孚、宽甫令妹)在上海中国青年会结婚，由秉农山君证婚。是日到介绍人宋梧生、杨允中二君及男女二家亲友约二百人。新夫妇卜居本社附近爱麦虞限路十六号。王君业于双十节乘轮离沪，转道海防，返宜山浙大矣。

胡敦复君： 现主持大同大学校务。该校自迁入租界后，对于校舍问题，感受极大困难，乃与银行界合作，在公共租界爱文义路小沙渡路口自建四层巨厦，闻地价及造价共费四十余万元。该新厦容纳大学全部及高中第二部，图书室及理工科实验室均经布置妥当，规模甚大。该校中学部仍设在法租界贝勒路律师公会三层巨厦，占该厦全部。闻本年度大中学二部学生共达二千余人云。

查啸仙君： 自本年秋应中华教育文化基金董事会之聘，特辞去武汉大学教席，业已到上海该会就职矣。

林伯遵君： 于本月底由上海赴重庆，主持中基会驻渝办事处事务。

李熙谋君： 辞去暨南大学教席，业已前往宜山，担任浙江大学工学院院长职务。

刘淦芝君： 奉召由美回国，小住上海，不日首途赴重庆。刘君近发见安徽昆虫新种 *Wania*，已著成论文备发表。

萧叔䌹君： 近由江西泰和上田村来函略云，本省自南昌撤防，诸事自日感困难，惟抗战精神，弥益淬厉，政务进行，反更紧张。纯自兼馆农业院务，事业进行，亦大有扩充，此在长期战役，增加后方生产，亦事势所不得不然。惟人才多麇居西南，罗致专才，极感困难。现所急切需要者为稻、麦、棉、蔗、茶、烟等作物专家(即研究而有经验之谓)，畜牧、昆虫专家及土壤、肥料、营养、制造等化学专家，蔬菜、园艺专家。新归国之欧美留学生，国内各研究学术机关之高材生或助理员，如有所知其人笃实耐劳努力工作者，均请惠予推荐，即当设法延致云云。兹特代为征求，社友中如知有上开各项人才者，希径函萧君推荐为感。

裘维裕君：业于本月上旬与上海陆澄珠女士在银行公会订婚。陆女士系上海清心女中及慕尔堂女校毕业，品行贤淑，中西文俱佳，曾在本社《科学画报》编辑部任事。

冯泽芳君：现任中央农业实验所技正，派在云南省工作，已历年余。最近通讯处为云南开远崇文街木棉推广委员会。冯君在滇除协助云南建设厅办理棉花推广工作外，尤注意云南特产木棉之研究云。

尤寅照君：因渝市成墟，已迁居所辖工段。其通讯地址为重庆九龙坡成渝铁路第一总段。

陆仁寿君：通讯处为云南昆明第五十六号信箱。

高振华君：通讯处为四川成都第一三三号信箱。

丁求真君：近来担任浙江省立医药专科学校附设卫生事务所所长。该所为普及卫生知识起见，特出一种半月刊名曰《通俗卫生》。又该校已改为英士大学医学院，将由临海迁至天台国清寺云。

任鸿隽君：通讯处在云南昆明青云街一三九号中基会编委会。

周泰岳君：现在四川新繁成属联立中学任教。

许浈阳君：前为岭南大学文理学院院长，现任国立中山大学师范学院教授，该校现已迁至云南澄江。

陈嵘君：因保管南京金陵大学校产，自战事发生以来，并未离开，最近尚函索《科学》，嘱寄京校。

魏寿昆君：现任国立西北工学院工科研究所矿冶研究部主任兼教授，通讯处为陕西城固古路坝国立西北工学院。前著之《炼矿炉炉身之设计》一文，曾列为二十六年太原全国各工程学术团体联合年会论文之一，现将旧稿从〔重〕新整理，已在《科学》杂志上发表。

钟济新君：通讯处为广西梧州大北街二十号。

张巨伯君：现在云南澄江国立中山大学农学院任教。

陈忠杰君：现由香港商务印书馆调回上海该馆工作。

汪胡桢君：现移居上海法租界巨籁达路八二〇弄景华新村三十九号。

刘寰伟君：通讯地址现改为上海圣约翰大学施肇曾土木工程学院。

叶蕴理君：新婚后改住上海姚主教路二二二弄九号。

孙令衔君：通讯处改为上海爱文义路八八四号。

杨肇嫌君：现移居上海巨福路三百巷碧筠邨六号。

李书田君：前在陕西城固国立西北大学任教，现改任新创办之国立西康技艺专科学校校长，校址设于西康省西昌。李君现已由重庆赴康就职，所有本社在城固方面社友会会务，濒行时已托社友刘泛弛君代劳，刘君现在城固任国立西北大学理学院院长，并附闻社友胡博渊君亦已往西康任经济部西昌办事处主任。李君且拟在西昌组织社友会，以播科学种子于该省。

李良庆君：自廿七年起即留北平，继续在静生生物调查所任植物标本室兼图书室主任，并主刊该所植物汇报。最近曾将《云南淡水藻类植物记》及《中国木贼之分类及其分布》两文完成。

宋大仁君：自创设上海胃肠病院以来，诊务异常发达，余暇仍致力于研究工作，并从事著述。所著《腹痛之分析》一书已脱稿，《消化器病图谱》材料已搜集完备，整理后即可付印。在著述中者尚有《消化器病史》及《胃肠病全书》等多种云。

叶善定君：近与史致富、钱六正等十二人创设制造化学药品、成药安瓿注射剂等之药厂一所，定名为丙康药厂，地址在上海法租界蒲石路九十八号，欢迎社友前往参观指导。叶君搜罗医药书籍素富，除前赠本社图书馆一部分外，近又在丙康药厂内筹设丙康医药专科图书馆一所，社友前往阅览者，特别优待云。

第65—66期合刊 1940年3月15日

社友消息

竺藕舫君：近因浙大迁址事，奔走甚为忙碌。现该校地点大致已定，一年级在青岩上课，二三四年级在遵义上课。竺君通讯处为贵州遵义师范学校浙大办事处。又传闻竺君已与陈汲女士订婚，并有今春结缡之消息。

金邦正君：于二十六年夏因宿疾复发，离沪赴牯岭疗养，旋因交通阻隔，不能返申，乃绕道汉粤，至前年一月间回津闭户养病。通讯处天津英租界四十五号路八十号壹。

丁绪宝君：于二十七年二月到桂林，现在桂林中学物理实验室工作，从事于高中物理教科仪器及高中学生实验仪器之试作。

许石枬君：原名肇南，向在北平埋头研究国学垂十余年，对于钟鼎龟甲造诣尤深。年初由平到沪，从事著述，通讯处辣斐德路辣斐坊二十五号。

徐宽甫君：年来办理矿务，通讯处为桂林环湖南路四号。

刘淦芝君：回国后，曾于去年年底赴四川北碚访问本社生物研究所。近奉派到贵州湄潭县筹备中央茶场，通讯处同上。

陈庆尧君：通讯处上海文监师路一〇〇八号。

孙洪芬君：于一月十八日在上海国际饭店为其长女公子翠瑗女士与张君杰谋订婚，是日嘉宾满座，典礼甚盛。

赵元任君：曾在夏威夷大学讲学一年，去年秋间又应美国耶鲁大学之聘，由檀香山携眷迁居纽黑文。去年底曾寄来贺年照片，兹镌版附刊于此，藉瞻"Prof"最近丰采，并以见夫人杨步伟女士近益发福，诸公子聪健活泼。其通讯处如下：644 Orange St., New Haven, Conn., U. S. A.。

卢于道君：通讯处为广西长安丹洲乡中央研究院，其夫人滁蓉女士仍在北碚本社生物研究所，并常期为《科学画报》"生理常识"栏撰文。

茅以升君：通讯处为贵州平越文庙。

郑集君：现任中央大学医学院生物化学教授，寓居成都。前次六一一敌机轰炸成都时，住宅旁中一弹，房屋及什物略受损失，唯家人幸告无恙。郑君自迁成都后，除授课外，研究工作仍在书籍、药品、仪器困难中继续进行。在这二年中已完成之研究论文凡九种，通俗营养文字凡十余篇。此外编有《英文生物化学实验教程》一册，由中大医学院生物化学系出版。一九三七年出第一版，半年中即售罄，本年复加修改增订，二版已出书数月，并经几个医学校采用。近得中华文化基金之研究补助金，将赴各地调查中学生之膳食营养云。

魏寿昆君：已赴西康，现在国立西康技艺专科学校担任矿冶科兼化工科主任。

杨建吾君：通讯处改为上海愚园路一二六七号杨氏化学治疗研究所。

高尚荫君：现在四川嘉定，任武汉大学教授。

常隆庆君：现任军事委员会委[员]长西昌行辕专员，其通讯处为西康西昌行辕。

余谦六君：仍在陕西城固国立西北工学院担任电机工程学系教席。去年暑假曾应甘肃省教厅之聘，赴兰州讲学约一个月。九月初与西北大学地理教授殷祖英同由兰州去青海，以私人资格考察青海教育、电政及地理状况，留西宁约三星期，先后作科学演讲多次，并便道去黄教喇嘛教宗喀巴诞生地"塔尔寺"及青海湖游览，十月中旬始回至城固。

陈宗贤君：现移居上海法租界格罗希路十八号。

徐修平君：于二十七年辞去四川省政府川江航务管理处航政科科长职务，专任重庆市筹备主任兼工程师，二十八年兼任重庆市公共汽车股份有限公司设计长，旋被推为副经理，仍兼设计长事务。通讯处重庆曾家岩公共汽车公司或重庆邮政信箱二一八号。

王非曼君：现在陕西城固国立西北师范学院家政系任教。

李晓舫君：通讯处为四川成都华西大学赫斐院。

李书田君：奉部令筹办之国立西康技艺专科学校业经开学，开始上课，分设农林、畜牧、土木工程、矿冶工程、机械工程、纺织工程与化学工程六科。一年级生共三百五十名，总务主任兼推广部主任雷孝实、教务主任兼土木工程科主任周宗莲博士、训导主任兼数学教授曾炯之博士、矿冶工程科兼化学工程科主任魏寿昆博士、机械及纺织工程科主任张文治、农林科兼畜牧科主任冯肇传、地质学教授张遹骏、纺织工程教授张朵山、酿造工业教授朱宝镛、窑业工程教授陆宗贤。现正在敦聘郑万钧博士为森林植物学教授云。

唐国正君：通讯处为贵州都匀第一号信箱之八。

徐荫祺君：现在上海任东吴大学生物系教授。

闻宥君：近辞国立云南大学文史系主任教授职，改就成都华西大学国学研究所主任。

曹仲渊君：于去年应江西省政府之聘，主持该省无线电交通工程事宜，整理建设，不遗余力，颇著成绩，近因公来沪，业于日前公毕返赣云。

胡先骕君：近过沪赴渝出席中央研究院评议会，并将到滇视察云南植物研究所。

秉农山君：近赴渝出席中央研究院评议会，并往北碚本社生物研究所视察。

荣达坊君：现移居上海愚园路六六八弄静园十五号。

许心武君：通信处四川重庆北碚和睦路十五号。

陈宗蓥君：通讯处江西永新大成路十二号。

莫尔斯君：美籍社员，向在成都华西大学任教。本年一月间接该校医学院来函，谓莫君已于本年在美逝世。

刘汝梅君：于二月七日在崇明被枪击受伤，出血甚多，因时值农历新年，轮船停开，延至十二日始达上海，医治无效，于十四日逝世，身后颇萧条云。

社董马相老行述

相老姓马氏，字相伯，江苏丹阳人也。父松岩公，业医，性好施；母沈太夫人，亦乐善为

怀。老人以清道光廿年(民国纪元前七十二年)三月十九日生,即鸦片战争英人陷我舟山之岁也。五岁入学,是年其弟眉叔生,故老人长眉叔五岁。综合老人生平行谊,可分为四期,谨述如下。

(一)少年修养时期　入学后,即读教中经典及四子书,聪颖绝伦,过目成诵。年十一,与弟眉叔入徐汇公学,四书五经毕读后,先后计读普通科者十年、专门科者又十年,拉丁、理化、天算等科,无不淹通。

(二)布教从政时期　老人年十四岁,洪秀全入金陵。二十以后,奉教会命,在苏太间从事救济事业,力疾从公,不辞劳苦。年三十,罗马教廷授以司铎之职,于是传教于苏皖之间,并得松岩公同意,散财纾难。挽近发起开浚徐汇市河暨鬻书,以充水灾赈款,此皆老人秉承家教,并推基督爱上帝爱邻人之心,以及于难胞也。在从政方面,以办理外交与议政为主。办理外交则在三十六至五十六岁廿年之间。初入李文忠幕,帮办洋务,深为器重。拟办国家银行,奉派至美借款五千万,卒以廷臣梗议,未果。为巩固邦交,派赴朝鲜,而大院君不能用。赴法考察商务,备受欢迎。五旬以后,曾任长崎领事暨使馆参赞。至任江苏外交司则在民国元年议政时期,前后亦有十年之久。纪元前二年,江苏省咨议局成立,老人被选为省议员。民二改为省议会,民三袁氏命令解散,民六复活。嗣后每届改选,老人必获选,对江苏省政,献替良多。

(三)办学时期　老人办震旦,年已六十四。斥资数万,目的从语言入首〔手〕,以求西学。科目有四大类,(甲)语言学,(乙)象数学,(丙)格致学,(丁)致知学。老人自任拉丁、致知、天算、星期日集会演讲。其他科目,则教会长老任之。学校行政,则学生佐之,乃开学生自治之先河。老人于震旦散学后,成立复旦,年已六十有六。民国成立后一年,出长北京大学,颇多革新,其时年已七十四岁。须发虽白,精神犹似少年。

(四)晚年著述及蒙难时期　七十八岁以后,老人居土山湾乐善堂,临池作书,复习绘事,时人得之者,奉为珍品。老人除五十以后,与其弟眉叔成《马氏文通》一书,为中国文法圭臬,六十以后,著有《拉丁文通》为震旦教本外,八十以后,则有《致知浅说》之作,九十以后,则有《致知浅说续编》,复有《四圣福音》之译著。九一八事变后,老人多有忧时愤世之言。二十五年冬入京，翌年中央选任为国府委员。秋，沪战作，国府西迁，老人安车入桂。廿六年秋，老人九十有九，移居谅山。去年十一月四日，无疾而终，适百岁寿诞后七月有半也。

老人生平赞助科学最力，自民国十一年被选为中国科学社董事，对于社务，颇多赞助。常在演说中言："我们的道德非常健全，所缺乏的是科学工艺，不从科学工艺里做工夫，我们是钻不出头的。"盖老人对于我民族之弱点，知之最深刻也。老人为人富情感，好与青年人晤谈，向求书法，有求必应，挥毫虽累数小时怡如也。其人生观可谓与孔圣"发愤忘食，乐以忘忧，不知老之将至"相似。最近病中闻捷音，则异常兴奋，起坐进食，弥留尚有"消息消息"之微弱声可闻，则其关怀国事，与孙中山先生"和平奋斗救中国"之临终遗言，具有同等意义也。

蔡先生在港逝世

本社董事会会长兼基金监孑民先生，于本月三日清晨倾跌后，曾吐血一口，昏迷多时，继又便血，经名医五人医治，断系胃出血。四日夜转重，急行输血手续颇奏效，终以年高，不克挽回，延至五日晨九时三刻逝世。

先生于本社成立之初，即被选为特社员，于发展社务之计划多所指导，而于经费之筹措，基金之募集，尽力尤多。民国七年被推为本社基金监察员，十一年南通年会被选为董事，均连任至今。先生热心维护本社，领导提倡科学，二十年如一日，本社基础得以日臻稳固，实出先生之赐也。

先生名元培，字鹤卿，号孑民，浙江绍兴人，前清翰林，曾任绍兴中西学堂监督、南洋公学教员，创办爱国女学校、中国教育会、爱国学社，并加入同盟会。民国纪元前五年，居柏林一年，次至来比锡大学研究哲学、文学、文明史、人类学、实验心理学及美学，凡三年。辛亥革命后回国，任南京临时政府教育总长。先生任教育总长任内，于普通教育司、专门教育司外，特设社会教育司。民元夏辞职，再入来比锡大学主讲，并在世界文明史研究所研究。二年夏回国。三年秋复赴欧。居巴黎一年。欧战开始，迁居法西南境，助李石曾先生等办留法俭学会，组织华法教育会。五年返国，任北京大学校长，六年一月视事。于是改革校政，厘订课程，延聘积学之士担任教授，一时学风丕变，北大蔚为新思潮之源泉。民八，五四运动发生，北大学生被捕者十余人。蔡氏愤政府对学生无适当处置，于五月九日离北京，后经挽劝，于九月回校。九年十月，为筹划里昂大学赴法，次年秋回国。十二年一月去职，旋赴法游历，荐蒋梦麟任校长。十五年当选第二届中央监察委员，连任至今。十六年任大学院院长、国府委员、司法部长等职，并创办中央研究院。十八年起任中央研究院院长。

第67期　1940年6月15日

社友消息

萨本栋君：抗战军兴的前夜，萨君衔命主持新改国立的厦门大学。接着接收就是搬家。厦大搬到长汀不久，就被轰炸，该次萨君在校内离弹爆发处仅数十尺，幸毫无他事。萨君抗战前在美国俄亥俄州立大学的讲稿现已由万国图书公司(International Textbook Co., Scranton Pennsylvania, U. S. A.)刊印为电机工程从书之一。全书都四百余页，定价每册美金四元五角，书名为《电路之孪向量分析法》(*Dyadic Circuit Analysis*)。哈佛大学工程研究所管教授(Prof. Louis A. Pipes)评该书云："Sah has done a masterful piece of original work that will in time filter down through the ranks of the electrical engineering profession and will play a large part in clarifying and uniting existing theories."通讯处福建长汀国立厦门大学校长办公室。

钟心煊君：近来函云：不接本社消息将近三年，顷忽奉到《社友》第六十五、六合期，欣悉社中各种事业仍然能照常进行，刊物亦从未停止，此实诸先生竭力维持之功，为一般社员所当甚深感谢者。煊自入川以后，仍在武大任教。西〔四〕川植物丰富，研究材料颇不虞缺乏。惟因交通阻隔，对外消息颇不易得，故刊物如《社友》实所欢迎。又《科学》及《科学画报》自战事发生以后，亦未收到，不悉可以补寄否。通信地址四川乐山武汉大学生物系(足下系永久社员，有享受《科学》与《科学画报》之权利，已转知出版部照发，惟《画报》向来存数甚少，只能尽有者寄奉——编者代简)。

陈焕镛君：仍任国立中山大学农林植物研究所主任。广州沦陷前，该所业将图书、仪器、标本迁至九龙码头围道二八八号等处，故研究事业得照常进行。四月底曾赴渝出席中央研究院评议会，现经回所照常主持所务，并从事该所专刊之编辑与著述。

赵曾珏君：在浙江服务已届十载，现仍任浙江省电话局局长兼总工程师、浙东电力厂厂长、浙江省手工业指导所所长、浙江省立英士大学校务委员会常务委员兼工学院院长。

去秋奉中央指派为苏、浙、皖、赣、闽五省电政特派员，处理该区内一应电讯工程事宜，组织办事处于上饶。近曾赴皖南闽北及浙东各地视察电讯，规划补充各项线路、设备，甚忙。通讯处上饶第十六号信箱，或丽水第九号信箱。近著有《工程与工程师》，由中华书局发行；《以技术为中心的青年训练》《中国复兴工作应有之准备与认识》《研究科学应以解决民族民生问题为中心》《战时工业建设与现阶段之浙江工业》及《精神与物质》等论文散见于各报章杂志。

卢于道君：自随国立中央研究院心理研究所往广西三江县丹洲乡后，仍继续研究比较神经学。现因贵阳湘雅医学院之约，暂时向心理研究所请假数月赴湘雅授神经解剖学及生物学课程。心理研究所已迁往桂林良丰，该地新建科学实验馆。今后研究工作，在战期中将借该馆工作，藉以协助广西省之科学建设事业也。

谌湛溪君：现在交大讲学，通讯处贵州平越棠棣邮箱一号。

丁求真君：现担任英士大学医学系主任及浙江省立医药专科学校附设卫生事务所所长。通讯处浙江天台第一号信袋。

陆志安君：通讯处现在四川泸县洽庐东斋。

周厚枢君：现改任中央技专校长，其通讯处在四川乐山中技专。

温少鹤君：现移居重庆城内响水桥六十五号。

朱炳海君：现在中央大学执教。去年七月参加中华自然科学社西康科学考察团，朱君被推选为该团总干事兼地理气象组组长，七月自渝出发十月返校，在康南九龙、雅江、康定等县考察三月之久，现正忙于整理报告云。

曾瑊益君：现住四川乐山，任武汉大学数学系主任兼代教务长。曾君亦为湖北省参议员。

高尚荫君：自抗战开始后，即随武汉大学入川，现来嘉定已二载有余矣。除教课外，从事于土壤微生物之研究，良以川省土壤中氮素最缺少，故研究中心为固氮微生物。两年来所做工作皆基本工作，故尚未有研究报告发表。最近在德国 *Archiv für Protisten Kunde* 杂志上发表“Euplo es woodruffi sp. nov.”论文一篇，单印本已寄本社编辑部矣。

俞德浚君：廿七年春由静生生物调查所派赴云南调查高山植物，并采集有关园艺及经济之价值之种子，输入栽培。两年间均在滇西北部及滇康、滇藏、滇缅边境工作，收获甚丰。归后即在云南农[林]植物研究所研究整理。本年并在云南大学生物系任课,其通讯处为昆明信箱四十二号。

刘朝阳君:现任云南澄江国立中山大学师范学院教授。前著《量子论》一书,计分七编,第一编《辐射》、第二编《光子》、第三编《原子光谱》、第四编《比热》、第五编《分子光谱》、第六编《方阵力学》、第七编《波浪力学》,每编各十余万至二十余万字,将各问题之有关理论,举其比较重要、常为人所称引者,作〈为〉彻头彻尾之详尽叙述。近将书稿重行整理,计第一、二、四编三本已经完竣,正待付印。第六编之《方阵力学》与第七编《波浪力学》,不日亦可整理完事云。刘君在外国发表之科学论文如下:

1. A New Period of Terrestrial Magnetism, *Proceedings of the Fifth Pacific Science Congress*, 1933.

2. Secular Change at Tsingtao Since 1924, *Terrestrial Magnetism and Atmospheric Electricity*, March, 1937.

3. Terrestrial Magnetism at Tsingtao During the Solar Eclipse of June 19, 1936, *Terrestrial Magnetism and Atmospheric Electricity*, June, 1937.

沈嘉瑞君:现任昆明国立西南联合大学(即北大、清华、南开三大学所集成)理学院生物学系教授。除授课外,仍继续努力研究工作。自抗战以后,其工作之结果如下,已完成之工作,有下列八篇:

1. The Larval Development of some Peiping Carideathe-Caridina (Atyidae) the Palaemonetes and Palaemon (Palaemonidae)(将在《北大四十周年纪念论文集》中出版)。

2. The Spicular Corals of Hong Kong(将在香港大学 *Hong Kong Naturalist* 出版)。

3. On Two New Species of Branchiura (Crustacea Entomostraca) from Yunnan, belonging to Argulidae and Parulidae, fam. nov.(将在香港大学 *Hong Kong Naturalist* 出版)。

4. Notes on the Parasitic Ichthyoxenus (Crustacea Isopoda) from Kunming, Yunnan, with Descriptions of five new Species(将在岭南大学 *Lingnan Science Journal* 出版)。

5. A Lecture on Animal Poisons(中文)(将在中国科学社《科学》出版)。

6. On the Collections of Crabs of South China(将在《静生生物调查所汇报》中出版)。

7. The Crabs of Hong Kong pt. v.(将在香港大学 *Hong Kong Naturalist* 出版)。

8. A Catalogue of the Brachyuran Crustacea of Hong Kong(将在香港大学 *Hong Kong Naturalist* 出版)。

正在进行中之工作,有下列两种:

1. Contributions to the Branhyuran Crustacea of China.

2. The Development of a freshwater crab, Parathelphusa (Parathelphusula) spinescens (Calman).

徐修平君:来函更正如下:顷阅《社友》第六十五、六合期,刊有本人消息,其中"专任重庆市筹备主任兼工程师"一句,系"专任重庆市轮渡筹备主任兼工程师"一句之误,原文脱去"轮渡"二字,希望更正是祷。

本社追悼蔡孑民先生大会纪略

本社董事长兼基金监蔡孑民先生于三月五日在香港逝世,曾志上期本刊。国内学政各界为追念蔡氏在教育文化上勋绩起见,曾定于三月二十四日全国各地同时举行追悼会,以志哀念。本社亦于是日下午二时起,在明复图书馆演讲厅举行社员公祭及追悼会。

礼堂布置　是日社门首悬有白布横额,上书"蔡董事长追悼大会"七〔八〕字,屋顶悬半旗。会场中悬蔡氏遗像,绕以翠柏鲜花。祭桌上置鲜花及香炉,祭桌前置花圈数具,四壁幛以哀挽联额,布置备极朴素肃穆。是日虽春雨连绵,然社员到者不下百余人。

追悼仪式　分二节,先公祭,后开会。主祭者三人,为董事会代表胡敦复、理事会代表孙洪芬、上海社友会代表曹惠群,于弦乐队奏乐声中入席,领导全体向蔡氏遗像行三鞠躬礼,继以静默,献花圈,奏哀乐。继由杨孝述读董理两会暨全体社员祭文,刘咸读上海社友会祭文,读毕全体就座,奏乐,礼节十分庄严(祭文及挽联诗词附后荣哀录)。

开会致词　继由大会主席胡敦复氏致开会辞,略谓:蔡先生文章道德,举世共钦。早岁于国学造诣极深,壮游德法,吸收各种新思潮,于哲学研究亦有心得,对于各种学术思想,融会贯通,埋首精究,决非稍得皮毛以自满者可比。先生提倡美育以推动一切教育文化，实为人类最高理想。中国学者，如研究旧学有素者，辄流于拘泥，食古不化，而于新学有造诣者，则又多流于偏激，尚有主观太深，目高于顶之流，此类于学术文化方面，实无若何裨益，惟蔡先生能兼收并蓄。当其主持北大时，所聘教授，旧至保皇党，新至无政府主义者，均任其讲学，盖渠认为研究学问系追求真理，无干涉之必要，故主张学院之自由，其思想能与时俱进，而成其伟大。对后学奖掖备至，待人接物，处之以诚，则犹其余事耳。

继由社友顾鼎梅演说，略谓渠与蔡氏交谊四十年，极佩蔡氏治学之精细。次由社友何炳松，追述蔡氏办理北大为中国民族复兴运动之起点及蔡氏生平立身治学之特点：(一) 虚心，对本身学问，无一时一刻能感满足，所谓泰山不辞土壤，故能成其高，河海不择细流，故能成其深；(二) 追随时代潮流而不舍；(三) 与人为善，能容万物；(四) 对学术救国四字，可谓鞠躬尽瘁，死而后已。再次为杨肇燫、孙洪芬、曹惠群等诸社友演说。

演说毕，主席提议纪念蔡氏之永久办法。由杨孝述追述蔡氏生前对于维护本社之功绩，并建议仿照明复图书馆成例，将来于重建南京已毁之生物研究所时，择一主要建筑物锡以蔡氏名号，以资纪念。此项意见决交理事会讨论办法。此外社员如有其他之纪念办法，可用书面提交理事会，合并讨论。

蔡董事长荣哀录

1. 祭文

董理两会及全体社员祭文

维中华民国二十九年三月廿四日，中国科学社董事会理事会暨全体社员肃集上海社所，谨洁清酌庶羞之具，恭荐于我董事长孑民蔡老先生之灵而献辞曰：夫何昊天之不吊兮，曾不一老之慭遗。重妖氛之毒痡兮，弥殄瘁之兴悲。托尺土以荐馨香兮，忆切怛而涕涟洏。缅哲人之挺生兮，秉山仁与水智。瞻天目而遥聆海涛兮，量汪洋而峻志。掇巍科以登苑兮，唾弃亲若将浼。舍安荣而从危难兮，宁望门而投止。援九世复仇之大义兮，先觉疾呼而豪杰云起。念建设之任重兮，遂乘槎以浮海。刊声华而探本实兮，洞明强之窔奥。侪生徒以挟策兮，参名邦之黉校。胡运斩而祖国光复兮，翩投袂而返驾。嗟神奸之窃柄兮，凭武虓以肆迕。鉴国本之在学兮，捐顶踵以树型。揭修学爱国为宗旨兮，倡美育以药利争。狂且顾肆其瘈噬兮，纷谤议其嗷名。卌年固如一日兮，曾何翳日月之明。惩文敝之愚弱兮，除旧布新以返质。容众流而进狂狷兮，矗斗山之中立。护学术如头目兮，爱众秀而加诸膝。创公私学府于三五兮，未酬愿于百一也。士流仰若慈母兮，群盲憎其夺食也。即今战云憯其弥漫兮，研究弦歌犹未息也。溯刍豢所由供兮，丝粟总原乎伟力也。每期会必躬亲兮，曾不间寒燠远弥与衰疾也。同人观感而愤悱兮，只惭奏绩之未休。怆吾民之涂炭兮，乏智巧以却寇仇。致耆宿之避地兮，羁迟乎国耻之香洲。爱神州之如毁兮，载赋仲宣之登楼。倚雄声于忠武兮，热血喷薄而横流。遂掷笔而一瞑弗视兮，竟赍志于千秋。咄彼穷寇之凶焰兮，早再衰而三竭。我将士前仆而后继兮，全胜已即乎眉睫。山河复其光明兮，载酌乡酿之清冽。扬云旗而拜告兮，大鸟翩其降格。庶掀髯以一笑兮，魂魄妥其故乡。除腥臊于两京兮，表巍巍之庙堂。配宣尼而垂万祀兮，后学永奠馨香。鉴微诚之悃款兮，惟英灵其尚飨。

上海社友会祭文

维中华民国二十九年三月二十四日，中国科学社上海社友会全体同人谨以清酌庶羞致祭于董事长蔡公孑民之灵曰：维公幼时，宿慧超伦，裁诗走马，英气逼人，东南之美，天上石麟。及长应制，连捷成名，滔滔万言，砚耘笔耕，才倾八斗，书拥百城。泰西新学，暇辄殚精，于时德法，苞秀毓灵，负笈往游，艺苑蜚声，学成归国，咳吐珠生。有清之末，外侮频仍，天下鼎沸，神州陆沉。激昂愤悱，公入同盟，襄赞革命，奔走劳形，为文鼓吹，俊彦归心，辛亥揭义，功底于成。民国肇兴，公长教育，社教推行，公为先觉，发蒙振聩，民歌民乐。岁在丙辰，公迁北大，于时校纪，气萎体败，公之来临，首以为戒，循循善诱，所持推诚，太学淳风，坠而复存。朝纲不张，以学规政，五四运动，举世感奋，元凶既踣，余孽恐震，自昔文体，拟古乖今，倡为白话，皂晓通明，云蒸霞蔚，寰宇风行。公之仕宦，迄已卅年，其间困踬，罔恤于艰，以诚得天，以信得人，世之贤者，谁非公门。丁丑七月，寇犯卢沟，天助其虐，洪水横流，风景不殊，山川含羞，感时伤怀，寂处幽忧，病卒不起，星陨南州。惊闻公讣，霜飞雹泣，识与不识，郁伊心结。扫荡中原，为期在即，公不遑顾，遽而永诀，念此歔欷，肝肠寸裂。我社之创，幸公之力，擘画推进，维护弥切，裒金讵万，为文征集，得有今日，皆公所锡。手泽尚存，凄脾酸忆，呜呼哀哉！尚飨。

2. 联

晚尊学术护法早为革命前趋烈士暮年绝笔悲歌翻热血

圣推柳下之和寿符尼山之数休风千古危邦多难重哀思

中国科学社全体社员

一代人师尊叔度　千秋德业仰文宗

中华教育文化基金董事会

自革命以来公主文化　念复兴而后谁为导师

科学名词审查会

为科学界放异彩奇光纵有百年身社会尚嗟胡不寿

是教育家推泰山北斗岂期数日病万方多难足悲哀

清寒教育基金协会

东亚万夫望　南天一柱倾

鸿英教育基金董事会

亦教育家亦政治家群推吾党多才门生故吏半天下

外患未除内忧未息报道先生归去里歌巷哭遍寰中

徐寄硕〔庼〕

夙夜在公视国事如家事　启迪后学作经师与人师

黎照寰

梁坏山颓天不憖遗一老　金声玉振公诚无愧完人

孙洪芬

文章道德世无俦记北大革新知为宗匠椎轮日

师表人伦今不作望南天惨淡正是岭峤烽火时

潘序伦

四十年道义论交著录译书蒙指教　数千里音容顿杳怆怀梁月感吞声

顾燮光

讲学集千人雕宰铸颜设斋治事胡安定　起衰承八代针盲祛痼据席谈经戴侍中

何炳松

学术藉甄陶培植提携亮节明瞻贺鉴月　群伦失师表流离播越迁游酸咽港环风

中国无线电工程学校方子卫

承汉学宋学渊源作铸人才经师合拜胡安定

垂象山船山典范匡襄党国史乘钦崇戴帅初

杜佐周、郑振铎、周予同、程瀛章

经师人师一代宗匠　大老元老万里城长

袁濬昌

国步正多艰天不憖遗一老　士林同太息人可赎兮百身

竹尧生

是风流旷代人豪得因果新旧之要　负藻鉴群伦众望亦造化静动之枢

郭守纯

于学界称人师桃李门墙宏化育　为士林惜硕宿文章星斗黯光芒

朱少屏

解思想倡科学革旧维新百代宗师追孔孟

忧国家损大年鞠躬尽瘁一帧遗像肃清高

王书庄、齐荣澣、王普、赵元

德教溥神州天不慭遗嗟安仰　尘氛溷禹域我今蜷伏憾何之

杨树勋

市堡微畦忆曾教诲时亲未列门墙犹弟子

通儒硕德从此言行不朽永留模范在人寰

刘永纯

冶东西学术于知识鸿炉共事廿年蔚成今局

聆南北院论逢耆英盛会捐馆一旦哀逾古稀

张一志

3. 幛

一代人师　何德奎

哲人其萎　赵志道

4. **轴**

一代宗师　震旦大学

顿失导师　吴蕴初

5. **诗**

开济为心世所师，无成我亦受恩知。十年放废犹今日，惭愧裁书请益时。

天南惊陨老人星，宁止孤寒始泪零。一代儒宗谁接武，万流无语吊先型。

曹仲渊

百年文物起衰时，艰苦惟应老辈知。往事如尘谁复省，不堪来写哭公诗。家居坐使纤儿坏，寇至遥闻老泪多。一片凋残存劫火，早知遗恨满山河。不将名业数河汾，一代人才起似云。功罪是非凭辨取，千秋青简重斯文。耆旧寥寥礼数稀，不才经世意多违。先生去后我安仰，到眼兴亡百事非。

张振鋆

6. **花圈**

中国科学社、中国科学公司同人、庄长恭、蔡宾牟、中央研究院南汇县农场管理员徐沈光章。

第68期　1940年9月15日

社友消息

吴功贤君：二十五年由中华文化教育基金会派往英伦敦大学研究动物生理学，二十七年得博士学位。其时国内抗战正烈，而欧战已是风云紧急，无心再留异邦，遽尔返国。由安南至滇，经中央大学罗校长电聘，遂飞渝就中大生物系教授，担任生理及解剖功课。近复于困苦艰难中布置生理研究室，开始药理与肌肉运动之研究。其他方面如小虾变红之研究及水生动物之呼吸等，已有相当结果，将来或可在《科学》杂志发表。

前在英国完成药理与肌肉生理之论文两编〔篇〕(1. On the physiology and pharmacology of the earthworgut. 2. The action of drugs, especially acetylcholine, on the annelid body wall)业于去年在英国 *Journal of Experimental Biology* Vol.16 发表。惟因欧战爆发，复印本迄未寄到，不克分送各处云。

叶蕴理[君]：在本年春间指导交大物理系毕业生黄礼镇君在“科学社”三楼研究上海空气导电性之变化，结果下午一时左右最大，而夜间四时左右最小，详情将在《科学》上发表。七月间出席杨季璠君在沪召集之物理名词讨论会，本人提出近代物理名词三百余，拟交本年昆明中国物理学会年会通过。讨论会历时二星期始竣事，计得新名词约二千余云。

孟心如君：现仍在重庆中大代工系任教。近将前编《军用毒气》一书增订，交由上海中国科学公司出版。孟君在战前为本社《科学画报》专编《化学战》文字，逐期发表，历一年余，颇为读者所欢迎。嗣因随中大迁川，稿亦中止。现经该报之请，仍拟继续写文，以期化学战知识之普及云。

汤腾汉君：去年由南洋返国，在蓉华西大学就中英庚款讲座。研究之暇，筹备前天津永生化学制药公司在川复工事。研究报告已寄出发表者：(一)《威灵仙之研究》(美国杂志)；(二)《治肾草之研究》(《中国化学会志》)；(三)《益母草之化学成分》(《中国化学会志》)；(四)《澄清蔗汁之研究》(《化工》)；(五)《香草脑之新衍化物》(《化工》)；(六)《青岛虫蜡之化学成分》(《化工》)。已完成一部分者：(一)《有机酸酰醇之研究》；(二)《川附子之研究》；(三)《川产白土吸附力之研究》；(四)《虫草之初步研究》；(五)《川产漆蜡之化学研究》；(六)《中国植物胶之研究》；(七)《国产甘草成分之比较》等。永生化学制药公司已于今年五月开工，制造各种试药、各种化学药品及工业原料。通信处成都信箱五十一号。

彭先荫君：现任广西大学理工学院数理系副教授，担任微积分、微分方程、近世代数、几何等课程之讲授，兹承将该校教授为本社社员者，见示如左〔下〕：

时照涵君化学系主任、袁至纯君物理学系教授、夏兆龙君农学院生物系讲师、葛天回君工学院教授、裘献尊君电机学系主任、董绍良君地理教授、谢厚藩君理工学院院长、邓静华君数学教授、蔡树繁君物理学讲师、蒋纲君工学院讲师、蒋导江君物理学系助教、张鸿基君数学教授、陶心治君农学院教授、萧世永君先修班讲师、周明牂君农学院院长、李运华君教务长。以上诸社友之通讯处，农学院为柳州沙塘外，余均在桂林雁山别墅。

何尚平君：通讯处在云南昆明塘子巷建设厅蚕场试验部。

刘君谔君：现在四川成都东门外四川大学农学院昆虫研究室内工作。

赵廷炳君：现在四川沙坪坝中央大学任化学教授，其对于化学分析学平日研究颇具心得，兹将最近拟出版之研究论文，概述如次。

自民国二十四年研究阴离子之系统分析，其研究论文除在《中国化学会会志》及美国 *Journal of Chemical Education* 用英文发表外，并编成中文讲义，付印成书，书名《阴离子分析法》，仿照 A. A. Noyes 书中之体例，将阴离子之分析系统分作三十五个实验步骤，依次叙述。现已由商务印书馆代为印行，准于本年八月中出版，以供各大学秋季开学之用。

艾伟君：现在四川重庆沙坪坝中央大学任职。适得其通讯，略谓抗战军兴以来，外汇日涨，留学生之派遣为数锐减，而大学研究所遂应需要渐次成立。艾君现负责主持国立中央大学研究院教育心理研究所，现有研究助理、研究生十一人，而上届留英学生曹飞、张孟休等因欧战方酣，放洋无期，亦暂留所研究。该所出有《教育心理研究》季刊一种，其创刊号业已出版，并拟与本社出版之《科学》互相交换云。

戴运轨君：现在四川成都华西坝赫斐院金陵大学理学院物理系任教。

葛毓桂君：现在四川嘉定武汉大学。

谢家荣君：通讯处为昆明文林街地藏寺巷七号。七七事变后即赴湘桂二省调查矿产，继又赴滇省考察。廿七年秋任某矿务局经理,主办矿厂,廿八年工程完成,开始生产。廿九年四月改任某地采矿工程处总工程师云。

卢于道君: 现由贵阳湘雅医院返重庆北碚,担任本社生物研究所动物部教授之职。

本社理事马君武先生逝世

马君武先生近数年来主持国立广西大学,经营擘画,不遗余力,校务蒸蒸日上。惟以年高体弱,积劳成疾,七月二十八日夜胃病剧发,虽经名医诊疗,针药齐施,竟不克挽救,延至八月一日午后六时在校内住宅与世长辞。先生早岁留学德日,得工学博士学位,造诣精深,著述宏富。民元以来,护宪参政,尽瘁党国,对于学术界建树尤多。民二十四起任本社理事。一旦溘逝,顿失导师,知与不知,同深悲悼。

第69期　1940年11月15日

社友消息

吴大猷君：现在国立西南联合大学物理系任教。去年为纪念北京大学四十周年，著有"*Vibrational Spectra and Structure of Polyatomic Molecules*"X＋335页，由北京大学出版，中国科学公司印刷。国外物理学家对该书均有好评，兹录数则如下：

Prof. H. H. Nielsen："the most delightful book on the subject now available."

Prof. G. Glockler："a most useful piece of work that will be one of outstanding contribution to the literature of one of physics and chemistry."

Prof. W. F. Colby："excellence and marvel that you are able to put out anything of that character under your present conditions."

Prof. J. H. Van. Vleck："a valuable contribution to the literature of physics ... remarkable that you could write so complete a volume under such troubled conditions."

Prof. H. Sponser："a much needed representation of the subject and a most useful compilation of data."

Prof. H. C. Urey："an outstanding compilation of the important facts in regard to polyatomic molecules."

Prof. G. Herzberg："a masterly and through treatment of the subject. The discussion of the individual molecules is particularly useful and will be of great help to me in writing the second volume of polyatomic molecules of my book ... a remarkable achievement which is the more noteworthy since it was performed under such troubled conditions."

吴君以目前仪器缺乏，实验工作未能进行。惟理论工作仍继续不断，年来论文均在美国*Journal of Chemical Physics*发表云。

鲁波君泽普：自抗战以来，随永利化学工业公司入川(廿六年冬)。廿七年春调查资源，先后赴成都、彭山、嘉定、犍为、叙府、珙县、长宁、兴文、叙永、泸州、自流井一带调查制碱、硫、焦炭、钰等原料。廿七年秋来五通桥，一面进行建设碱厂工作，一面为盐务管理局方面改进制盐土法。先后施用枝条架法及塔炉法，以浓缩盐卤，节省原用煤炭量三分之二以上，现在全川皆在推行仿效。此后更将改良制盐砖法，以代替原来之巴盐(即极硬之盐饼，此物利于运输，但制时耗煤太多)。关于“枝条架”有报告发表于黄海化学工业研究社之《盐工业专号》，塔炉法及木榨制盐砖法亦在此期中，但以印刷太慢，迄今始将印就也。

永利化学工业公司自撤退后，因全部机件除铁工厂一部机件抢出外大体遗失，故入川后重新建设。得政府之助现正进行，惟以运输不便，进行甚缓。现除大厂外，正进行小工业之开创，以利时机。通讯地址四川五通桥永利公司。

曹梁厦君：前编《理化名词汇编》出版后，即继续《法华理化名词汇编》，已脱稿。现正着手编订《德华科学名词汇编》。其长公子友德于去年杪在美国米西干大学化工研究院结束博士研究工作，即入工厂实习，已于八月间与医学博士林爱群女士在安亚埠结婚。次公子友诚亦于八月间在米西干大学化工研究院结束冶金工程博士研究工作后入厂实习，前与其弟友信合编之《宇宙奇观》一书，已由中国科学公司出版矣。

李良庆君：现仍任北平静生生物调查所标本室主任。近将《植物形态学实验指导》编竣出版。研究方面注重于浮游藻类，北平北海公园之浮游藻类业已调查竣事，不久即在该所汇报中发表。

陈宗蓥君：自二十七年离豫后，在江西任职，其通讯处仍为永新大成路十三号。

黎宗辅君：现任国立广西大学梧州农林场主任。

汪振儒君：去年自美国学成归国，现任国立广西大学植物研究所主任。

钟济新君：现任国立广西大学植物研究所技士。

陈立卿君：现任国立广西大学植物研究所技士。去年七月间陈君遭鼓盆之痛云。

张云君：向任本社广州社友会书记。自广州沦陷后，即随中山大学迁滇。最近该校改聘许崇清代理校长，并奉命全部迁回粤北之南雄，张君被任为该校教务长，亦随校东迁。通讯处为广东南雄国立中山大学。

涂长望君：现任浙江大学史地系气象学教授，通讯处贵州遵义。

胡博渊君：现在西康西昌经济[部]西昌办事处供职。

徐崇林君：通讯处现为四川重庆上浩桂花园大成制革公司。

刘恩兰君：已由英国返国，现在四川成都任金陵女子[文]理学院教授。

程燿〔耀〕椿君：近辞去浙大教职，现接受广孚公司之聘为工程师。其通讯处为四川达县渠江矿业公司转广孚公司。

程孝刚君：近以服务之暇，多致力于研究工作，藉了宿愿，惜无实验设备，仅能从事于理论之探讨而已。近作之论文有《西南工厂联合会之必要及其办法》一篇，登载于去年之《新经济》杂志，其中颇多对症投药之论，希望能得工程界之采纳，以挽救此硕果仅存之实业。又有《滇缅铁路西段视察记》一篇，即将在《新工程》杂志发表，以饷关心该路之人士。程君通讯处为云南安宁温泉曹溪寺。

张定钊君：现迁居上海霞飞路一五六二号林肯公寓C一号。

孙侃君：通讯处今改为上海安和寺路陆家路口法华新邨四号。

马保之君：通讯处为广西柳州广西沙塘农业试验场。

陈德元君：住上海法租界环龙路一八三号。

周西屏君：通讯处为上海卡德路八三号内七号房间，近由英庚款之补助，利用本社算学图书室作算学研究。

竺藕舫君：已向浙大请假半年，近来专在北碚料理气象研究所事务。

卢于道君：来函谓十一月三日在北碚成立中国科学社北碚社友会。座中曾讨论近年学子偏重农工，而轻视数理化生物，致各大学理学院学生甚少。在此时期，固宜稍偏应用，然矫枉过正，则基本科学日衰，亦非立国之道。其时教部顾次长在座，亦以为然。

第70期 1941年2月15日

社友消息

张廷金君：受国立编译馆之托，主持电工学电讯一门名词之审查事宜，自去年十月起即在本社会议室开会，每星期集会二次。该项名词分三小组讨论，一电报电话；二无线电；三其他，包括电视、光电、声学等。自十二月起举行全体大会，裘维裕、杨肇燫、杨孝述诸社友参与审查，大概尚须数月方可竣事。

汪胡桢君：于本月九日在康奈耳大学上海同学会聚餐时演讲《中国之水力问题》。其与顾世楫、王寿宝、关富权诸社友合译之《水利工程学》一书，将于三月底全部脱稿云。

柳翼谋君：自南返后，向在苏北闭户读书，近以友人之约来沪小住，暂寓小沙渡路海防路四六〇号。

李书田君：七七事变以后，入陕设国立西安临时大学，嗣迁校汉中，任国立西北联大常委，并创设国立西北工学院。完成后，于二十八年入康创办国立西康技艺专科学校于西昌。李氏现任国立西康技艺专科学校校长、委员长西昌行辕经济建设设计委员会委员、西康省政府顾问、教育部工业教育委员会、黄河水利委员会委员、华北水利委员会委员。入康以后，颇多写作，其在各报章发表者计有(一)《国立西康技艺专科学校之创设及其使命》(《大公报》及《宁远报》)；(二)《如何创设西康省印泸文化区》(《宁远报》)；(三)《为民族复兴节敬告宁属教育界》(《宁远报》)；(四)《开发宁属要先征服三种基本困难》(《新四川月刊》及《宁远报》)；(五)《发扬国医学术》(《宁远报》)；(六)《报格桑泽仁先生书》(《宁远报》)；(七)《追念水利大师李公仪祉先生逝世两周年》(《宁远报》)；(八)《西康宁属经济建设之水电动力问题》(《西康青年》及《宁远报》)；(九)《安宁河之现状》(《新宁远月刊》)等等。本社西昌社友据已确知者，有左〔下〕列七〔六〕人：

李书田砚耕。

冯肇传：国立技专农林科及畜牧科主任。

魏寿昆镇雄：国立技专矿冶科及化工科主任。

张范村：国立技专畜牧学教授。

常隆庆兆宁：委员长西昌行辕专员。

胡博渊维倾：经济部西昌办事处。

张延祥君：最近又得经济部核准专利两种：一为电线计算尺，已由上海江西路三二三号亚美公司发售；一为中文活字排版尺，各准专利三年。

黄伯樵君：通讯处现改为香港九龙邮政信箱一六四三号。

杨克强君：现在四川重庆北碚地质调查所工作。

周泰岳君：通讯处为四川铜梁上北街十号。周君于上年在新繁成属联立中学任教，秋间回里与铜梁人士筹备私立正谊高级中学云。

李俨君：近来除照常在陇海局服务外，尚继续《中国算学史》之研究工作。其通讯处改为陕西西安崇礼路东九号。

彭谦君：通讯处现在贵州湄潭浙江大学农学院。

陆仁寿君：通讯处现在重庆小龙坎成渝公路中建公司。

严仁曾君：现住天津英租界爱丁堡道二六五号。

朱文馨君：现住〔任〕上海北山西路四七弄二三号光明化学制药厂厂长，通讯处为北京路二六六号五定公司。

徐名模君：通讯处现改为上海劳神父路五六八号。

王令娴女士：于去年底赴南洋，其通讯处如下：Miss Wang Ling Yen, c/o Chinese Consulate Kuala, Lumpav, Federated Malay States。

赵廷炳君：近著《阴离子分析法》一书，业由商务印书馆出版，每册四角。此书与赵君前译之Curtman《定性分析化学》(中国科学公司出版，每册一元二角，加三成)为姊妹书，因“定性分析”详于阳离子而略于阴离子，故若将此二书同时并用，可补救此种缺点。赵君最近在国外发表之论文为“A Systematic Analysis of the Common Anions”, *Journal of Chemical Education*, 16, 376 (1939)。

李赋京君：现任陕西省立医科专门学校校长，通讯处西安东关龙渠堡该校。

孟心如君：近编《化学战》一书，共分三编，第一编《论化学战》，第二编《论毒气防御和防空》，第三编《论化学战剂中毒的病理和治疗》，全书数十万言，插图数百幅，已交中国科学公司出版。

第71期　1941年7月5日

社友消息

张孟闻君：现在贵州湄潭文庙浙大任教。张君近与诸友发起集体合著《中国动物图志》，详细计划已寄重庆。拟请秉农山、胡经甫二君为名誉编辑，实际负责者伍献文、卢于道、刘淦芝、蔡邦华及张君五人。上海方面请朱元鼎，香港方面林绍文主持，并由《科学画报》附带发印，期在六七年内赶成。现悉“科画”方面极愿带印，倘国内专[家]予以合作，即可实现也。

徐宽甫君：曾于上月中到上海接眷，延聘大学毕业生十余人，并购置大批参考书，业已公毕返桂矣。

郑礼明君：来函云：于二十六年入川，二十七年五月奉令承乏全国度量衡局，迄今已二年有半。此间工作颇繁，主要事务为指导督促全国划一度量衡及编订工业标准。是项工作与科学颇有密切关系，深望本社同志予以合作赞助。郑君对于大小数定位命名之商榷颇有意见，曾作论文一篇，已于去年腊月间于工程师学会在蓉开会时宣读。其通讯处为四川北碚新村五十六号。

唐世凤君：近由英回国，在沪小住后，即赴渝就地理研究所海洋组主任职。

唐燿君：自一九三九年秋，由欧返国后，筹备一木材试验室隶中工所，专门试验研究国产木材，室址现设于乐山，一载以还，规模粗具。本年度，美国洛氏基金会协助唐君研究设备费美金二千五百元，充实设备。再唐君除指导十余人员工作外，仍致力于中国商用木材之研究，近已就搜集之材料，著成《中国商用木材初志》上下两篇，由农产促进会刊印，不日即可出版。

李珩君：近由成都到昆明，就任天文研究所技师。定于六月中赴甘肃天水、安康等处，筹备观测本年九月二十一日之日蚀事宜。通讯处昆明小东城脚二十号。

张钰哲君：新任中央研究院天文研究所所长，通讯处昆明小东城脚二十号。

冯泽芳君：现任中央农业实验所陕西工作站主任，通讯处为西安甜水井七十九号陕农所转。

张春霖君：现在静生生物调查所继续研究。除研究淡水及海鱼外，并将该所所采腔肠动物及棘皮动物标本，加以整理鉴定各数十种，已作成短文发表。近来鉴定盲鳗(*Epatretns burgeri*)一种，盲鳗属圆口类，在动物分类学上占重要位置，中国向未采得此类标本，今所鉴定乃中国首次纪录。又北平博物学会今年五月十号在协和医学院礼堂开年会时，因张君历年研究中国鱼类之成绩，特赠以金氏奖章云。

陈德元君：现移居上海山海关路二百八十五弄三十号小菜场西首。

陈可培君：于四月间组织成立信孚实业公司，承办各式化学及机械工程，并代计划工程设计(包括化学工业设备、自来水厂工程、净水工程、工业用水工程、冷气工程、卫生工程与空气调制工程等)兼营大小各种机械及化学原料，于工程界别树一帜，颇为识者所称道。事务所现设上海江西路汉弥登大厦一楼一四七号。

陈忠杰君：现任上海商务印书馆编辑，寓虹桥路后胡家宅十六号 A。

寿天章君：于七月二日患脑充血在兰州逝世。君早岁留学德法，回国后迭任南京法政学校、河海工大、第四中大教席，及福建教厅、陕西建厅秘书等职。近八年来，长兰州甘宁电政，颇具政绩。战事起后，兰州为后方重镇，职务益繁，责任益重，但君仍能措置裕如，宜为当道所器重。君江苏松江籍，体丰肥，态度雍容，待人接物，和蔼可亲，好读古书，欣赏艺术，广交友，尚义气，不善居积。存年仅四十有一岁，遗子女七人。身后萧条，景况至为凄惨。

第72期　1941年11月5日

社友消息

张延祥君：最近创作“反射热风炉底”一种，又得经济部核准，专利三年云。

赵药农君：现在北平从事上海新亚药厂北平工场制造麻黄素。

陈克诚君：现在四川嘉定，任国立武汉大学土木系教授，担任土力学、水力学、河工学及灌溉工程等课。教学之余，曾发表《中国黄土堤之研究》及《土壤力学挈要》两文，载上海《学林》月刊。又编写《土力学与地基工程》一书，已完成二十万字，正在整理图表中，不久即可问世。现并受本社社友汪胡桢先生之约，担任《中国土木工程手册》之编辑工作，期于半年内完成。

丁求真君：通讯处现改至浙江缙云壶镇福民公司。

孟心如君：在重庆建设一染料工厂，资本数十万元，本月内可出货。该厂办事处在重庆民族路一三三号。

汪胡桢君：现为国立编译馆主编工程手册，督促进行，颇见忙碌。同时又编辑《工程名词汇编》，其中土木工程名词系采自本社出版之《土木工程学》、汪君近译之旭克列许《水利工程学》及其他土木工程著作，电机及机械名词概照教育部颁布者。尚有航空、造船、矿冶等名词亦搜罗不少，现已完成三分之二云。

叶善定君：周游腹地各省及缅甸、印度，业已返沪矣。

李寅恭君：仍任中大森林系主任，住重庆沙坪坝石门村六号。近接李君来函云，中央大学森林系系寅恭[一]手成立，已逾十年，人才设备，逐渐扩充，在国内有林科诸校中应有尽有。徙川后虽未得大面积演习林场，但事业推进，犹勉副社会及教部期许。今年奉文随生理、地理、哲学、史学等系设研究部，现已成立。

王季梁君：于二十八年八月与徐文漪女士结婚后，在沪家居不及二月，即赴贵州浙大教学，二年来因交通不便，未克返家团聚。王夫人原本定本年九月间赴桂，讵料动身前二日突然患病逝世。

程瀛章[君]：与宋廷恺合译 R. S. Griffin《工业分析》一书，业已由中国科学公司出版，因书太厚，分订上下两册，定价每部二十四元，桂林西成路五号中国科学公司亦有出售。该书内容对于化学工业品如酸、碱、水、燃料、水泥及其他有机无机物品无不应有尽有，其分析方法均在化验室中采用，认为满美可恃，为工厂及化验室之必要参考书，亦为理工学校化学科之必修教本。

高君珊女士：现住上海霞飞别墅二号，任教暨南大学与沪江大学。

黄素封君：通讯处为上海法租界拉都路五五〇号人和制药厂。该厂出品精良，为医家所信任，营业亦日见发达。

刘梦锡君：新通讯地址为四川綦江县莱坝水云村，近有该处工程照片寄社，想见进行之努力也。

内迁特刊号与川版　1943 年 7 月—1944 年 11 月

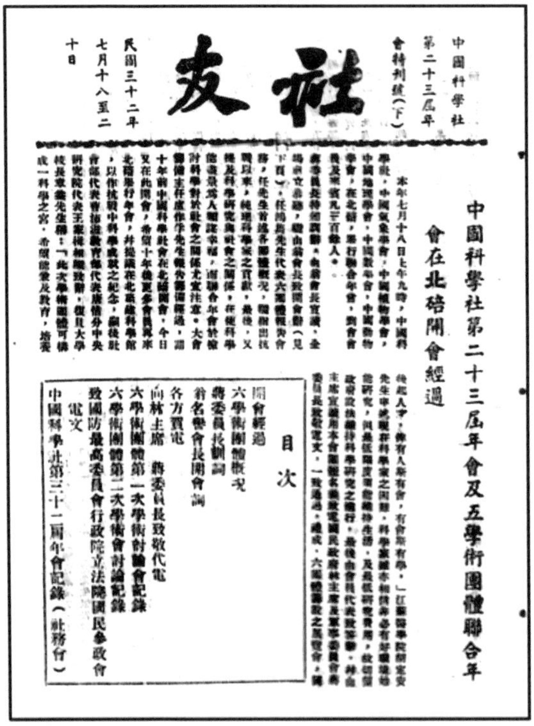

中國科學社
第二十三屆年會特刊號（下）

社友

民國三十二年
七月十八至二十日

中國科學社第二十三屆年會及五學術團體聯合年會在北碚開會經過

目次

開會經過
六學術團體概況
蔣委員長訓詞
翁名譽會長開會詞
各方賀電
向林主席　蔣委員長致敬代電
六學術團體第一次學術討論會記錄
六學術團體第二次學術會討論記錄
致國防最高委員會行政院立法院國民參政會電文
中國科學社第二十一屆年會記錄（社務會）

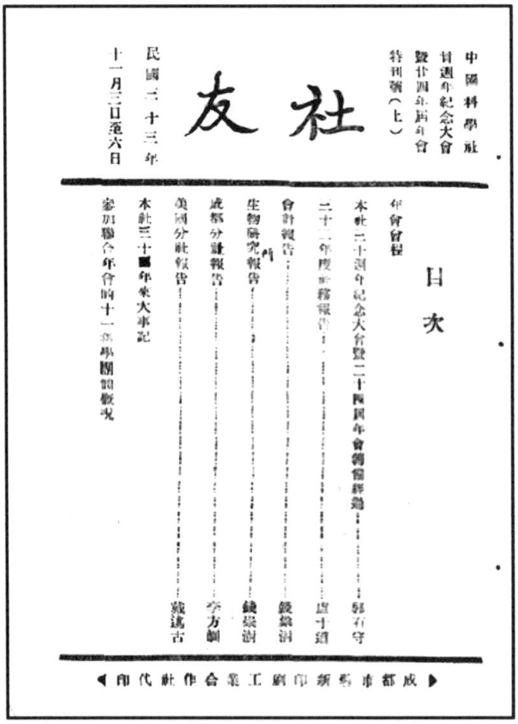

中國科學社
卅週年紀念大會
暨廿四屆年會
特刊號（上）

社友

民國三十三年
十一月三日至六日

目次

◀成都市華新印刷工業合作社代印▶

内迁发刊的两期《社友》特刊号第 23 届年会特刊号（左）与第 24 届年会特刊号（右）首页

北碚中國科學社編行

社友

民國三十三年一月（川版第三期）

本社三十週年

盧于道

理事會議紀錄（內遷後第五次）

北碚中國科學社編行

社友

民國三十三年八月（川版第四期）

上海本社社友近訊

夏壩分社成立

本社成立駐渝通訊處

内迁发刊的川版《社友》第3期和第4期首页

第73期　1947年6月30日

社友消息（以姓氏笔数为序，冠首数码系社号）

1568 方文培君： 仍在四川大学继续任教，并研究峨眉山植物。通讯处成都四川大学生物系。

3537 王懋德君： 函称：自大学毕业后，已在华西大学医学院生理系及药理系服务三年。因为兴之所至趣味相投，自己打算在这里工作一生，但希望社友们多将生理及药理方面材料常常见告，以匡不逮。住址成都外南小天竺街十三号。

1199 伍佰良君： 现任广州市图强医院院长、图强高级助产职业学校校长、伍汉特纪念医院院长。通讯处广州市仓边路三十九号图强医院。

1868 宋大仁君： 创办胃肠病院十周年，继续研究消化器病及寄生虫学，主持中西医药研究社社务及编辑月刊。住址上海愚园路二三五衖华园三十二号。

1118 宋希尚君： 抗战期中任交通部西北公路运输管理局局长，兼陕甘线区司令。现任交通部简任技正兼青岛港工程局局长、上海港务整理委员会委员。通讯处南京灵隐路九号。

3137 沈增祚君： 于三十三年自北碚去美，研究 Fine Chemicals Industry。曾在 Merck 厂实习，Pittsburgh Uni.研究。去年十月返国后，复奉经济部派伴同 British Trade Mission to China 至全国各大城市访问。十二月后，始定居上海。刻仍供职中央工业试验所。通讯处上海海宁路恒善里一一五 A。

1923 沈嘉瑞君： 去年复员至平，应国立北平研究院之聘，现任该院动物研究所专任研究员。住址北平西直门外三贝子花园国立北平研究院动物学研究所。

3610 李璠君： 自三十一年度接受为中华教育文化基金董事会科学研究辅助金研究员以后，一直在川大农院农艺系任教。现正担任四年级农具学及三四年级作物检验及种子品评等诸科〔课〕。通讯处成都四川大学农学院。

3463 何裕如君：自去岁毕业华大药学系后，曾归家于家庭工作半年。今年返蓉，于四月廿二日入成都中央制药厂办事处服务，工作尚称紧张，但勉能支持。决本科学精神，随时研究进取，以争取事业之发展也。住址四川成都半边桥街中央制药厂。

1834 林名均君：自民国二十二年秋季起，即服务于成都华西大学博物馆。迄三十五年春季，始由学校调至训导处工作，任学生课外活动组主任，兼授课于中国文学系，生活尚称安定。通讯处成都小天竺街一〇四号或成都华大训导处。

社友

九一叟 相伯

編輯發行者 中國科學社 上海陝西南路二三五號

內政部登記證警字第一四六一號

發行所 中國科學社 上海陝西南路

印刷所 中國科學公司 上海中正中路

中華民國三十六年六月三十日　第七十三期

中國科學社理事會通告

本社第二十五屆年會已定於八月三十、三十一、九月一日在上海舉行，會場擬假中央研究院禮堂，八月二十九日報到註冊，凡吾社友務希踴躍參加為荷。　社長 任鴻雋

總辦事處通告

[illegible]

會計理事通告

[illegible]

復刊辭　于詩鳶

吾社崛起於建國之初，獨以發揚科學自任；對於積弱積貧之國家，可謂對症之藥，根治之策。篳路藍縷三十餘年，[illegible]之中；雖遭暴寇侵凌而不少屈，終達重覩光明之域，以為復興之基，是果何故哉？亦賴社友諸公齊力砥礪，有以致之耳。[illegible]「社友」[illegible]

溯「社友」之創乃在第十五週[illegible]誕之日，時為十九年之秋。[illegible]先生獨任其事。月刊一號，迄三十年十一月以孤島淪陷，事業無法進行而止。先後刊七十有二期。嗣總社內遷，[illegible]

迎將復員伊始，社友行止之變動甚繁，社務發展之頭緒尤夥，因之「社友」復刊之需要愈亟。[illegible]未敢辭也。[illegible]路事部緒，於三十六年六月起繼續發行，一切方針有簡規在，不多言。深冀社友諸公時賜指教，俾小小刊物堪為科學家聯結之樞；從而共負科學與邦之大任，則斯刊之復為不虛矣。

◉本社第二十五次年會籌備消息

本社本年年會定於八月三十、三十一、九月一日在上海舉行三天，已於六月十三日[illegible]，決定[illegible]科學團體聯合舉行，在接洽中者有天文，數學，物理，動物，植物，氣象，地理，[illegible]學會。會場[illegible]中央研究院，[illegible]。茲將[illegible]列後：

[illegible]

第二次复刊的《社友》第73期首页

第74期　1947年7月31日

社友消息（以姓氏笔数为序，冠首数码系社号）

1371 朱汉爵君：去冬入国立广西大学执教，今夏期满。因足疾疟疾侵寻，医嘱迁地为良，下学期拟在离上海故乡较近地点，担任钢筋[混]凝土结构学、铁道建筑测量道路学等教授。社友中如需聘请，可函本社于诗鸢君接洽。通讯处暂改湖南长沙北门铁佛街成智益湘学校朱王浣青转。

1682 周允文君：自二十九年因学校需要，专任训导处生活指导主任，兼授物理及数学。自卅二年即升任副训导长兼生活管理组主任。迄今自抗战以还，坚守岗位，屹未变动。通讯处成都私立华西协合大学训导处。

612 周兹绪君：在上海电力公司已十六载余，现任技术部工程师之职。住址上海西康路一〇六号五号公寓。

1932 范谦衷君：三十五年随金大复员返京，仍任金大生物学系教授兼主任。在成都完成新著大学用本《遗传学》一书，自印出版。现正编著根据过去八年研究《家蚕遗传学》一书及“优生与社会”丛书一套。抗战前所创办之谦衷生物科学材料社，现已复业，制造生物模型标本供给各校，以促进科学教学进步。社址仍设南京汉口路十九号。

1701 胡鸣时君：自卅四年胜利后即于九月离闽来沪，在上海市公用局担任交通工作。通讯处上海(18)襄阳南路364号。

3264 柯象寅君：去年五月自渝乘飞机还都，已经一年。现仍在中央农业实验所领导稻作改进工作。所主持之水稻区域试验与各省合作，本年分在廿三个地点举行，分布于十四省。主编农业研究刊物《农报》，并在中央训练团担任作物学讲师，最近奉派出席联合国粮食及农业组织稻米研究会议，即将飞印度参加。通讯处南京(4)孝陵卫中央农业实验所。

1447 俞季川君：于民国廿六年奉静生生物调查所命入滇调查并采集植物标本及种苗，曾担任野外工作凡两年。后以七七事变北平沦陷，即在昆明筹组云南农林植物研究所，为长期在滇工作之计。抗战期间始终在彼工作，现任研究员兼副所长职务。通讯处昆明北郊黑龙潭云南农林植物研究所。

1430 孙云台(英选)君：函称：敝人在事变期间，杜门未出。著了《人体病害寄生动物学》《农业病害寄生植物学》及《〈诗经〉动植物考释》各一稿，俱已完成，尚未出版，容后或请本社同志校正及介绍出版。余现任省立济南师范专任生物教员。敝寓于事变期间，曾被日人搜索数次。今闻本社复员，无任欣幸，特此庆祝！通讯处济南东关七家村四号。

2359 马溶之君：于去年十月中由川到京，现在地质调查所土壤研究室工作。通讯处南京珠江路942号中央地质调查所。

2397 章启馥君：现在新通讯处欧阳路221号光华大学。

1580 许引明君：于卅四年随校复员到福州，现任华南学院教务长兼代院长。通讯处福州仓前山岭后华南学院。

956 袁复礼君：去秋自昆明复员至平，仍任清华大学教授兼地学系主任。本年正积极增加设备中，谅冬间可恢复研究工作。希望本社订购英国出版之 *Discovery* 杂志多套，内容通俗而不夸张。通讯处北平清华大学地学系。

322 黎照寰君：任职南京立法委员，寄住上海。仍于宗教教育方面义务服役，近为中华基督教青年会全国协会会长，广学会、尚贤堂、公谊会各主席，亚洲文会副会长，立信专科学校特约工商管理讲师，中山文化教育馆名誉总干事。本年八月在苏格兰爱丁堡世界基督教青年会大会代表中国参加会议。通讯处上海虎丘路一三一号青年协会。

第75期 1947年8月30日

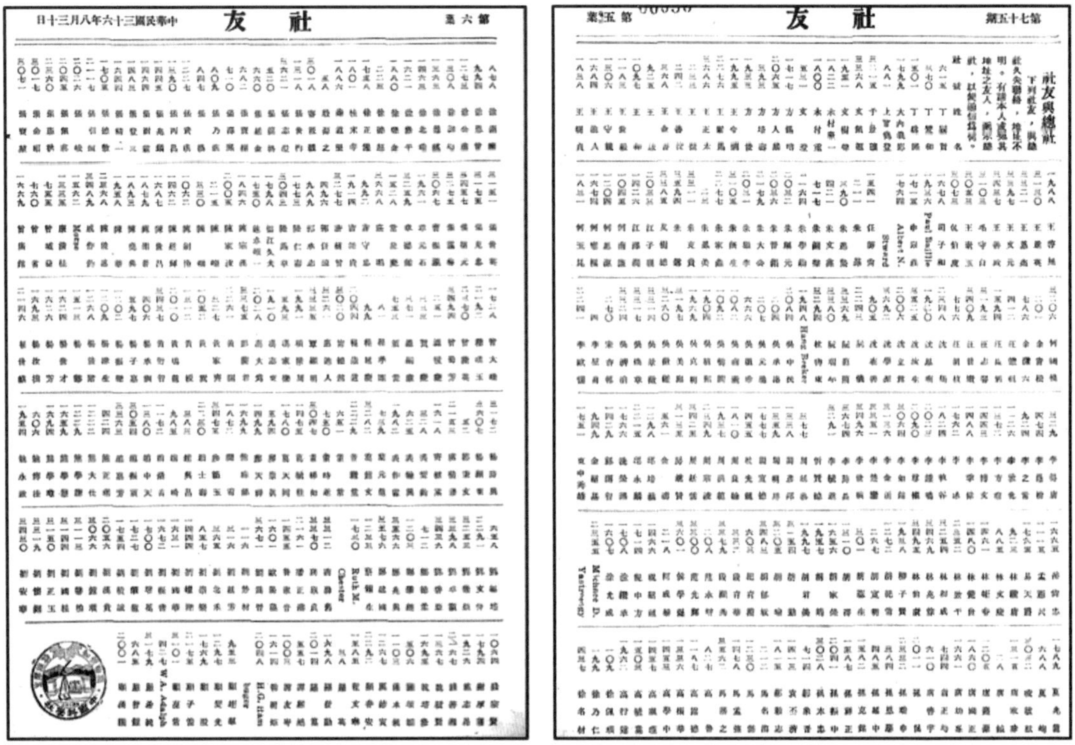

第75期登载的与总社失去联络的社友名单

当然，当时长久不与中国科学社联络因而失去联系的社友远远不止这些人。

第 76—77 期合刊　1947 年 10 月 15 日

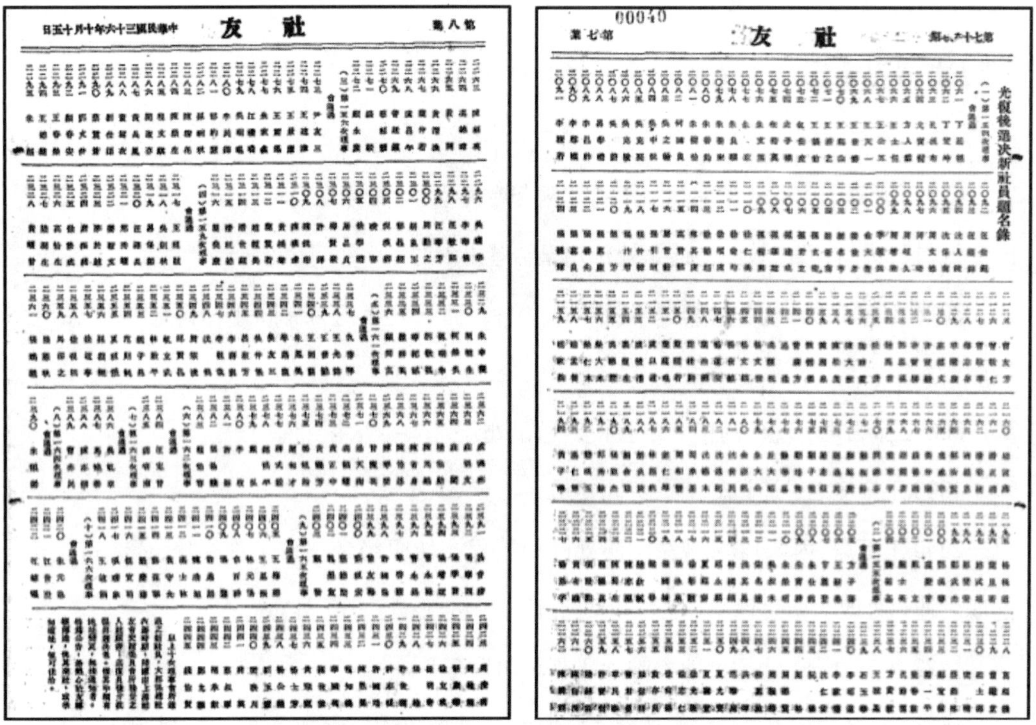

第 76—77 期合刊登载的战后十次理事会通过的社友名单

名单中大多是中国科学社内迁后，上海社友会所征求的社员。

第78—79期合刊 1947年12月15日

社友消息（以姓氏笔数为序，冠首数码系社号）

698丁求真君：抗战期间随浙江省立医药专科学校，在天台、临海、缙云等处。去夏随医专复员回杭州，仍任教职。通讯处杭州皇诰巷卅二号。

3026王有琪君：现在上海医学院解剖学科。通讯处上海枫林桥上海医学院，电话七四四三六。

368王金吾君：现任河南大学教授。通讯处开封南关繁塔寺河南第三院。

1306王守竞君：通讯处南京资源委员会转。

2340王炳蔚(丙未)君：现由国防部民用工程司转职经济部技工训练处，任编审技正之职。通讯处改为南京西华门三条巷四十五号经济部技工训练处。

1922包志立君：通讯处西安国立西北大学教育系。

3628朱培仁君：胜利之初，任南京临时大学补习班农艺系副教授职。刻返金陵大学农学院任教，目前对于新种构成之教学问题颇有兴趣。通讯处南京金陵大学。

1731朱惟杰君：通讯处改为安远路七一一号(原槟榔路二〇一号)。

1356李良庆君：原任静生生物调查所标本室主任，兼藻类研究技师。该所于日美战争开始时为敌所封闭。李君因母老家贫，遂在中国大学及辅仁大学等校执教。现仍任中国大学生物系主任，兼辅仁大学讲师。通讯处北平东华门北河沿四十八号。

3305李非白君：仍在镇江中正路国立江苏医学院寄生虫学研究所工作。

3040李善邦君：去英伦一载，现由美回国。通讯处南京珠江路九四二号中央地质调查所。

147李俨君：通讯处西安崇礼路东九十八号。

474李荫枌君：通讯处上海市公用局。

1122李世琼君：服务兵工界逾十八年，于去秋呈请退休，业经奉准。嗣后永久通讯处为南京(八)北平路卅六号恒庐。

173 李寅恭君：中央大学森林系教授，近有《树木学摘要》一书经正中书局出版。其《行道树》《森林保护学》等著稿，附制多图，则准备付印。另有其讲学余事之《百卉图吟草》，遭战乱后稿多散失，刻亦在搜辑中。通讯处南京成贤街七十六号中大教员宿舍。

1338 周彦邦君：通讯处贵阳建设厅转。

2246 周韶梅君：继续在交通大学电机工程系肄业。通讯处上海徐家汇路五七〇衖三号。

1682 周允文君：函称：本社召开廿五届年会，允文远处西陲，交通梗阻，不克参加，引以为歉。最近收到《社友》两期，得悉本社社务梗概，以及社友消息，欣慰不已。本校李怀义总务长已赴美留学，总务处亦略为改组，分设事务、校产、建筑三组，允文即负责事务组之责任，以后如有承赐之件，请交成都华西大学总务处为荷。

2096 周文德君：去岁自台湾返沪后，即任交通大学工学院教授，最近应美国宾夕法尼亚大学工程研究所之聘，任该所特约研究员，已于八月二十四日乘戈登将军号赴美。周君著述丰富，已在各大书局出版者有《材料试验学》《应用流体力学》《隧道工程学》《结构学原理》等等，最近更撰《台湾见闻录》一书，对于台湾省之工程建设及科学概况，阐述綦详，书中插图百余幅，印刷精美，并附导游之篇，尤足为旅台者之指针。该书由上海中正中路中国科学公司出版云。顷接周君自美函略称："自离沪后于九月十五日抵此，途经日本、檀岛、旧金山、芝加哥诸地，所集科学资料甚多。此处生活颇清静，适于研究。现已被邀至附近 Tyrone 城教堂中演讲一次，题为《中国之教育制度》，因美国人民颇关心我国之情形也。科学社及技术协会情形，请常函示。"通讯处 Mr. V. T. Chow, 316 W. Beaver Av., State College, Pa., U. S. A.。

3096 宋钟兴君：自民国三十年春于华西大学药学系毕业后，即被派到该系主办之实习药厂服务，由助教进至讲师，至今年六月底止，整整六年。曾经轮流担任库房、营业、制造、配方等工作。自七月份起，受友人嘱托，介绍到四川北碚北碚医院担任库房工作，整理分发，生活甚忙，环境清雅，颇饶兴趣。通讯处四川北碚北碚医院。

204 吴承洛君：通讯处南京经济部商标局。

2084 吴中沅君：通讯处上海陕西南路步高里卅四号。

3223 吴载德君：通讯处杭州浙江大学农学院。

455 杜光祖君：通讯处上海江西路一八一号建设大楼二楼淮南矿路公司。

1792 汪振儒君：自卅五年八月起，任北京大学农学院森林系教授兼系主任。通讯处北平罗道庄北京大学农学院。

3271 汪美先君：于九月初自东北调返。通讯处上海天通庵路二二二号上海生物学制品实验场。

905 沈在善君：字百先，现以字行，任南京水利部政务次长。

923 林继庸君：通讯处上海江西路一四七号。

1431 林翊春君：函称：昨由郑州转来惠寄《社友》两期，无任欣幸。抗战以来，即与本社失去联络，正为苦闷，睹此大乐。翊春现仍服务陇海路局，任本局副总工程司〔师〕，尚祈诸君子时加指教，无任盼祷。通讯处西京市崇廉路四段廿五号。

3063 范迪允君：通讯处南京(四)水西门下浮桥菱角市五号中央标准局。

1056 茅以新君：抗战期间在广西柳州交通部柳江机器厂，民三四春赴美考察铁路机厂，民三四、三五年在美英洽拨中国部分联总物资，民三六年二月返国，现任粤汉铁路副局长。通讯处湖南衡阳苗圃粤汉铁路管理局。

3548 胡文光君：通讯处成都望江四川大学生物学系。

2188 胡炎庚君：民卅四年毕业大同大学电机系后，即入资源委员会电业管理处工作。通讯处南京资源委员会电业管理处。

267 胡宣明君：通讯处南京立法院。

447 胡经甫君：民国三十年秋休假赴美，十二月初抵马尼拉，适值太平洋战事爆发，遂羁留菲岛四年，在菲岛大学习医。三十四年春，菲岛光复后，飞返重庆，在中央医院完成实习。三十五年春，仍返燕大任教。通讯处北平海甸燕京大学。

1342 胡品元君：通讯处南京沈举人巷十三号之一。

3598 徐季吾君：自卅五年一月由北碚来平接收，即留平工作。现任农林部病虫药械制造实验厂北平分厂厂长。通讯处北平先农坛北门禄长街九号农林部病虫药械厂北平分厂。

109 徐佩璜君：通讯处昆明环城东路一八四号。

199 徐乃仁君字南驺：通讯处重庆学田湾徐南驺。

3195 徐国清君：现任教华西协合大学医牙学院，担任寄生虫学课程，并主持华西协合大学医学院检验室寄生虫部工作。通讯处成都华西大学医牙学院病理系。

1607 涂允成君：现任汉口江汉工程局局长。

994〈9〉徐恩曾君：通讯处上海外滩六号。

437 徐名材君：通讯处上海北京路廿七号一楼中央化工厂。

1457 高禩瑾君：通讯处台湾基隆中正区平四路一号机械造船公司。

1435 高文源君：通讯处西安国立西北大学教育系。

1230 马杰君：通讯处开封善后救济总署。

858 倪尚达君：通讯处南京鼓楼金陵大学理学院。

1044 涂治君：现任新疆学院副院长，兼天山大学筹备处副主任。通讯处迪化新疆学院。

1582 孙克铭君：抗战期间曾与杨孝述君通讯，且曾合作一小册，在科学公司出版。通讯处南京三牌楼资源委员会。

1467 孙基昌君：通讯处镇江城内东宝塔巷十号。

2381 许槑君：三十四年夏在上海交通大学理学院物理系肄业期满，秋后抗战胜利即任职于上海临时大学，三十五年秋临大结束，复入交通大学物理系服务，以迄于今。通讯处上海交通大学头进洋房十八号。

1005 许浈阳君：前在岭南大学任物理学教授兼文理学院院长职。自广州失陷后，即入滇，在国立西南联合大学任物理学教授，兼师范学院理化学系主任。去年联大三校复员北上，师院奉命留昆，独立设置。渠即留此继续服务，计在滇任教已八载于兹矣。通讯处昆明国立昆明师范学院。

3489 戚作钧君：通讯处上海江湾同济大学。

[386]陆费执君：通讯处上海西康路三五六号。

1773 陆仁寿君：抗战期间，迁居后方，曾在中央机器厂暨中元造纸厂等处任职，历经长沙、昆明、重庆、宜宾等地。胜利后，因公羁留，直至三十五年十月自渝飞京，回返无锡。现暂在桑梓教育界服务。通讯处无锡佛学路七号。

2015 陆新球君：抗战期间，任教职于江苏南菁中学。卅五年服务于上海临时大学。现在任教于国立暨南大学。通讯处上海襄阳路三八八衖十五号。

1374 陈忠杰君：十年来未离商务印书馆，工余之暇，即继续研究示性方程。民国廿三年夏曾出版《平面曲线之示性方程》。近年来又写成《方程之示性与蓄权》一书，共六章，前三章论平曲线方程之蓄权，后三章论空间曲面与直线方程之示性与蓄权，约四十万字。又有《研究示性方程二十年》一文，均在整理中。通讯处上海绍兴路中华学艺社内商务印书馆编译所。

1888 陈任君：现任同济大学教授、中美医院眼科主任。抗战期间，执教军医学校。通讯处上海威海卫路二五一衖十八号。

3327 陈素非君：函称：现在国立江苏医学院。虽已复员，一切尚未恢复常轨。除授课外，无善足告。通讯处镇江江苏医学院。

1561 张明俊君：现任华西协合大学教授兼生物系主任，担任动物学、无脊椎动物、普通生物学或脊椎动物比较解剖学[等课程]，兼办生物材料处，并研究四川涉水鸟类。通讯处成都华西协合大学生物系。

847 张鸿年君：创设康年制药厂，出品男性荷尔蒙制剂“好男蒙”针剂，维太命 B_1 及 C 针剂，肝精制剂“肝补命液”等。另设大惠西药行经营欧美著名西药，及大亚实业公司经营工业原料及柴油等。社友中如需购买，当本互助宗旨，极诚服务。通讯处上海凤阳路(旧白克路)一七二号，电话九一三四六。

3545 张剑虹君：现服务于川大生物系，专致力于植物分类及形态之工作。通讯处成都外东川大理学院生物系。

1227 张资珙君：通讯处武昌武汉大学。

2128 梅志存君：现任京沪区铁路局运务处工务员。通讯处苏州平门路西桂花巷十二号。

81 程孝刚君：现任上海徐家汇国立交通大学校长。

3039 黄汲清君：于去秋由渝飞平，办理《中国地质学会志》及中央地质调查所刊物之印刷事，兼收集日本人地质材料以编入《中国地质图》中。同时在北京大学兼两门课程，现已事毕返南京。正积极主持《中国地质图》编辑工作，期于最近完成。通讯处南京珠江路九四二号中央地质调查所。

1564 冯大然君：函称：本人在华西大学医牙学院生理及药理学系服务，特任教药理学。药理学分二班：一班为医、牙学生而开的，一班为药学生所开的。该学程阐明药物对生理功能之改变及用药治疗之原理。除教学之外兼动物房主任及其杂工作等。故多无暇时，特草数行，希见谅！通讯处成都华西大学医牙学院。

486 冯景兰(淮西)君：抗战期间，随清华大学先迁长沙，再迁昆明，参加西南联合大学教授及川康滇铜矿调查，滇缅铁路沿线地质矿产考查，云南地质矿产调查工作。去年五月复员返北平，仍任国立清华大学地质系矿床学及岩石学教授。通讯处北平清华园清华大学地学系。

3182 彭达诗君：于一九四六年八月已至美国留学，现在康乃尔大学昆虫系研究昆虫学。通讯处 Daisy Pen., Dept. of Entomology, Cornell University, Ithaca, N. Y.。

3521 叶南薰君：现任金大数学系教授。通讯处南京金陵大学。

2151 叶蕴琨君：自卅六年起已辞去育发化学厂协理兼厂长职，新任职于华中工业原料公司。自卅五年六月起通讯处改正为上海虹口闵行路二〇一号四楼四〇一室。

2267 叶中若君：肄业大同大学化学系三年级，职业永和实业公司油墨部。通讯处上海(23)长寿路一四七号永和实业公司。

406 杨承训君：通讯处南京交通部路政司。

2147 杨道安君：现任新昌化学工业厂技师。通讯处上海东台路一五一衖十四号。

1209 杨津生君：通讯处上海仁记路中央信托局六楼六一五室。

476 杨肇燫君：通讯处青岛鱼山路国立山东大学。

52 邹秉文君：通讯处上海黄浦路一七号礼查饭店四楼经济部纺织事业调节委员会。现又赴美。

3045 廖定渠君：现任经济部中央标准局简任待遇科长，主管全国度量衡标准行政，兼化学工业标准起草委员、中国化学会永久会员、中国工程师学会会员、中国度量衡学会常务理事兼总干事。通讯处南京水西门下浮桥菱角市五号。

2159 赵家驹君：通讯处上海华盛路一一二七号新丰印染厂。

5 赵元任君：通讯处 Dr. Y. R. Chao., 417 University Library, Berkelay 4. Cal., U. S. A.。

2158 赵孟养君：现服务上海英国大使馆新闻处，电话 13100。通讯处上海(12)英士路九十一衖二号。

3213 熊同和君：离开浙大将近两年，现服务于南京中央大学农学院，担任园艺教职。通讯处南京丁家桥中大园艺系。

1828 黎宗辅君：通讯处梧州大西路十二号而平堂。

671 邓胥功君：现任国立四川大学师范学院院长。通讯处成都外南南虹艺术学校侧邓寓。

1854 蔡诵芬君：历任浙江省立浙西二中、省立台州中学、省立台州农业职业学校、黄岩县立中学、温岭县立中学等校教职员。现在温岭县立中学任数学教员，生活颇安定。通讯处浙江温岭麻车桥南山。

1203 郑肇经君：通讯处南京行政院水利委员会。

3285 郑作新君：自民国三十四年应美国国务院邀聘赴美，客岁返国，仍在福建协和大学任教。本学期经辞教导兼职，专任理学院院长。今后计划，拟续编大学用书，并就吾国鸟类分类与分布继续研究。通讯处福州协和大学理学院。

1748 刘公穆君：卅六年二月自蓉抵京。现在通讯处南京经济部商标局。

3557 刘明钊君：现仍在川大农学院农艺系任教。通讯处四川成都东门外四川大学。

116 刘楚材君：现任西安陕西省政府委员。

1601 欧阳藻君：通讯处南京资源委员会。

415 欧阳祖经君：本人现任中正大学〈校〉教授。通讯处南昌干家后巷新十号。

1019 薛德焴君：现任职国立同济大学教授。通讯处上海(12)林森中路康绥公寓廿三号。

2025 薛鸿达君：已脱离人和药厂，任交通大学土木工程系讲师。通讯处上海襄阳南路八衖五一四号。

3683 励乃骥君：通讯处南京朝天宫二十号国立北平故宫博物院南京分院。

3353 严伟年君：通讯处重庆高滩岸中央医院。

38 罗英君：现任第四区公路工程局局长。通讯处昆明邮箱 119 号。

506 关颂韬君：现服务北京大学医学院外科临证教授，兼名誉主任。近又受中和医院(前中央医院之改称)聘为外科主任。通讯处北平西石槽七号。

953 顾翊群君：通讯处上海农民银行。

2272 顾永康君：通讯处上海新闸路九一一衖五号。

3101 顾葆常君：通讯处南京经济部工业司。

1297 顾燮光(鼎梅)君：函称：今日由小儿培恂寄到七科学团体联合年会会徽一枚，既饶特色，又著巧思，极佩极慰。弟抱病半年，足仍不健，在家策杖能行，出外须人扶掖，家无五尺之童，终日局促斗室。耳科学社年会，以身失自由，不能来沪。《社友》二份照收，读之亦可知社中近况，感何如之。通讯处杭州延龄路协成里二号，并未迁移也。

296 顾世楫(济之)君：函称：抗战期内留沪任之江大学教授多年，并为本社主编《实用土木工程学》十二册，出版后行销颇广。胜利以来，仍在之江大学担任教授兼土木工程系主任，复兼私立上海工业专科学校教务长。近与友人发起创办苏州自来水厂，担任筹备会常委，故工作颇为繁忙。通讯处上海广东路五十一号大昌实业公司。

不幸消息

本社社友物故者有高鲁、张绍忠、孟心如、杜长明诸君，兹略述所知，以志哀悼。

一、高鲁君　闽人，字曙青，天文学泰斗，立法委员，逝于本乡。身后仅余十万元，可谓民国第一清官，实则科学家本色固如是耳。

二、张绍忠君　国立浙江大学教务长，字荩谋，浙江嘉兴人，因积劳成疾逝世，享年五十二岁。君于民国八年南京高等师范毕业后，赴美研究物理七年。民国十七年任浙大物理系教授兼主任，于斯系之创立与发展，苦心擘画，建树宏多。二十八年以后，专任教务长。浙大课业，素以严格著称，氏力维标准，精勤尽职，劳怨不辞。生平刻苦自励，身后萧条，闻者莫不痛惜。遗孤二子三女，俱在学龄。

三、孟心如君　国立药学专科学校校长，以胆病逝世。按孟君，江苏武进人，德柏林大学化工科毕业，曾任浙江大学、暨南大学、中央大学教授及中化颜料染制厂厂长，于三十五年十月就任药专校长迄今。孟君曾为本社撰《军用毒气》一书，并为《科学画报》等写稿多篇。

四、杜长明君　今春在汉口天门惨遭坠机殒命之名化学家杜长明教授，噩耗惊传，亲友及门，无不痛悼。四月十三日早在京沪渝同时开会追悼。上海方面，假本社礼堂进行，到二百余人，由顾毓琇君主祭，陪祭有金开英君代表中国化学工程学会上海分会，于诗鸢君代表中国科学社，吴学周君代表中华自然科学社，韩组康君代表中国化学会上海分会，吴有荣君代表中大工程学会沪分会。行礼如仪后，由钱洪翔君报告筹备经过，王昶氏报告行状，继由顾毓珍、吴幹二氏致词，提议设立长明奖学金，以垂不朽。又以杜氏身后萧条，遗孤在抱，发起遗孤教育基金，以慰存殁。末由家属代表彭崇厚君答谢。会场肃穆，散已逾午。兹将其行述录后：

杜长明先生早岁负笈清华，毕业后公费资送游学美国，入麻省理工学院专攻化学工程，研究燃烧之理论及辐射诸问题。二十年得博士学位，二十一年应安徽大学之聘，返国主讲工业化学。二十二年中大化工系恢复，受聘来校任教，并兼主任职务。化工教育，在国内尚在萌芽时间，未为各方所重视。先生来中大后，擘划周详，力谋扩充，除添购补充化工机械、工业分析各项仪器外，为辅助教学及实习计，先后成立制革、肥皂、造纸、窑业各实业工厂，产品深得各方面推誉。中大化工系基础于是奠定，来从学者日众，而经费困绌，先生旦夕为谋，艰辛备尝。二十六年春，先生原配病逝故乡，竟未及返里料理也。继而七七变起，战事发生，系中员生，大多离去。校方急令内迁，于是整理机械，装箱交运，先生独任斯劳，昼夜督工，虽敌机轰炸也不辍，历一月半而事毕。实习工厂设备犹未及运，敌兵将临城下，先生仓皇离京，私物全部损失，急公忘私，漪欤伟哉！抗战期间，中大化工系同学犹能于万分艰难之环境中，得最低限度之试验机会，皆先生所赐。并为协助后方各校之试验计，先后曾代重大、兵工、中工等校开班，使化工教育程度普遍提高。今日化工系友遍及国内外，饮水思源，受惠于先生者，岂仅中大学者而已！抗战末期，公教人员生活日苦，工作所得，恒难温饱，弃教而去者，比比皆是。先生不变初衷，坚持晚节，惟操劳过度，两鬓斑白矣。本年，先生以复员运输困难，且多年辛劳，亟待休养，请准休假一年，由重大借聘，并勉应友好之劝，兼任造纸学校校长。去年十二月杪，因公晋京，并来中大视察，详加指示。一月十二日由沪乘轮返渝，二十八日在汉，改搭中航第一四五号飞机起飞，未及一刻钟，机翼折断，机身爆炸，先生竟殒命焉。一代典型，如此丧生，碧落黄泉，茫茫何处，呜呼惨哉！

先生任教中大化工系十五年，毕生精力，尽瘁于此。抗战期间，曾与资委会、航委会、兵工署等机关合作研究，如丙酮之制造、木材干馏、毒气防御等，所得结果，殊足珍贵，除发表一部分外，悉存系中。

先生四川蒲江人，生于民国纪元前十一年，殁于民国三十六年一月二十八日。殁后翌日，即其四十六周诞辰。原配遗一子，继配雷蕴瑶女士，得子女各一，幼女尚在襁褓也。

第80期　1948年1月30日

社友消息（以姓氏笔数为序，冠首数码系社号）

2338 王先镕君：现任资源委员会台湾铝业公司工程师，从事光谱分析工作。通讯处台湾高雄戏狮甲资源委员会铝业公司。

1322 王敏君：通讯处厦门白城五号中国海洋研究社，现将出国。

2446 方善桂君：通讯处上海外滩二十四号。

1717 方锡畴君：通讯处厦门大学化学系。

2342 羊锡康君：通讯处上海(5)山阴路恒丰里四十七号。

2448 何祖煜君：通讯处上海胶州路三百九十七号生化药厂。

1356 季〔李〕良庆君：通讯处北平东华门北河沿四十八号。

494 李永振君：函称：鄙人系贵社民国八年起至二十四年之老社员，自二十五年游美归来，适当抗战，即服务于财政部贸易委员会，派驻东南，主持外销物质贸易事宜，致失联络。现鄙人已返沪，通讯处上海新开河民国路二五〇衖B字一二六号华兴工商贸易公司。

1557 沈璿君：通讯处上海福州路八十九号二〇六室。

2449 周建人君：通讯处上海福煦路四明村三十八号。

2450 苗迪青君：通讯处南京国立政治大学。

1812 唐世凤君：通讯处厦门厦门大学海洋系。

3088 孙雄才君：函称：年假返里过沪，很想到社拜访秉师及兄等，并整理存社稿件。惟舍间有事，恐不能如愿，或须待诸来春矣。通讯处南通南门外启秀路私立南通学院。

2453 曹诚英君：通讯处上海江湾复旦大学嘉陵村。

2464 张玉麟君：通讯处上海愚园路四百〇四号。

2452 张靖远君：通讯处上海新闸路大同大学。

2260 陆锦霖君：通讯处上海(23)延平路一百七十一号达丰厂。

1062 陈剑修君：任桂林国立广西大学校长。

351 陈容君：通讯处松江西门外包家桥北石皮街。

2453 曾世荣君：通讯处上海北站京沪铁路大楼。

2455 黄泽源君：通讯处上海胶州路三百九十七号生化药厂。

1890 叶蕴理君：前年三月间自沪来厦，任厦门大学航空系教授兼系主任。抗战期中译著有：一、《飞机驾驶术》(笔名叶天游，航空委员会板〔版〕)；二、《原子》(科学公司板〔版〕)；三、《科学家天才》(正中，去年二板〔版〕)；四、《光学》(乙酉社，将由中华书局出板〔版〕)；五、《近代物理》文稿约二十万字。最近完成《航空空气动力学》，稿约十五万字，《引擎动力学》约五万字，均在整理中。通讯处厦门国立厦门大学。

79 熊正理君：通讯处南昌中正大学。

第81期　1948年2月29日

社友消息（以姓氏笔数为序，冠首数码系社号）

8〔3〕558 邱祥聘君：函称：自美归国后，即来成都四川大学任教，担任家禽学及家畜育种等学程。课余研究，正从事于成都家禽之特性研究，及家禽之人工受精试验等工作。去年夏末，参与四川省十六区考察团，担任畜牧部门之考察工作。返蓉途中，在理县新店子遭匪洗劫，并被匪架走为之背负赃物。幸仅行五十里，即被释回，安返蓉城，计全程费时百有十日，道出四千余里。考察报告，因一部材料在遇匪时遗失，现正从事收集整理中。通讯处成都四川大学农学院。

1342 胡品元君：函称：抗战军兴，随政府西迁，任经济部简任技正。时政府注意开发西南国际运输水道，二十八年国联水利专家蒲德利等试航金沙江，中途失事殉职后，胡君奉部派会同有关部会及川滇两省府代表共十人，于二十九年春作第二次查勘试航，计水程一千余公里，涉历大小险滩四百余处，幸能达成任务。是年秋奉命筹组工程处，实施整理航道工程。迄三十一年初，自宜宾而上至屏山县城，约六十余公里，卒获开辟轮船航线，由民[生]公司派轮开班驶行。自屏山以上，经蛮夷司至石角营，约四十公里，亦经派轮试航成功，可以开班。惟石角营以上，以地处蛮荒，滩险较多，经整理后，亦已可分段通航木船。嗣以滇缅路告阻，金沙江航道整理工程暂缓进行。三十二年起改任党政工作考核委员会职务，曾赴川、陕、甘、宁、青等省考察各地经济交通水利等建设工作。现仍任该会第四组组长。通讯处南京新街口沈举人巷十三号之一。

2465 姚国珣君：通讯处上海复兴中路一千二百九十四衖十三号。

3546 邓春眉君：现服务于四川大学生物系，专致力于植物生理生态之工作。通讯处成都外东川大理院生物系。

1299 郑法五君：通讯处 Mr. F. W. Cheng, 5753 West End Blvd., New Orleans, La., U. S. A.。

1237 卢于道君：近组中国解剖学会，被推荐理事长。通讯处上海本社。

2414 薛葆宁君：函称：仍任职于中央工业试验所，正实地参观京沪沿线各种工厂中。希望取得更现实之资料，作研究之张本。就四个月来已有之观感言，我国之科学运动，除必须主张合理的运用科学技术外，同时亟须展开科学技术之合作风气，而后方能接近格物厚生之本旨，愿我社倡导之。通讯处上海宝山路宝昌路四零四号。

2456 瞿焕章君：通讯处上海泰兴路五百零七衖二十四号。

2457 颜大椿君：通讯处上海成都路二〇〇号。

417 严仁曾君：渝陷期中在津经营商业，光复后任善后救济总署冀热平津分署专门委员。通讯处平津十四区重庆道二百五十四号。

2336 顾同高君：通讯处上海(十七)新民路上北机车房。

于诗鸢：黄伯樵先生传略

先生姓黄氏，字伯樵，原名国祥，易名异，以字行，太仓人。早岁入同济学校习军医，故一生治事严明，律己整肃。武昌起义，从黄克强先生于戎马之中，功成解甲，复回改制后之同济，习机械工程。苦学之暇，以家庭教师谋膏火，终于中华民国五年卒其业。嗣入商务印书馆从事著述，复在江浙一带从事工业教育与工厂经营者有年。九年赴德，入柏林工科大学攻工业管理。十三年国民军改造北京政府，受知于黄膺白先生，历任交通部科长、驻德使馆秘书、外交部参事上行走。十四年任职陇海铁路，以机敏称。迨北伐军兴，受命为汉口市工务局长。武汉政变，翩然东归，任杭州市工务局长。未久，上海特别市政府成立，膺白先生首任市长，再辟先生长公用局，在任五年，以极少人员，收极大效果，诸凡管理商办水电交通事业，收回外商越界经营水电、电话、电车权，兴办市轮渡、市码头仓库，统一检验舟车，发给牌照，整理路灯，编订门牌，设立标准钟等，不胜枚举。盖其以科学管理用诸政务，是以筚路蓝缕，声施烂然，诚能吏也。二十一年京沪杭甬两铁路经一二八战役,破坏甚多,铁道部长顾孟余先生,慕先生才,征为两路局长。于是振刷业务,丕展鸿猷,筑苏嘉铁路,以贯通京沪杭三区脉络;凿曹甬段铁路,建钱塘江大桥,以完成沪杭甬交通;又如京沪路双轨之铺设,吴淞机厂之整顿,机车能力之增强,行车速度之提高,罔不事半功倍。虽车上饮食小贩之微,亦皆整饬有序,未尝忽也。二十三年赴东西各国考察路政,经年归来,益以铁路商业化、交通国防化为鹄的,督导员工,悉力以赴,行旅称其便利,货物畅其流通。尤可贵者,凡所设施,阳为开发交通,阴便调遣师旅,八一三之役,以淞沪一隅,能抵挡暴日两月之久,俾后方作从容准备者,铁路便利援军之功,不可没也。然而东南沦陷,先生以病躯殿奔,全师退汉,而疲不能兴矣。

先生立身清正,处事忠诚,不畏繁剧,坐是早撄糖尿、心脏等病。即以斯疾,不能履高危,抵汉,遂不能随政府入蜀,辗转港九调摄,然药石之余,犹受命为资源委员会国外贸易事务所所长,筹组中国经济建设协会,既以重工业计划配合抗战需要,又以统一铁路分区管理计划预图战后复兴。一时联络侨胞,沟通国际,俨然中外之桥梁焉。及太平洋战作,敌入香江,始以三十一年废然归沪,潜心学佛,闭门养疴,处无可为之环境,犹不忘文化,隐于中国科学社,集同志主纂《德华标准大字典》,更为社所募巨金,重修明复图书馆屋顶。皇皇巨著,得以杀青,万卷缥缃,克保无恙,微先生谁为功?抗战胜利,先生出任军事委员会委员长驻沪代表公署秘书长,行政院院长临时驻沪办事处副主任,收复名都,多仗擘划。三十五年,中国纺织机器制造公司成立,先生被推为总经理,制作衣被工具,增裕国家资源,二年之间,缔构艰难,心力交瘁矣。

先生夙为中国科学社社员,河山重奠,总社复员,被选为理事。有慨夫复兴建设基在科学,而肉食者流视科学社之关系国计民生若无睹,乃倡议募复兴事业经费,任募捐委员会主席,旗鼓初振,而竟以繁剧殉身,遽于三十七年二月六日于所主事业竟日会议后,以心疾猝发,卒于德华大字典出版社,呜呼哀哉!先生享年五十有八,配郑女士仲完,甚相得,无嗣。噩耗惊传,识与不识,莫不痛惜云。以中华民国三十七年二月九日午后三时举荼毗于上海静安公墓,从遗志也。

论曰:记有之“穷则独善其身,达者兼善天下”,窃有惑焉。夫人之所贵者以能利众耳,明哲保身,于己固得,如苍生何?若先生者,不问穷达,一以兼善自任,而其才其德,复足以副之,求仁得仁,鞠躬尽瘁,其殉道精神,又岂馀子所能及哉?乃既羸其躯,复靳其寿,使不得竟其志尽其才，天之报施善人，亦难测矣哉！虽然，庄生云："薪尽火燃。"先生去矣，吾知精神所召，必有十百千万如先生者，闻风而兴起者焉。九原有知，亦当含笑。呜呼！先生固未死矣。

社友文艺

黎照寰：悼社友黄伯樵

难堪世上非贫病，共睹江河最惧忧；白雪飞天君去日，春风带雨我忘秋；

频年运用兴欧计，几夜长谈富美谋；彼此茫茫何可见？社前无限少年头。

卢于道：黄伯樵先生诔辞

为人民而科学，为科学而苦干，与人无争，还要碰壁。

我为此曾失去信心。

自从遇到先生，一见如故，"积极！""计划"不断鼓励。

事业未成，今先生弃我而去！恸哉！哀哉！

但望英灵冥冥中仍赐我鼓励，感召恶势力，完成科学事业，我祈祷着！我祈祷着！

于诗鸢：挽黄伯樵先生

娄水钟灵秀，工程享盛名，立身钦亮节，治事著能声。广厦三千庇（上海沦陷时，吾社重修社屋，先生独募巨金，社友三千应均受惠），长城一旦倾（本届先生被举为理事，倡议募集复兴事业经费，任募捐委员会主席），鞠躬悲尽瘁，继起仗群英。

第82期　1948年3月31日

社友消息（以姓氏笔数为序，冠首数码系社号）

3603 丁永乐君：习森林、法律。现任上海地方法院实习司法官。通讯处上海(5)昆山路东吴大学法科研究所。

3485 王顺靖君：现任华西大学医牙学院牙周学系主任，兼任华西大学口腔病院牙周病主任医师。教授牙周病学及口腔临症病理学等课程。通讯处成都华西大学牙周学系。

2345 吕淑芳君：函称：现任中国化验室化验师。该室系中国技术协会主办服务工业界之化验机关，工作认真，因创办伊始，尚祈先进前辈，不吝指教，以匡不逮。通讯处上海武康路三九一衖二号。

3244 吴文晖君：原任浙江大学农学院农业经济系主任，抗战胜利后，改任中央大学农经系主任兼农经研究所主任，近在地政部担任地用司司长。近著《农业经济论》一书，已在南京太平路三〇五号中国经济书刊生产合作社出版。通讯处南京地政部。

3114 吴藻溪君：现任世界科学社(国际科学社)总干事，创办西南学院，研究中国科学史，试定算术新体系。通讯处上海外滩24号中央银行设计委员会。

1356 李良庆君：去秋受聘为植物教授，将继续研究中国淡水藻类。通讯处青岛山东大学植物系。

3595 李星学君：现任中央地质调查技士，研习古生物学。通讯处南京珠江路九四二号。

3146〔1346〕李振翩君：近在中国科学促进会编辑《中国科学人名录》。通讯处南京北平路69号。

3635 李扬汉君：任职金陵大学农院副教授。前编译之《普通植物学》已售罄，在美晤见原著者Robbins教授，并携回图片甚多，内容多有增删，已交由上海商务印书馆再版。现讲授《木材解剖》《林产病害及防腐》二课程，并从事《实用植物解剖学》《木材解剖学》及《植物生态学》之编撰。通讯处南京金陵大学农学院。

3441 胡昌炽君：现任金陵大学农学院园艺学教授兼主任，担任园艺学原理、果树分类学外，研究中国果树之分类。通讯处南京金陵大学。

858 倪尚达君：现任金陵大学教授，教学余暇，除就校方设备略作简单实验外，并整理无线电学旧稿，择便付刊。通讯处南京北阴阳营五七号。

2041 孙振中君：现任生物科学研究所研究员，从事田螺神经之解剖，担任上海市生物学会常务理事。通讯处上海(21)南市小南门佛阁街硝皮衖 12 号。

59 孙学悟君：通讯处南京永利公司硫酸铔厂。

187 孙煜方君：字伯群，现任阜丰面粉公司副总经理，近况如是如是。通讯处上海莫干山路卅八号。

3627 张石城君：已离南京金陵大学。通讯处青岛泰山路山东大学农学院收转。

663 张景钺君：现任北京大学植物学系教授，所著《普通植物学——形态之部》已出版。通讯处北平北京大学理学院。

3533 张保升君：三十一年到华西大学哲史系任教至今，去年四川大学成立地理系，为协助西南地学的发展起见，又到该系兼课，讲授地学通论与人生地理等课程。近年所写，有关川省地理论文十数篇，多发表于清华大学地学会所出版之《地学集刊》中，现该刊已出至五卷四期云。通讯处成都华西大学哲学历史系。

2429 许世瑮君：习寄生虫学，系新故社友许寿裳君之次子。现任上海市市立第一宰牲场场长，综理场务，并为圣约翰大学兼任教授。襄助全沪肉品检查与公共卫生之建设，创办兽医院，办理病畜诊治及寄生虫研究等事宜。通讯处上海沙泾路十号。

2259 许宝树君：现任职渔业管理处物资供应总库，修理渔船。通讯处上海南京西路一六〇三衖十五号。

1875 陈立卿君：通讯处广西桂林良丰国立广西大学经济植物研究所。

1584 陈宗蓥君：二十六年抗战军兴时担任军医署河南办事处长，二十七年十月调主江西省伤兵管理事宜，此后在中正医学院任细菌学教授兼训导主任，三十二年服务于红十字会救护总队，三十五年复员后，仍返中正医学院任原职。现任中国国民党中央监察委员及国立中正医学院教授。通讯处南昌王阳明路国立中正医学院。

52 邹秉文君：通讯处上海永嘉(旧西爱咸斯)路六二一号。

2197 路式坦君：通讯处上海(17)北站京沪区铁路管理局工务处，工作忙碌。

2162 潘垂统君：系新丰产物保险公司副总经理。其所发行资源委员会保险事务所顾问邵竞君主编之《保险知识周刊》，业已出至第七期。该刊内容之论著方面作品，首先确定保险业服务之立场，长篇作品则有社会保险漫谈、产物保险辞汇，并随时记载国内外之保险业消息，且有银行家王志莘之新春寄语及孙瑞璜之保险与银行等名作。通讯处上海江西中路四〇六号兴业大楼五〇三室，电话一三六六四、一九三四一。

765 鲁德馨君：字进修，以因故未能复员赴沪及去济南，已辞去原担任之中华医学会一切职务，暂行留蓉应诊。有余力仍从事医学编译工作，现正增订《医学辞汇》中。通讯处成都四圣祠西街 36 号。

2017 刘宅仁君：卅五年九月奉前水利委员会派遣赴美考察水利，于卅六年夏间返国，任水利部简任技正兼水文司帮办。最近应国立同济大学之聘，任该校土木系教授，每两周由京到沪授课一次。通讯处南京水利部。

1770 刘增冕君：字子纯，函称：惠寄《社友》，雒诵一过，深为忭慰。音问梗阻，几近十载。增冕抗战期间，流离莽泽，兹得重睹青天白日，何幸如之。民国三五年冬，鄙人始到山东省水利局服务，虽簿书鞅掌，而藉工作风光，得以温理故学，亦复饶有兴趣。近中对于常用对数表之根方活用，及检查日月食法加以研讨，以补商务出版之《盖氏对数表》及《日食论》之缺点，一俟脱稿，即当恭奉就正，肃此预闻。希将鄙人通讯处改为济南杆石桥门外山东省水利局。

1862 钟济新君：函称：现仍在广西大学农学院及植物研究所任副教授职。在抗战期间，已草有《广西瑶山概况》一小册，内附照片四十余幅，内容包括风俗、习惯、教育、森林、农业、瑶山植物名录等，及提供垦化瑶山意见等，凡七八万言，因印刷及制版昂贵，故未能问世。后节录在《农业推广》发表《瑶山巡礼》，并继续在该刊发表《广西林业目前的危机及改进对策》《广西荒山造林树种》《广西树胶植物之种类及分布》《广西种子植物名录》(在《广西农业》发表，因篇幅过长现暂停)，并草有《广西沙塘植物之调查》。最近草《广西经济植物之调查》约八万言，尚未完竣。但目前物价飞涨，印刷更成问题矣。吾国科学研究，问题甚多，在在足堪努力者，不胜枚举；但每感个人识见浅薄，此后盼多多指示，则幸甚焉。通讯处桂林良丰广西大学农学院。

1600 魏寿昆君：二十六年七七事变后随国立北洋工学院西迁赴陕，执教于西北联合大学，并主持矿冶系系务。二十八年夏南下入康，任西昌国立西康技艺专科学校矿冶科兼化工科主任。三十年夏入黔，任国立贵州农工学院秘书、教务主任兼矿冶系主任。三十一年夏赴渝，任经济部矿冶研究所简任技正兼化验组主任及钢铁研究室主任。三十三年冬任军政部兵工署材料试验处冶金组主任、战时生产局钢铁制造顾问委员会委员。胜利后奉调回矿冶研究所，以简任技正职代行所长职务，于该所复员迁平，多所擘划。三十五年十月返津，任国立北洋大学冶金系兼采矿系主任教授。抗战期间对四川白云石提镁去钙及江西钼矿提钼等专题研究，著有成绩，曾先后获经济部专利五件，又获教育部著作发明奖励三十四年度二等奖金（论文题目《贝色麦法炼钢去磷问题》）暨三十六年度二等奖金（论文题目《四川白云石提制镁氧烧制镁砖之研究》）云。通讯处天津西沽国立北洋大学。

2458 顾名汶君：通讯处上海威海卫路三百三十五衖五号。

2176 顾培恂君：现任圣约翰大学、中国医学院理科教授，中国市政协会理事兼编译组长，市政评论社编辑委员。正主持编纂市政工程丛书，颇为忙碌。通讯处上海康脑脱路三星坊二十二号。

2463 龚晨君：现任交通大学数学系助教。通讯处上海察哈尔路 26 衖法华新邨十三号。

社友文艺（选）

许石楠：为本社挽黄伯樵社友

海壖系国际观瞻，平治绍考工，永忆骅骝开道路。

松漠增吾人血泪，收拾殷喁望，更堪薪胆瘁英贤。

前人：为本社挽许寿裳君

沧浪濯足，东海钓鳌。斧声烛影太无端，要令短气清流，古今一痛。

余杭及门，山阴弼教。才达德成真健者，况有白头家学，薪火千秋。

第83期　1948年4月30日

老社友动态

本社老社友秉农山、曹梁厦二君，近应英士大学学术讲座之聘，联袂赴金华，自四月十六日起讲演一星期。秉君讲题为《理想之大学教育》《生命之世界》《进化之正轨》。曹君讲题为《五洋工业与化学》《原子核能问题》，五洋者，洋油、洋皂、洋烛、洋火、洋纱也。曹君讲洋纱时，并附讲洋纸洋糖云。两君现已返沪，曹君谓英大环境甚佳也。

社友消息（以姓氏笔数为序，冠首数码系社号）

2273 尹友三君：通讯处南京迈皋桥长营村中央电工厂电照厂。

1302 田世英君：通讯处现为南京大方巷十号兵工署训练司。

1029 艾伟君：攻心理统计学，现任教育部部聘心理学教授，中国教育心理研究所所长。上学期曾往北平国立北平师范大学讲学八周，本学期将再去平讲学。所著《小学儿童能力测量》将于商务出版。又《阅读心理——汉字问题》已由中华承印。另《出席澳洲新教育国际会议记》已由商务印出发售。通讯处南京傅厚冈九号之二中国教育心理研究所。

3463 何裕如君：函称：任职中央制药厂成都办事处，主任孙博义君亦为本社社员，同对 Radio 有兴趣，每日下办公室后均以研究 Radio 为业余趣味。孙君已 on air，呼号 C5PI。敝人机器正装置中，将来拟用 C5HO on air，希望本社老火腿指教。通讯处四川成都半边桥街本办事处，通讯处南京丁家桥中央大学医学院。

3007 吴襄君：攻生理学，系中大医学院副教授。去冬方由美返国，曾在明尼苏达大学生理系进修一年，获科学硕士学位，现仍返原校任教。通讯处南京丁家桥中央大学医学院。

3274 吴景东君：国立中山大学理学院地理系毕业，现任台湾省气象局台东测候所所长。通讯处台湾台东测候所。

1346 李振翩君：攻医科，现任南京中英学术合作委员会执行秘书。近办理中国科学技术人才调查事务，并编辑《中国科学人名录》。通讯处南京北平路六九号。

3452 李隆术君：现仍在川大农学院教昆虫学，并致力于医用昆虫及积谷害虫之工作。通讯处成都外东四川大学。

3634 李怀义君：应美国纽约省丝尔叩丝 Sg〔y〕racuse University 大学之聘，藉以考查教育行政，俾将来致力教育献身国家。在美通讯处未详。

842 沈祖荣君：通讯处武昌崇福山街二号文华图书馆学专科学校校长室。

2423 周浚明君：现任吴淞煤气厂工程师。近在布置各种特殊之分析仪器，使成一完备之控制分析室。又在编译炼焦及制造气体燃料之著作，以为介绍。通讯处上海吴淞吴淞煤气厂。

1236 林伯遵君：新迁上海霞飞路 1918 公寓 706 号，电话 77708 号。

2408 俞百祥君：自去年迁至上海东大名路 737 衖五号。

1530 徐崇林君：通讯处重庆上浩桂花园十三号大成制革公司。

956 袁复礼君：通讯处北平清华大学。

1467 孙基昌君：通讯处镇江城内东宝塔巷。

3099 孙博义君：函称：接华西大学药学系转来《社友》一份，闻悉社务梗概及社友消息，欣慰不已。敝人已于三十二年夏离华西大学职务，在渝中国药产提炼公司任业务主任。该厂系南洋华侨陈嘉庚、侯西反等援助祖国而设。现该厂因胜利后南侨归返南洋关系，已告结束。敝人现任中央制药厂驻蓉办事处主任职。通讯处成都邮政 42 号信箱。

1384 孙文青君：函称：(一) 自沪汴沦陷，与科学社之消息中断。三十一二年间，虽曾在渝一度沟通，然自三十三年南阳沦陷以来，又复断隔。复员以来，各方整顿已渐就绪。以后通讯处或寄刊物，仍寄南阳赊镇雨湘图书馆交为便。(二) 抗战期间为应地方需要，曾以石印出版《南阳草店汉墓书象〔像〕集》一册，南阳沦陷后，书已无存。现拟改作玻璃版放大重印，以应时代之需。不识科学仪器公司能印行否？奉上初版石印样本一册，即希哂政〔正〕，代赠明复图书馆。如可重印，示及便将改订稿本寄上。(三)《南阳汉画象〔像〕汇存》第一辑，前由金陵大学出版，兹又集成二三四辑三册，尚待付印。科学公司或其他团体个人，有愿代出版者，请函示以便接洽。通讯处见上述。

995 曹仲渊君：攻无线电工程，现任海军总司令部通信处处长。曾著《马可尼传》一巨册，商务印书馆出版。复员后辞去大夏大学教授兼理学院院长职，即受聘至庐山讲学。近任今职。最近于公余之暇，积极编辑《无线电大辞典》，共分人、事、物、理四大纲目，组织无线电大辞典出版社，负责编辑与出版事项。通讯处上海复兴中路辣斐坊九号，电话七七九一八。

244 陈遵妫君：现领队赴余杭县黄湖镇施边坞观测五月九日之日环食。通讯处南京成贤街六十八号。

1773 陆仁寿君：现任私立江南大学总务长。通讯处无锡荣巷江南大学或无锡学佛路十七号。

1295 陆志安君：现任联勤总部兵工署第二十三工厂第七工场主任，主持二十三厂洞窝工程管理处。通讯处四川泸县中山路十号。

3143 陆榆君：通讯处上海宁波路（石路口）400 号三楼聚安企业股份公司，电话 95917。

386 陆费执君：函称：沦陷期间因困于经济，又道路不靖，未能撤退，始终未离开上海；在南通学院农科任农艺系主任及园艺学教授。所担任科〔课〕目以观赏植物及造园学为主，常领导学生至上海市内各公园各私园及花树业花园等处考查。四五年以来共查得上海栽培之观赏植物共有六百余种，皆曾有记载，以中山公园内所有之一部分材料，供给南通学院毕业生徐炳声君，编成《上海中山公园树木名录》一小册，已于三十六年十月出版，聊作一结束。以后关于草本之部分，当另行编印。通讯处上海西康路三五六号。

2028 冯大为君：现任上海科发药厂化学技师，专事研究及分析工作。通讯处上海南京西路一五三七衖三号。

1697 冯泽芳君：现任农林部棉产改进处副处长。通讯处南京（十四）孝陵卫本处。

1827 项志达君：现在杭州浙赣铁路局任秘书之职。

3561 张连桂君：通讯处保定河北省立农学院。

2370 曾庆英君：通讯处永久者广东蕉岭新铺曾宏泰号转交，现在者南京孝陵卫农林部中央农业实验所。

2413 黄守先君：自湖南南岳山函称：晚学于三十一年卒业中央大学畜牧兽医科，旋即转学四川大学生物学系。三十五年卒业，秋八月返汉口，经师长介绍来长沙省立科学馆充任科学器材制造厂技士。初在长沙及附近(岳麓山)调查采集，三十六年夏即派来南岳山区工作。此间环境尚可，植物分布尚多；惟因晚学学识浅薄，经验不丰，分类疑难之处甚多。虽已请川大方文培教授，武大钟心煊、孙祥钟二教授指导鉴定，然而相距太远，效力不大。南岳为佛道僧侣之环境，生物学者少来研究。虽有国立师范学院博物系，然无分类教授，故今后尤望社方多多惠予指教。通讯处长沙科学馆。

1094 黄国璋君：已赴北平任教国立北平师范学院。通讯处北平和平门外北平师范学院。

1790 陶心治君：夙为动物学、昆虫学、体素学教授。任教西大十五年来，自制教学标本，桂柳沦陷时，损失殆尽。复员来桂后，尽力补充教学标本，余力则从事撰述。通讯处桂林国立广西大学农学院。

2136 陶祥霞君：上海沪江大学化学系毕业，现任上海九福制药公司副厂长。通讯处上海凤阳路二五〇号九福制药公司。

2057 杨姮彩君：通讯处南京迈皋桥长营村中央电工厂电照厂。

3045 廖定渠君：攻化学工程，现任中央标准局简任待遇科长，主管全国度量衡标准行政。复兼中央度量衡检定员训练所教务长，中国化学会永久会员、中国工程师学会会员、中国度量衡学会常务理事兼总干事。通讯处南京下浮桥菱角市五号。

1854 蔡诵芬君：任职浙江温岭私立逢儒初中教务主任。通讯处浙江温岭泽国逢儒初中。

2441 蒋英君：攻植物学，现任国立中山大学农学院教授。近况尚佳：(1) 研究亚洲产夹竹桃及萝藦二科植物，着重马来产种类；(2) 湖南省植物之研究；(3) 十万大山植物名录；(4) 广州水生植物图谱；(5) 华南经济植物之调查。通讯处广州市法政路卅号国立中山大学植物研究所。

1409 鲁波君：于上年双十左右赴日本办理接收赔偿事宜，为期约为一年。通讯处上海法华路 211 衖 15 号转东京中国驻日代表团鲁波泽普收。

3285 郑作新君：攻动物学，现任南京国立编译馆自然组编纂。继续研究吾国鸟类之分类与分布，编订细胞遗传学及脊椎动物分类名辞，并拟续编大学用书。通讯处南京国立编译馆。

1299 郑法五君：函称：本人去岁来美，汉口信箱已取消，今后若有通告，请寄：汉口江岸平汉路分医院丁蕙钊君转。本人现在美国南区研究所，研究油籽蛋白质。尚有数月逗留，美国通讯处为 Mr. F. W. Cheng, 5753 West End Blvd, New Orleans, La. U. S. A.。

322 黎照寰君：曾代表中华基督教青年会及公谊会飞赴英美参与“战后世界大会”。近以中华基督教广学会会长、尚贤堂主席事务羁身，不常教学云。通讯处上海博物院路一三一号青年协会。

1748 刘公穆君：攻电机工程，现任商标局专利审查员。近筹备专利审查，兼任《工作竞赛》月刊副总编辑。通讯处南京中山东路一七九号商标局技术室。

3169 卢鹤绂君：通讯处杭州浙江大学。

100 钟心煊君：现任武汉大学生物学教授。

1400 顾毓珍君：刻已奉调主持北平工业试验所事务。通讯处北平西四端王府夹道一号。

社友文艺（选）

于诗鸢：挽许季茀先生

先生名寿裳，为吾社老社友，籍绍兴，出余杭章太炎门下，与同邑鲁迅周先生交挚，尝佐其乡先达蔡孑民先生理政教。受降后，出主台湾省编译馆，嗣迁主台湾大学国文系。今春在台遇害。上月廿八日，吾社与中华学艺社、世界社、中华文协、民生教育学会、中国教育学会、中华畜牧兽医学会、世界文化合作中国协会，北大、平大、师大、浙大各校友会，举联合追悼会于上海绍兴路之中华学艺社礼堂。余从诸君子后，冒风雨经纪其事，挽之以联：

哀兵必胜，外府方收，化泽被台疆，一代文章崇浙派。

浩劫未终，中原多故，生刍陈沪渎，弥天风雨哭儒宗。

第84期　1948年5月30日

社友消息（以姓氏笔数为序，冠首数码系社号）

698 丁求真君：现任浙江医专教授，近正养病中。通讯处杭州皇诰巷三十二号。

2485 王士魁君：现任云大数学系教授兼系主任，中研院天文研究所兼任研究员。通讯处昆明国立云南大学数学系。

2066 王士任君：攻电机工程，通讯处上海南京东路233号哈同大楼126室上海工程企业公司新元电机制造厂。

1472 王宗和君：攻造纸化学工程，现任国立中正大学化学工程系教授兼主任，兼任“化工原理”及“工业化学”二课程外，并继续研究“亚硫酸制造木浆”之问题。通讯处江西南昌国立中正大学。

3076 王仲侨君：现任国立中山大学医学院教授，兼解剖学研究所主任。正从事整理解剖学研究所及教学工作，不久将过沪赴杭。通讯处广州百子路中大医学院。

2238 王诚杲君：攻机械，现任资源委员会中央电工器材厂上海分厂河间路辗压工场主管，近况尚佳。通讯处上海安远路金城里23号。

2295 朱超君：攻土木。通讯处上海安福路281号，或江西路391号三楼建安实业公司。

824 何尚平君：已于五月廿七日飞往巴黎，代表我国出席国际蚕丝会议。国内通讯处上海陕西南路四百十号中国蚕丝研究所。

3575 吴长春君：现任浙江大学生物系副教授，担任植物分类学及药用植物学，课余调查杭州附近之高等植物。现正整编《浙江高等植物名录》。通讯处杭州国立浙江大学。

1742 吴雨霖君：现任上海科学化工厂总经理。去年六月，自费赴美考察工商业，十一月返国。旅美期间，除参观各大城市、船工厂外，曾专往Rochester之Taylor Instrument Companies及Bausch & Lomb Optical Co.，又纽约省内之各大温度计制造厂，特别注意于各种温度计及体温计之制造，及玻璃质料之改进，以资借镜。现在外汇奇昂，外货进口不易，故正计划增加本厂各种出品之产量，以应国内之迫切需求，而减少外汇之漏卮。通讯处上海(十八)华山路一四〇六衖十四号，电话二二三一三、二〇二六三。

1356 李良庆君：现任国立山东大学植物系教授，担任植物形态学与植物技术学。通讯处青岛鱼山路五号山东大学植物系。

1118 宋希尚君：攻水利工程，现任交通部简任技正，兼青岛港工程局局长。函称：青岛港各码头年久失修，千疮百孔，险象环伏，本人曾偕行政院工程计划团视察一过。三十五年秋第五码头中段岸壁突告塌陷，其余亦岌岌可危。中央以本港关系国防经济至为重要，并顾念地方财力困难，乃专设青岛港工程局负修建之责。本人奉命主持其事，三十六年二月开始工作，首将存储食盐之第六码头修建完成。该码头因地基过低，常遭潮水侵袭，每年损失巨量盐斤，自竣工后，即免此患，去岁已无粒盐损失。现注全力于修建第五码头，全部工程系采用含铜钢板椿岸壁式，将每块长二十四公尺，重二·二五吨之钢板椿，用机械打筑，而另以钢质拉条固系于背后之镇碇墙，共需钢板椿约三千余顿，均已陆续由美运来。本年二月九日在南京交通部举行招标，结果由中华联合工程公司承包，即于三月二十日开工，在国内采用如此巨大之钢板椿工程，尚属罕见。现为使国内各大学专科毕业学生有实地研习港工机会，拟有暑假实习办法，每校选送成绩优秀之本届毕业学生一二人，来工实习，以两个月为限，实习期内，由本局供给膳宿。此项办法，已呈部核示。又本局现出刊物曰《港工》，将全国港工资料收集一起，做学术上之研究，已数期矣。通讯处青岛冠县路一一二号本局，电话 26259 号。

2246 周韵梅君：通讯处上海(18)徐家汇路 570 衖 3 号。

2407 林元惕君：攻土木工程，现任资委会龙溪河上清渊硐工程处副主任。通讯处四川长寿第七号信箱。

369[3]林玉玑君：现任协和大学物理系教授，近况颇好。通讯处福州鼓麓协和大学。

2249 范华庭君：攻化学工程，现任台湾纸业公司台中厂制药股股长。函称：亚硫酸法纸浆之蒸煮药液，普通为亚硫酸及重亚硫酸钙。惟对于竹类蒸煮非如对于木材者易，故本股先前采用东北大石桥之苦土(氧化镁)，取其溶解度较钙之硫酸盐大故也。近取台省花莲港之白云石加以焙烧，暂作替代，效率尚佳。通讯处台湾省台中县大肚乡。

2357 徐迓亭君：攻物理，现任英国文化委员会科学组秘书。战时在内地参加中英科学合作馆，从事两国理工农医各界人士文物的联络工作，旋迁上海，现称英国文化委员会科学组。最近被派往川滇黔陇各省访问学术机关，大约八月份回沪。通讯处上海(11)厦门路230衖43号。

1807 马保之君：攻植物育种，现任农林部农事司长、农垦处处长，掌理农事行政，主持全国机械农垦业务计划，分配农业复员物资，及督导西南粮食增产等事宜。通讯处上海九江路四十五号四〇二室，电话一八八二一；上海四川中路一八五号一〇三室，电话一三四七〇分机一〇七。

382 庄长恭君：攻化学，系北平研究院药物研究所所长，现由教部调任台湾大学校长。通讯处台湾台湾大学。

3522 许国梁君：习物理，现为美国田纳西大学研究生。通讯处 Dept. of Physics, University of Tennessee, Knoxvithe, Tennessee, U. S. A.。

2261 陈伯汉君：攻化学，现任上海五洲固本肥皂厂主任技师。通讯处上海徐家汇斜徐路2456[号]，电话76633。

2262 陈耕燕君：现任中央研究院物理研究所助理员。通讯处南京(5)九华山一号。

3199 陈朝玉君：攻生物化学，现任国立四川大学教授兼农业化学系主任。通讯处成都四川大学。

2412 冯士林君：习生物学，本服务教育部博物标本制造所，担任技师，兼武进中学教员；现因病在家调养。通讯处无锡和桥扶风桥。

486 冯景兰君：现任国立清华大学教授，近著《中国之不对称水系》及《川康滇铜矿之次生富化》两论文。通讯处北平清华大学。

2452 张靖远君：攻物理，现任大同大学教员。通讯处上海新闸路大同大学。

291 黄昌穀君：在中山大学工学院教授冶金及金相学，共计十年以上，最近兼教三民主义及中国实业计划，著有《国父遗教纲要》等书。通讯处广州石牌中山大学松花江路第十三号。

2019 黄兰孙君：攻药物化学，现任东吴大学教授。近编辑及发行《医药学》月刊。通讯处上海长乐路一二三六衖四号。

2311 黄鸿声君：现任助理工程师。函称：余出身于江苏省立应化科职业学校及交通大学,先为专攻造纸,后为进修化学。毕业后,服务化工厂年余,实习于中国造纸厂,服务于大中华造纸厂。胜利后来台湾,曾在台北厂当二结工场抄造股长。现在罗东工厂设计室工作,至今来台已有二年余矣。通讯处台湾省罗东台北纸厂。

605 贾念曾君: 函称: 抗战期间,西撤西南。除在湘桂之省教育方面先后工作外,曾在祁阳军服厂颜料工场主持研究染料事宜,制用植物质军灰染料,供厂当局及其主管官署核准采用。现今除备员县议席外,希望于化学小型工业有所成就。通讯处无锡进士坊东河头巷新编一号。

567 葛敬中君: 现任中国蚕丝公司总经理。将于六月六日飞法代表我国出席国际蚕丝会议。国内通讯处上海外滩十七号字林大楼中国蚕丝公司。

1619 单誉君: 函称: 自民国十九年入河南大学,任医学院教授兼儿科主任。抗战期间,始终随校流亡,以至复员。现仍在该校作教书生涯。通讯处开封南京巷茅胡同三号。

2377 蒋式谷君: 习土木工程,现任上海市工务局技士。通讯处上海(18)五原路 165 衖 5 号,电话 7499[?]。

1990 刘永纯君: 现任上海巴斯德研究院副院长。已于五月廿七日飞法,在巴黎出席国际防痨会议。国内通讯处上海中正南二路(绍兴路南)巴斯德研究院。

3050 燕晓芬君: 通讯处南京珠江路中央地质调查所。

1755 谭世鑫君: 习医学。函称: 病痢,五年未能正式就职。虽由卫生署防痨设计委员会吴总干事绍青之介绍,邀作副总干事,兼华中区防痨协会干事;但以病缠,未能实际工作,内心极为不安。现惟志愿为湖南省立女师略作防痨防疫讲授,期为下代国民稍尽职责。康复后仍当以防痨为终身工作。通讯处湘潭两头塘鑫园。

于诗鸢: 项君斯循小传

项君斯循,江苏嘉定人也。少读于江苏省立上海中学。既毕业,慨夫我国工业落伍,建国万难,肇因于青年人士对工程科学之漠视,亟思许身实学,藉挽颓风,有以天下为己任之志。乃在沪考入国立交通大学电机工程系,矢为崇实苦干之工程师。迨卒业,适遘三十一年敌占沪壖之难。君义不帝秦,急奔桂林,走贵阳,先后服务于桂林电厂及西南公路局

电工厂。三十六年六月,〈日寇请降,〉遂奉交通部令北调,充平汉铁路管理局北段管理处长辛店机厂工务员。厂故曾沦敌手者,君见日本技术人员艰苦卓绝之所成,良用心折。叹曰:“我国青年欲致民族于富强,非效法此辈努力本位不为功,物质之享受,应以精神之向上为之基焉。”其抱负可见也。君平居好音乐,喜集邮,怡然粹然。公余每参研日人所遗书籍,以著述自励。今岁中国科学社裘氏父子纪念奖金征文,君作果列前茅。学养有素,正当发愤之年,前途未可量也。①

① 项斯循获得中国科学社首届裘氏父子理工著述纪念奖金后,曾致函中国科学社申谢,“并以深感学验两缺,拟出国深造,专攻电热工程,以备将来服务祖国”,请中国科学社颁发英文证件,“以便寄美接洽实习或入学”。项斯循的出国留学梦可能破灭,他获取的奖励也是中国科学社学术评议与奖励的绝唱。具体参阅张剑《赛先生在中国——中国科学社研究》第13章。

第85期　1948年6月30日

社友消息（以姓氏笔数为序，冠首数码系社号）

1048 王志稼君：新改门牌，并未迁居。通讯处上海复兴中路五四五号。

3130 王进英君：通讯处上海枫林桥上海医学院。

242 王善佺君：通讯处成都外东净居寺四川农业改进所(副所长)。

3390 王象复君：自复员后，即任职南京天山路国立编译馆自然组编纂，通讯处如上。

[3]231 朱克贵君：通讯处南京丁家桥中央大学农业化学系。

2036 朱晋锠君：通讯处上海中央研究院化学研究所。

2341 朱凤美君：攻植物病理，现任中央农业所简任技正兼病虫害系主任。通讯处南京孝陵卫中央农业实验所，电话二四三八二。

108 江超西君：通讯处上海昌平路一五六衖八号开朗工厂。

3583 余寿延君：攻 Prosthodontology，现任华大口腔病院讲师。近正开业，通讯处香港国民行七楼。

207 吴元涤君：攻普通生物学之植物分类学，因神经衰弱、胃病失眠，家居休养。抗战时期中从事编写《植物辞典》及《分科植物志》两稿，均已杀青，现尚在整理勘校中。通讯处苏州醋库巷68号。

3496 李卉痕君：现任华西大学牙学院牙体外科组讲师兼口腔病院医师。通讯处成都华西大学女大院。

2380 李枚君：通讯处四川岳池东街二八号交。

1928 沈嘉瑞君：现任国立北平研究院动物研究所研究员。去夏应英国文化委员会之邀，赴英访问。今年四月十日返平，继续工作。通讯处北平(七)西直门外博物院路五十八号。

1827 周百嘉君：现任国立广西大学农学院教授，担任普通植物学与植物切片学二科目，并兼本校先修班主任。通讯处桂林良丰本校。

618 邵家麟君：通讯处上海大夏大学。

2354 范则纯君：攻生物学，现任四川岳池私立新三中学生物学教员，拟于教学之余，从事于土蚕种暨土蜂种之改良。通讯处四川岳池凤鸣街第 31 号。

1430 孙云台（英选）君：攻生物学，现任济南师范专任教员。近况尚安适，〈近〉正研究大明湖产之植物。事变期间著成之《〈诗经〉动植物考释稿》，教厅曾要去审查，蒙批"搜罗宏富，多所擅发"，并愿转呈教部审查；但以时局关系，尚未送部。近又嗜京剧，为贫苦学生募捐，曾经登台彩排过的，是《连营寨》《失空斩》《卖马》三剧。通讯处济南东关七家村十三号。

1950 秦大钧君：攻航空工程，函称：现任考试院考选委员、空军航空研究院院长。近况平平，久疏研究，乏暇著述为憾。通讯处南京考选委员会，或南昌三家店空军航空研究院。

2359 马溶之君：攻土壤学，现在主要研究全国之土系及土壤地利与土壤之适当利用。通讯处南京珠江路 942 号中央地质调查所。

1785 衷至纯君：攻物理，函称：至纯自民国二十八年秋应国立广西大学数理学系教授之聘，至今近十载。三十二年度，曾兼本校师专理化科主任。三十五六两年度，又兼本校图书馆主任职。因该馆于随校西迁黔之榕江时，曾猝遇洪水，图书损失惨重；故在此两年中，整理劫遗，计划充实，颇费心力。至去秋，始因病辞去兼职，专心授课。今春，又改兼数理系主任。现正着手计划该系图书仪器之添购等一切设施云。通讯处桂林将军桥西大本部。

1608 陈耀真君：现任华西大学眼科主任。近况颇佳，通讯处成都陕西街存仁医院。

3466 张玉钏君：据成都华西协合大学牙医学院蓝天鹤社友函告：现在加拿大蒙城麦克尔大学生物化学系作研究员，为期两年，专致力于病理化学方面之研究，明年即可归国，为我社会国家服务。洋文通讯处未述。

1935 张肖松君：攻心理学，现任金女大教授兼训导主任。通讯处南京宁海路金陵女大，电话 32052。

1313 张肇骞君：攻植物学，现任静生生物调查所技师兼北京大学教授。通讯处北平西安门内文津街三号本所。

2383 程伯容君：现任中央地质调查所土壤室调查员，刚才调查中农所农场土壤回来。通讯处南京珠江路中央地质调查所。

99 程延庆君：通讯处上海梅白格路三德里十七号。

741 葛成慧君：通讯处嘉定学潭东首。

2163 蒋兹恩君：字公惠。在太平洋战事发生前，曾服务于英商万泰公司。胜利后，应该公司经理再三邀请，于去夏起每日上午至该公司协助有关电气上之问题，下午仍在华通电机厂工作，俾不至放弃制造事业之志趣也。通讯处上[海]圆明园路四十三号万泰公司，电话一六二三九，或上海华通电机厂，电话六〇三一一，或上海巨鹿路 620 衖 39 号，电话七九一五七。

2401 蔡德坚君：函称：顷从友人处获睹《社友》，犹知友重逢，无任欣慰。德坚自一九四三年入社后，往镇江、南京工作，现任物资供应局青岛办事处土木工程师一年有余。青岛天气环境极佳，惟鉴于胶济线不通，仅赖海道给养，致物价日跳，人工昂贵，昔日资本浓厚之工厂，至今亦在缩减产量，勉强敷衍。内战不止，青岛前途，未可乐观。本局工作不将剩余物资修理成可用之物，颇为可惜。通讯处青岛吴淞路廿九号，电话二六〇五四。

765 鲁德馨君：字进修。函称：以后寄《社友》《科学》《科学画报》及其他文件，包括科学公司股东通知等，均请勿再寄华西大学医学院。因鄙人近已不常去该学院，且人多易致遗失也。通讯处成都四圣祠西街 36 号。

第86期　1948年7月25日

社员动态（以姓氏笔数为序，冠首数码系社号）

3477 王巧璋君：习 Dental pedodontology，现任 House staff of University Hosp. of Philadelphia，U. S. A.。近正在美从事 Advanced study。通讯处如上述。

1933 方俊君：攻测量及制图，现从事地图编纂。通讯处南京珠江路九四二号，电话 21629。

2003 郁秉坚君：现任交通部上海电信局局长，兼交通部上海电信人员训练所所长，及国立交通大学电信管理系主任。通讯处上海四川北路一七六一号，电话 44600。

3490 徐乐全君：习 Dental pedodontology，系 Dr. of prosthodontology。现正在美从事 Post graduate study。通讯处 University of Toronto，Canada。

3476 夏良才君：攻 Oral surgery。现任 Hospital Resident of University Hosp. of Michigan。现正从事 Post graduate study。通讯处 University Hosp. of Michigan，Ann Arbor，U. S. A.。

2496 夏复修君：攻电机工程，现任大隆制造机器厂工程师。函称：鄙厂备有三吨电弧炼钢炉一具，系 Heroult 式。现在正在试验出钢中，该炉电机部分由鄙人负责云。通讯处上海十七区闸北光复西路二号，电话〇二·六一二九一、六一二九二。

1467 孙基昌君：攻药科。在求安定生活之余，准备写科学小说一种，及《国防化学纲要》一书，后者包括防谍及新游击化学战之基本训练，现正搜集资料中。通讯处镇江东宝塔巷四号。

3328 陈少伯君：现任国立江苏医学院细菌学副教授兼附设医院化验室主任。曾由教育部美国医学助华会奖学金派赴美国史丹福大学（Stanford University）进修，专事研究滤过性病毒，并着重于小儿瘫痪症及狂犬病二种病毒之问题。于本年五月中旬进修期满返国，在原校任教。所著《实用细菌学检验法》一书，已由龙门书店三版发行；又近著《滤过毒与立氏体概论》一书，刻正由中国文化服务社排印中，不日即可出版云。通讯处镇江国立江苏医学院，电话249。

331 陈容君：春间返松江赞助立达学园复校，现已暑假回沪。通讯处上海绍兴路一六〇号。

1227 张资珙君：攻化学，现任武汉大学教授。四年前应英国文化委员会之邀，往剑桥论学。去春归国，受武大聘。课暇仍致力于中国科学史料之搜集与研究。通讯处武昌武汉大学。

2370 曾庆英君：攻植物病理学，现任中央农业实验所技士。自民国卅五年五月迁都以来，曾一度奉行总及农林部会派为粤桂两省病虫防治专业督导，为时四个月。其余大部分时间均在本所从事药病研究，尤着重西瓜抗病育种工作。通讯处南京（十四）孝陵卫中央农业实验所。

1706 黄履中君：现任中央通讯社电务部副主任。通讯处南京中山东路七十二号中央通讯社总社，电话21883。

393 赵连芳君：攻遗传学，现任立法委员。通讯处金陵女大张肖松女士转。电话32052。

1615 谢少文君：函称：自太平洋战事发生后，因协和医学院解组，即转天津女医院，留办病理检验所，约有五年。于光复后，任中央防疫实验处简任技正，助理复员工作，同时担任平市各大学细菌课程。去年九月，复应聘北大医院儿科教授。本年四月协和医学院复员，正式聘为细菌学系主任教授。现在临床化验已恢复正常工作，当继续着手预备下年度教学材料。兹将近年来已出版之论文题目列后：

Note on the treatment of acute opium poisoning with pyridine-B carbonic acid diethylamide. Case reports. *Chinese Medical Journal* 62, 276, 1943.

Some experience with sulfacetamide. *Chin, Med. J.* 63, 132, 1944.

Zia, M. J. Chi, P. K. Chan, and Y. C. Yu. A study on a modified Kolmer's quantitative complement fixation test. *Chin. Med. J.* 63, 174, 1944.

Betty Li and Zia. Congenital relapsing fever, Report of a case. *Chinese Med. J.* 64, 65, 1945.

Toxicity of equine serum treated by alkali. *Proc. Soc. Exp. Bio. & Med.*, 67, 189, 1948.

通讯处北平协和医学院。

3480 魏治统君：习 Dental odontology，系 Dr. of Dental odontology。方就学于 T. B. Sanetoriume of Montrel Hosp.，迩在病中。通讯处 Hosp. of Montrel, Canada。

社友文艺（选）

于诗鸢：寿张葆灵社耆七十

葆灵先生为我社老社友。早负奇气，参与革命同盟。留日归来，丕兴教育。创造纸厂于龙游，以塞漏卮；辟麻橘园于鄞县，以赡家计；整治水利，泽溥梓桑。壮岁随军入浙，书券立致巨金，以济军粮，市廛不惊，尤为乡人所馨祝。今夏七十揽揆之辰，哲嗣孟闻、常惺、令谋、令謦、南惺诸兄彩舞之余，广征文字以彰令德。爰尘俚句，权作霞觞。

丁年抗志汉重光，作育英多策富强。小试规模夷舶纸，大书契券义师粮，敬乡远绍荆公泽（谓水利），裕后惟传葛相桑。艳说燕山森五桂，稀龄共祝海天长。

第87期　1948年8月25日

社员动态 （以姓氏笔数为序，冠首数码系社号）

615 丁嗣贤君：通讯处上海南京？〔东〕路口南京饭店四楼。

1684 王迪人君：通讯处仍在成都华西大学理学院。

233 王徵君：通讯处南京中山路行政院秘书处转。

3042 白季眉君：攻水利工程，函称：本拟随复旦复员，嗣以复员车辆屡次延期，适晤老友晏阳初君，以其所办乡村建设学院农田水利系之发展事相托，弟允在复旦休假期间为之。迨休假终归泡影(教部批云：复员期间，教授师资缺乏，休假办法暂停一年)，而阳初留之益坚，重拂其意，随留任讲座兼农田水利系主任。相辉学院许院长亦必欲聘弟为教授，不敢固辞，但又无适宜课程，只授科学概论、农田水利概论及地质学等课。弟曩年所著，未能于复员后在上海出版，亦憾事也。通讯处四川北碚乡建院。

1820 竹垚生君：通讯处上海康定路818衖15号，电话35920。

1371 朱汉爵君：通讯处沅陵伯陵路142号。

824 何尚平君：前此赴法出席国际蚕丝会议，顷已蒇事，于本月十七日返申，参加其侄女何家珍君之婚礼。通讯处上海陕西南路四一〇号，电话79497、71734。

1969 吴克明君：通讯处济南齐鲁大学校长室(按济南邮路现暂不通)。

3174 吴景东君：通讯处台湾省台北县淡水镇淡水测候所。

1557 沈璿君：暑假自台大返沪，通讯处上海岳阳路170衖2号。

1792 汪振儒君：攻植物及森林，现任职北大农院森林系。通讯处北平(七)北大农学院。

1834 林名均君：攻考古学，现任华西大学学生课外活动组主任。正草拟《王建哀册考释》及《成都近年出土蜀石经残片》二文。通讯处成都小天竺街104号。

35 姜立夫君：通讯处上海岳阳路中央研究院数学研究所。

639 胡博渊君：通讯处南京工商部。

1616 胡传揆君：现任国立北京大学医学院教授兼医院院长，近况佳。通讯处北平西总布胡同八号，电话五四七五五。

2450 苗迪青君：现任政大教授，著有《地史学概论》《列强之军需资源战争》《新时代之战略地带——北极区》等。通讯处南京国立政治大学。

3240 夏振铎君：现任国立浙江大学农学院教授兼蚕桑系主任。休假赴国立中山大学讲学，并考察粤省蚕业，最近返杭。通讯处杭州大学路国立浙江大学刀茅巷丁 13 号，电话叫 1099 转。

737 陈可忠君：通讯处广州中山大学。

331 陈容君：通讯处改为上海绍兴路 82(旧 160)号，电话 71509。

760 曾省君：通讯处武昌华中大学。

2221 陆钦轼君：通讯处苏州天赐庄东吴大学。

950 章元善君：于上月底获联合国资助赴加考察社会事业，年内返国。通讯处仍为上海陕西南路 125 衖凡尔登花园 48 号，电话 76314。

675 张禄君：通讯处南京中山东路逸仙村三幢二号。

2125 曹友芳君：已去美，住其兄友和家。假期中将偕其姊友琴往华盛顿纽约访其兄嫂友德友诚等。通讯处 c/o Dr. M. U. Tsao, 549 Packard, Ann Arbor Mich., U. S. A.。

3039 黄汲清君：出国赴伦敦，参加国际地质学会议，已于八月五日启程。通讯处未详。

3596 叶连俊君：攻构造地质及工程地质，现任中央地质调查所技正。通讯处南京珠江路九四二号。

1986 叶蕴理君：暑假返申，临时通讯处上海巨鹿路 244 衖集美里 3 号周宅。

322 黎照寰君：曾在交通大学服务十四年，近奉教育部令回旧任校长职，以年老多病坚辞了。前在华西大学讲演和平文化问题，其词已印行。通讯处上海基督教青年会董事室。

3285 郑作新君：攻动物学，现任国立编译馆自然组编纂兼国立中央大学教授。近编：(1)《普通动植物学名辞》(新农企业公司)；(2)《师范动物学》(商务印书馆)；(3)《脊椎动物分类学纲要》(正中书局)等书;并编著《中国鸟类名录》及有关吾国鸟类分类与地理分布等论文数篇,分别由国内外各专门杂志发表。通讯处南京天山路127号,电话33633。

162 郑衍芬君:暑期自重庆大学回沪,临时通讯处上海巨鹿路244衖集美里3号周宅。

2174 严志弦君:现任国立复旦大学及东吴大学教授。通讯处上海建国中路薛华坊16号,或江湾国立复旦大学化学系。

1353 严伟年君:现任耳鼻喉科助理驻院医师。六月廿八日应北碚师范音乐师范科之请,讲演《发声生理及解剖》。现正着手编辑该种书籍,以应声乐学生对发声理论知识之需要。通讯处重庆高滩岩中央医院,电话六二五一。

2234 萧一平君:通讯处上海云南路安康里六号。

第91—92期合刊　1949年1月31日

社友动态（以姓氏笔数为序，冠首数码系社号）

3580 丁鸿才君：习牙医学，现任国立中央大学讲师兼附属大学牙症医院口腔外科主任，担任口腔组织学、口腔病理学之讲授，及口腔外科之临症指导。教学余暇，并整理口腔组织学原稿，加以增订。通讯处南京成贤街中央大学牙症医院。

3215 于景让君：通讯处台北市台湾大学。

21 尤志迈君：字怀皋，通讯处上海延平路260自由农场。

3076 王仲侨君：通讯处杭州浙江大学医学院。

1424 王海波君：一九三七年赴美，与美国前任联邦贸易局局长兼代商部部长卜拉特氏(Dr. Edward E. Pratt)筹设纽约环球实业公司，于去年成立。卜氏任董事长，王君任总经理，业务范围及于全球。本社社友如欲购买科学仪器及各项机器，可直函纽约华尔街卅七号，该公司拟免费服务。英文通讯处 Universal Severn-Seas Corporation, 37 Wall Street, New York 5, N. Y., U. S. A.。

2206 王绍鼎君：通讯处上海威海卫路林邨44号。

2340 王炳蔚君：习机械工程，现任工商部技工训练处技正，并暂兼代科长职务。通讯处南京西华门三条巷四十五号。

3485 王顺靖君：已不住成都小天竺街华大教员宿舍。通讯处成都华西大学牙学院。

779 方子卫君：战后曾联合周季舫君等创办大中瓷电公司，并邀集留美华侨投资，厂房完工后，早已制造出品。嗣又鉴于日光灯进口日增，消耗外汇甚巨，复集合友好创办大亚电照制造厂，专门制造日光灯，为国内之嚆矢。现正订购必要原料机件，部署设备，训练技工，积极进行，并调任大中工程公司工程师毛振琮君主持工程，毛君甫于最近由英美考习回国也。通讯处上海天平路320衖20号，电话12124、70484。

3279 公立华君：习动物学，现任武汉大学副教授。通讯处武昌武汉大学。

2088 吕学礼君：习数学，现任交大助教。通讯处华山路复旦中学，电话七〇三四五。

3412 何恭彦君：已故。

494 李永振君：现任华兴工商贸易公司总经理。自美国补完农业经济硕士，并考察欧美各国棉业贸易归国，适值抗战初起，进财部贸易委员会复兴公司、富华公司，主持东南方面收集农产品，如丝、茶、桐油等外销物资，为国家偿债易货，以迄胜利，终始八年。自退任现职，经营农产品国内外贸易。通讯处上海(13)新开河民国路 250 衖 B126 号华兴公司，电话 85928。

第三葉 00053 社友 第九十一・九十二期

第 91—92 期合刊第 3 页

该合刊共 6 页，“社友动态”一栏占据本期绝对篇幅，从第 2 页开始，都有该栏内容。

1346 李振翩君：函称：《科学》邀弟任编辑，自当随兄等之后聊尽微力。弟应美国Pennylvania Uni.，Medical School之聘，前往研究，行期尚未定，眷属已先行。现住上海南京西路1537衖金城别墅25号朱宅。

4 李垕身君：通讯处上海白赛仲路七十号。

1126 李敦化君：通讯处广州市东山合群二马路卅二号。

1488 李季伟君：通讯处四川三台川北农工学院。

915 李运华君：通讯处南京国防部第四厅。

1964 李宪之君：习气象，现任清华大学教授，短期内将出国。通讯处北平清华大学。

3634 李怀义君：曾在华西大学任总务长十年。前年夏赴美留学，在纽约州Syracuse University研究院研究大学行政教育课程。于去年春季在该校创办中文研读三班，选读者有二百余人，均系该校大学本部及研究院男女学生，并于每周举行中文讲演一次(后译成英文)，听众极为踊跃，因此该校去年秋季正式增开中文课程班。去年暑假中曾访问参观美国著名各大学，如哈佛、耶鲁、纽约大学、哥伦比亚、康乃尔、西北大学、芝加哥大学、加利佛尼亚大学，又到加拿大参观多伦多大学。所搜集教育及行政教材甚为丰富，刻正准备写《大学教育行政》及《商业教育》二书。返国后仍出任华大教授兼总务长。通讯处成都华西大学总务处。

329 李得庸君：已故。

417 李俨君：现任陇海区铁路局副总工程司〔师〕。三十七年曾由西北工学院聘任为名誉教授，于授课中为该院编有《铁道定线法》讲义，由该院油印分发各生备用。近由北平国立北平研究院选聘为该院学术会议会员。该会于上年九月在北平开学术会议第二次大会，闻以道阻未往，仅将《元代回回历》一文寄往。李君尚有其他关于中日算史论文多篇，陆续在本社《科学》杂志发表，至单行本在印刷中者有：《中算史论丛》(五)(商务)、《中国算学史论丛》第一辑及第二辑(独立出版社)、《几何原本补编》(商务)等。又李君曾于民国三十二年会同国父实业考察团深入宁青新各地考察交通一年，路过敦煌，因向觉明(达)君之助，发现唐宋木窟檐六处，曾分别丈量，制成图案。近有《敦煌所见唐宋窟檐》一文，在国立西北工学院土木工程学会《土木通讯》内发表。通讯处西安崇礼路东九十八号。

1845 吴功贤君：现任中央大学生物学教授兼人事室主任，本年度休假。通讯处南京四牌楼中央大学，电话24214转生物馆。

3174 吴景东君：现任台湾省气象所台北淡水测候所所长。三十四年七月毕业中山大学地理学系后，八月杪赴永安福建省气象局充任技士兼气象课设计股股长。三十五年一月奉邀来台湾省气象局协助接收，充任该局技士兼观测科技设计股股长。三十六年四月奉调接长台东测候所，以迄于今。为中国地理学会永久会员、中国地质学会永久会员及中国气象学会永久会员。函称：对《社友》月刊，希望能全部改用六号铅字印刷，藉能充实内容。通讯处永久者广东廉江风梢村邮政代办交育颐园，现在者台湾台东测候所。

1469 吴蕴初君：新被选为本社监事会基金监，其所组蕴初资产管理委员会之公益金，上学期移赠本市公私立中学各化学教师，作为炭敬。通讯处上海顺昌路天厨味精厂，电话八一三〇七。

3007 吴襄君：去年八月起已升任南京中央大学医学院生理科教授。九月初应山东大学医学院之邀，在青岛教授生理学九周，十一月底仍返南京。通讯处南京中央大学。

776 汪胡桢君：通信处改为嘉兴南门外帆落浜一号。

9 沈艾君：通讯处上海虎邱路大赉公司(按此公司不详门牌号数，去信退回)。

2348 沈隽君：通讯处北平清华大学农学院。

3137 沈增祚君：现任中央工业试验所简任技正。过去一年中，常在南京工作。现已返沪，仍负责该所之 Fine Chemicals 研究部分。通讯处上海(5)海宁路恒善里115，电话41372、43040。

1557 沈璿君：字义舫，现已辞去台大理学院院长，专任教授，不日回沪。通讯处上海岳阳路170衖2号。

2096 周文德君：在宾州大学之研究已于去夏告一段落，现于意利诺大学继续研究攻读博士学位，何日完成未能预卜。该处有中国学生百余人，读工程者八十余人，组有中国工程师学会分会，周君被选为会长，读书之外，杂事骤增。通讯处 Hydraulic Engineering Lab., 1007 Western Ave., Urlana, Illinois, U. S. A.。

3523 周正定君：现任中央气象局汉口气象台台长。通讯处武昌石灰堰十一号本台，电话3051。

3690 周松林君：通讯处上海北京路一百号下楼，电话一九九八〇。

1902 周宗璜君：函称：顷阅《社友》年会专号，见寻人栏中，弟名在列，惭愧惭愧。此次年会，弟幸能报道，参与开幕；惟仍以事忙，未得循会程与俱，至以为憾，不过可说是失踪多年，现已回家矣。十一年来之经过，简述如次：廿六年七月八日清晨（不会忘记的日子）离开北平静生生物调查所，飞往成都，开办川省病虫害防治所。翌年九月，并入川省农业改进所，继续原性质之工作。至卅十年八月，应国立中正大学聘，离川赴赣，担任真菌及植病学科。去春始离赣来京服务。中间曾参与行总在鄂之农业复员工作一年半。通讯处南京（十四）中山门外孝陵卫农林部棉产改进处，电报挂号五九〇二。

3340 林孔湘君：通讯处广山〔州〕岭南大学农学院。

1581 林绍文君：通讯处上海军工路农林部水产试验所。

2104 胡新南君：通讯处台湾高雄右营高雄炼油厂。

3498 胡永承君：习 Oral Sarsery〔Surgery〕，现任 Dept. head of O. S. of 华大口腔病院，并任华大牙学院讲师，教授口腔外科有关科学及医院工作。通讯处成都陕西街 34［号］。

689 胡博渊君：通讯处 Dr. Paul Y. Hu, Far Eastern Commission, Chinese Embassy, 2311 Massachusettes Avenue, N. W., Washington 8, D. C., U. S. A.。

3355 胡希荣君：通讯处南京海陆空总医院。

1093 胡焕庸君：仍任中大教授，近抵蓉，访晤教部青年辅导会办事处，洽商迁校事。通讯处南京中央大学。

1938 柳子贤君：抗战期内在内地工作，现已回沪。通讯处上海宁波路四十号上海银行大楼 516 号华新砖瓦厂，电话 17011，电报挂号 6394。

581 唐之肃君：通讯处上海博物院路十四号上海钢铁公司。

558 唐仰虞君：通讯处南京天山路国立编译馆。

3356 唐国藩君：通讯处杭州浙江大学。

查良钊君：通讯处昆明大西门外国立昆明师范学院。

332 段育华君：通讯处上海外滩 24 号中央银行稽核处。

1244 段续川君：已故。

2450 苗迪青君：现任国立政治大学地理教授，并从事著作。通讯处南京国立政治大学。

1993 倪钟骍君：通讯处上海(20)林森西路136衖19号。

956 袁复礼君：习地质，现任教授。通讯处北平清华园清华大学。

1219 袁翰青君：现任北京大学化学系教授。通讯处北平(11)府学胡同甲26号，电话4-1412。

1968 高启明君：习建筑学，现任台湾省公共工程局正工程师。曾主持修建省政府大厦，台省博览会即在该厦开幕。按该处原为前台湾总督府原址，日人以十年之功完成，后于战事时期被美空军炸毁，今于一年内修复。通讯处台北公共工程局，电话4673。

1457 高祺瑾君：现任台湾机械公司总经理。函称：自胜利后即在台湾工作，现除努力于公司本身事务外，甚愿对于台省科学文化之推进及工业之振兴有所助力。近读《社友》获知各地情形，甚感兴趣。通讯处台北市许昌街三十号台湾机械公司。

1528 常隆庆君：通讯处重庆小龙坎黄桷湾四川省地质调查所。

1959 秦含章君：通讯处南京丁家桥中央大学农化系。

677 秦汾君：通讯处广州广东省政府秘书处转。

994 徐恩曾君：通讯处上海外滩6号建国机械农垦公司，电话12537号转9或15，住上海林森中路610衖逸邨7号。

1273 徐公肃君：通讯处上海九江路二一九号华夏图书印刷公司。

878 徐渊摩(厚孚)君：通讯处南京三牌楼虹桥资源委员会金属矿业管理处，住南京青石街29号之三。

1363 徐荫祺君：现任东吴大学动物学教授兼生物系主任及生物材料处主任。去夏东吴大学文理学院全部自沪迁苏后，随校至苏任教。除担任昆虫学、寄生虫学、无脊椎动物学等课外，并从事个人研究工作，及指导大四毕业论文及研究生论文之各种研究工作。现仍任农林部农业复员委员会专门委员。通讯处苏州天赐庄东吴大学生物系。

58 殷源之君：通讯处上海(27)长宁路八六五号中央研究院。

1305 陈思义君：通讯处成都华西大学药学系。

188 陈长蘅君：通讯处南京主计部岁计局。

215 陈嵘君：通讯处南京汉口路金陵大学森林系。

2369 陈华癸君：通讯处武昌珞珈山武汉大学农学院农化系主任室。

68 陈庆尧君：已故。

3344 陈迈君：习土木，现任上海市工务局第六区工务管理处工务员。自交大毕业后即入工务局，担任桥梁涵洞等设计工作。通讯处上海武夷路320衖2号，电话22283。

1958 陈华君：函称：一向执教国立中央大学，并未改更服务机关。抗战期中，系在成都，所有本社一切出版物均按时收到。战后复员以来，迄今未获书函，近始探得总社地址，希此后勿断通讯。通讯处南京成贤街中央大学附设大学牙症医院。

1756 孙明经君：通讯处南京金陵大学。

2105 孙玄衔君：通讯处上海(九)北京西路884号。

3088 孙雄才君：去年下期在英大任教，暇时整理旧稿拟在吾社论文丛刊发表。通讯处金华英士大学。

2108 孙肇堃君：甫自港返沪，现寓上海溧阳路1084衖22号。

1773 陆仁寿君：习地理，现任私立江南大学总务长。通讯处无锡江南大学，电话26000。

3326 汤工英君：通讯处 Dr. K .Y. Tang, Dept. of Chemistry, Purdue University, Lafayette, Indiana, U. S. A.。

3276 汤佩瑗君：通讯处镇江江苏医学院附属医院。

636 汤震龙君：习土木工程。廿七年时，红糖缺乏，汤君就湖北浠水县所产之甘蔗制成红糖，现行销鄂湘豫陕等省。通讯处武昌市(4)粮道街一九七号。

3100 郭质良君：去春由沈撤平，旋调台湾工作。现任台糖总公司工程师，通讯处台湾台北市延平南路一一二号台糖总公司技术室，电话2379、2460、2461。

2464 张玉麟君：通讯处上海白克路568衖3号。

3577 张鸿谟君：习农艺，现任粮食部技正，办理粮食品质检验分级，并研究粮食加工，著有《战时粮食品质之分析》。通讯处南京云南路302号，电话33533转20。

775 张延祥君：通讯处南京三牌楼资源委员会，住南京林森路梅园新村四十二号。

3175 张克忠君：通讯处天津八里台南开大学。

660 张廷金君：通讯处上海天平路树德坊一衖廿三号。

1333 张春霖君：因静生生物调查所动物部恢复，被约在该所继续研究工作，并在国立北平师范学院任教授职。通讯处北平静生生物调查所。

2026 张峻君：前本社《科学画报》编辑。在二十九年奉命赴渝，担任航委会防空技术研究会总干事。在渝曾与本社卢于道社员颇多接触，推进社务。近闻张君自办中国工商通讯社，在首都新闻界方面著有成绩云。通讯处南京中山东路三条巷一九四号。

1050 傅焕光君：现任中央林业实验所副所长。通讯处南京太平门外中央〈农〉林[业]实验所。

3280 焦庚辛君：习化学，通讯处武昌武汉大学。

1564 冯大然君：通讯处成都华西大学医学院。

1910 冯志东君：通讯处南京中国特效药研究所。

1967 冯肇传君：卅二年在复旦大学教授任内病故。

3405 冯菊恩君：通讯处上海江湾复旦大学农场？

542 冯紫岗君：约卅年时在河南合作事业管理局局长任内病故。

1991 项隆周君：现任信实药师事务所《药讯周刊》社编辑，五洲药房四川北路分公司职员等职。除业务外，专事编写有关药物方面书籍。通讯处上海(5)四川北路一三三〇号，电话 42400。

2500 恽魁宏君：通讯处上海杨树浦路 1504 号中央化工厂，电话 51769；住上海绍兴路爱麦新村五号。

3284 华罗庚君：卅五年秋赴美，现仍留美，大约在芝加哥，其详情可问中央研究院数学研究所。

3325 华国谟君：现任萧山县长。通讯处浙江萧山县政府。

1565 彭子富君：通讯处成都华西大学医学院。

3185 彭荣华君：通讯处同上。

333 贺懋庆君：已故。

2044 程式君：任教南京中大工学院。前年休假赴美，现应回国。通讯处可询中大工学院。

2044 程崇道君：原任国民参政会参政员，目前通讯处南京水利部陈克诚技正转。

3077 程裕淇君：现任中央地质调查所技正兼矿物岩石研究室主任。通讯处南京珠江路地质调查所。

81 程孝刚君：现辞职脱离交大。通讯处南京三牌楼楼子巷交通一邨一号。

546 程耀椿君：通讯处上海蒲石路169衖怡安坊21号。

39 程瀛章君：通讯处台北台湾大学。

876 叶良弼〔辅〕君：习地质学，现任浙江大学教授。通讯处杭州佑圣观路151号。

2151 叶蕴理君：《社友通讯录》上所印之通讯处应更正为：上海(5)闵行路201号401室，电话41280。

3118 黄杲君：在美芝加哥意利诺大学医学院研究。

3488 黄端方君：通讯处南京丁家桥中大农学院陈之长教授转。

442 黄际遇君：已故。

3081 黄瑞采君：习土壤肥料，去岁应英国化学工业公司之聘，经美国各地考察土壤肥料研究工作。后到英国，在该公司所办土壤肥料研究所作短期之研究，返国后仍在金大执教。通讯处南京金陵大学农学院。

326[6]杨立炯君：通讯处南京中央农业实验所。

3198 杨允奎君：现任川大农学院农艺系主任。通讯处成都外东四川大学农学院。

3267 杨守仁君：通讯处南京孝陵卫农林部中央农业实验所，一说系在 University of Wisconsin, Madison, Wisconsin, U. S. A.。

3211 杨守珍君：通讯处台湾台南善化湾里糖厂。

3348 杨绍先君：通讯处重庆郭家沱五十兵工厂。

1849 杨简初君：通讯处南京鼓楼金陵大学，住南京平仓巷六号。

3089 杨衔晋君：通讯处上海江湾复旦大学。

3645 杨振华君：通讯处成都华西大学医学院。

2195 杨根道君：字仲道，习物理，现任中国仪器厂厂长，简任海军总司令部海道测量局技正，从事检校修理航海测量天文等仪器工作。通讯处上海宝通路33号，电话(02)60767。

3184 杨鸿祖君：现任中农所技正，驻川工作。通讯处成都外东四川省农业改进所。

3607 杨显东君：通讯处上海南京西路二〇〇四号粮食紧急购储会。

1000 雷沛鸿君：通讯处广西南宁西江学院。

2230 赵士寿君：通讯处上海武康路十八号，电话 70608。

3213 熊同和君：近著《现代苗圃学》(中正书局)、《园艺学辞典》及《园艺学诵论》(新农企业公司)数书，业于去年春间问世。通讯处南京中央大学园艺系。

1203 郑肇经君：习土木，现任水利部顾问兼中央水利实验处处长。通讯处南京荳菜桥三十四号，电话 22419。

712 郑初年君：通讯处上海汉口路 126 号。

1409 鲁波君：习化工，现任永利公司铔厂工务处长。在日一年，接收日人劫去永利铔厂之硝酸部机件设备，已全部运回，现正参观日本之各肥料、人造丝及他种化学工厂，今年二月可返国。通讯处南京永利公司铔厂。

1990 刘永纯君：久任上海巴斯德研究院副院长。前出席第一届 B. C. G.防痨国际会议，并考察欧洲防痨实施。近由欧洲归国，该院院长富礼爱君曾于一月六日设鸡尾酒会，邀请当地中外科学家共同欢迎。通讯处上海中正南二路巴斯德研究院，电话七四五七四；住上海岳阳路二二二号，电话七三八五二。

1252 刘廷蔚君：通讯处上海军工路农林部水产试验所。

27 钱天鹤君：通讯处南京中山东路三三九号。

1601 欧阳藻君：通讯处 Dr. Thomas T. Eoyang, National Resources Commission of China, Room515, 111Broadway, New York 6, N. Y., U. S. A.。

826 谢家荣君：通讯处南京中山北路资源委员会矿产勘测处。

第93期　1949年10月25日

社友动态

社友如有职务及通讯处的变更，敬请来函通知本社，以便联络。又，社友中如有知道其他社友的消息者，亦请随时通知本社为幸(本栏通讯处下面括号中号码系个人的社号)。

厉乃骥：习采冶工程，任职北京故宫博物院。通讯处北平(七)景山前街，电话五〇四三〇(2683)。

阙德芬：通讯处上海小西门江阴街四维里一号(2170)。

罗忠恕：现任华西大学文学院长、哲学教授。一九四六年秋应英国文化委员会之邀，考察英国大学教育。复至法国、美国，上年四月返国。通讯处成都华西大学八十四号(3514)。

刘朝阳：现任国立同济大学物理系教授。通信处上海外白渡桥礼查大楼一四五室(1193)。

罗有节：通讯处广州真光女子中学(42)。

蓝章宇：通讯处上海小西门江阴街四维里一号(2167)。

谭世鑫：现任国立中正医学院结核病学教授。民国三十年时，因患痁疾，精神身体均不健全，更加日寇时来轰炸，并将湘北强占，戚然忧虑，而公私事业全付东流，又不能远离乡土，故卒成痫病，每有不幸事件，辄至昏眠。近已体安心泰，拟即恢复工作，完成宿志。通讯处长沙通泰街义庄第二号，信件寄南昌王阳明路中正医学院转(1755)。

启真道：Dr. L. G. Kilborn，系华西大学医学院总院长。通讯处成都华西大学医学院(1563)。

曾永寿：通讯处成都华西大学数理系(3535)。

宁德铭：通讯处成都华西大学农艺系(3070)。

马汉骥：通讯处成都华西大学社会系主任室(3106)。

冯大然：通讯处成都华西大学医学院(1564)。

彭子富：通讯处成都华西大学医学院(1565)。

黄天启：通讯处成都四圣祠牙症医院院长室(3491)。

黄次咸：任重庆青年会总干事，通讯处同上(1554)。

黄勉：通讯处重庆中央医院总务处(3187)。

傅子赟：通讯处成都华西大学教务处(3570)。

赵元任：通讯处 Dr. Y. R. Chao, 1059 Cragmont Ave. Berkley 8, Calif., U. S. A.(5)。

熊庆来：任昆明云南大学校长(711)。

赵承嘏：任职上海北平研究院(799)。

鲍国宝：北平府右街廿六号华北电业公司(457)。

郐振甫：系国立清华大学文学士(民十八年教育)、北平燕京大学理硕士(二十年心理)。曾任国立北平大学女子部教育系讲师、中央研究院心理研究所助理研究员、美国 *Psychologica Abstracts* 合作编辑、四川省立教育科学馆专门委员等职。通讯处上海(〇)塘沽路八三五街四号(1729)。

王世椿：永久通讯处上海虹桥路一三二九号(2069)。

吴蔚：同右〔上〕(2087)。

周允文：函称：自去年八月已改任华西大学学生生活指导处男生指导长(Dean of men)。通讯处成都华西指导处(1682)。

张泳泉：通讯处已由长乐路移至衡山路三三一号一四室，电话七一六一八(2218)。

倪钟骍：曾患十二指肠溃疡症。现寓上海(二〇)林森西路一三六衖十九号(1993)。

王树嘉：送眷返川，后因航运中断，暂时无法返沪工作。通讯处四川遂宁小北街七十一号内(3222)。

王天一：解放后由理事会邀请暂代本社代理总干事。通讯处上海(〇)虎丘路一三一号三二三室。电话一七九七一、二三二七五(2068)。

陆费执：通讯处上海西康路三五六号(386)。

丁求真：习医，通讯处杭州皇诰巷三二号(698)。

曹亦民：通讯处上海斜土路二二三一号(2389)。

顾毓琭：现仍任中国纺建公司总经理。通讯处上海江西路一三八号中国纺织建设公司，电话一三五九〇号(1250)。

丁永乐：通讯处四川江津地方法院检察处(3603)。

蔡路德：Mr. Ruty〔h〕 M. Chester，去冬在南京金陵女子大学任教务长及化学糸教授(1730)。

李民铸：通讯处上海天津路一九五衖五〇号中华兴业化学制造公司(1758)。

缪钟彦：习化工，现任台肥厂长。通讯处台湾高雄市台湾肥料公司第三厂(2168)。

何衍璇：在中山大学任数学教授十五年后，转云南大学任教授，亦有九年。妻一人，子女十三人。近著《近代几何》一书，于教学之余，酷爱象棋网球，且饶诗酒之兴味(999)。

裘作霖：任医师，通讯处北京(十五)十间房八号(1982)。

曾宗英：已辞去四川大学应用化学研究处研究员兼职，专任教于此间化学系。今后拟以尽可能之余暇继作专题研究。通讯处成都四川大学(3612)。

陈德之(调甫)：通讯处[上海]北京西路九八五号二楼一号，电话三五二〇七(453)。

赖璞吾：通讯处北京燕京大学(3011)。

谢惠：通讯处台北台湾纸业公司。

赵以炳：通讯处南京南京大学(1241)。

刘晋钰：通讯处台北和平东路台湾电力公司(811)。

赵燏黄：通讯处北京北京大学理学院袁翰青先生转(1172)。

王以康：现任渔管处处长。通讯处上海外白渡桥北百老汇大厦渔管处(1388)。

潘履洁：通讯处南京中山北路荳菜桥四十四号中央錏肥公司(870)。

刘宅仁：现任同济大学教授。通讯处[上海]林森中路中南新邨一号(2017)。

廖世承：通讯处上海光华大学附属中学(708)。

罗登义：通讯处杭州浙江大学(3231)。

饶育泰：通讯处北京北京大学(55)。

吴景微：通讯处上海长宁路三五二号中央工业试验所(3314)。

黄伯芹：通讯处香港美国运通公司 Am. Express Co.。

赵九章：通讯处南京中央研究院气象研究所(3601)。

裘燮钧：通讯处台湾台北市锦町一五〇号台湾电力公司(328)。

袁万钟：已至大连大学工作。通讯处大连大学(2504)。

刘咸：现任复旦大学理学院教授。通讯处上海北京西路一四七五衖一号，电话三三二三八号(1030)。

刘仕渠：通讯处台北士林纸厂(2289)。

薛芬(仲薰)：上年应英国文化委员会之邀，于九月初自沪乘机赴港，由港搭乘 S. S. Cathag□号赴英，拟至利物浦研究海洋学；不幸船抵槟榔屿，因心脏病死于医院，是为国内鱼类学及海洋学界之损失。薛君原任国立复旦大学生物学系主任，遗有子女五人，身后颇为萧条云(3078)。

卢成章：字志学，已故世(2165)。

顾燮光：于三月廿七日在杭州住所逝世，享年七十五岁，并已于四月八日安葬绍兴原籍(1297)。

冯显耀：已于一九四九年一月一日锡沪路覆车逝世(2372)。

裴益祥：已故世(491)。

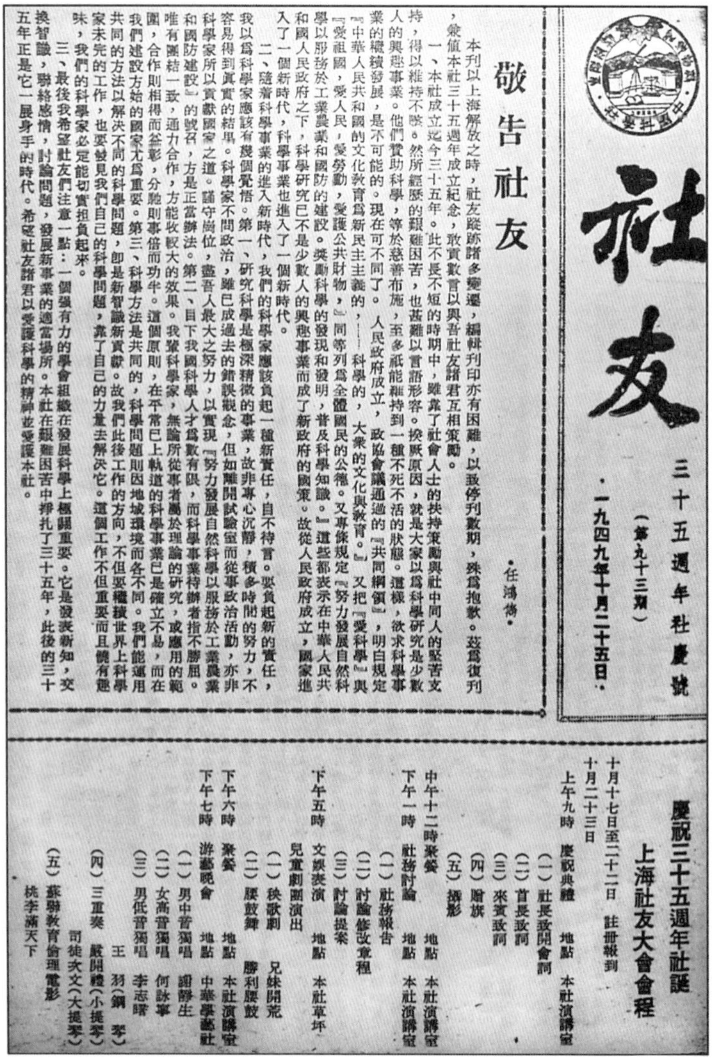

社友

三十五週年社慶號

（第九十三期）

·一九四九年十月二十五日·

敬告社友

·任鴻雋·

本刊以上海解放之時，社友蹤跡諸多變遷，編輯刋印亦有困難，以致停刋數期，殊爲抱歉。茲爲復刋，兼值本社三十五週年成立紀念，敢貢數言以與吾社友諸君互相策勵。

一、本社成立迄今三十五年。此不長不短的時期中，雖靠了社會人士的扶持策勵與社中同人的堅苦支持，得以維持不墜。然所經歷的艱難困苦，也甚難以言語形容。推厥原因，就是大家以爲科學研究是少數人的興趣事業。他們贊助科學，等於慈善布施，至多衹能維持到一種不死不活的狀態。這樣，欲求科學事業的繼續發展，是不可能的。現在可不同了。人民政府成立，政協會議通過的『共同綱領』，明白規定『中華人民共和國的文化教育爲新民主主義的，——科學的，大衆的文化與教育。』又把『愛科學』與『愛祖國，愛人民，愛勞動，愛護公共財物，』同等列爲全體國民的公德。又專條規定『努力發展自然科學以服務於工業農業和國防的建設。獎勵科學的發現和發明，普及科學知識。』這些都表示在中華人民共和國人民政府之下，科學研究已不是少數人的興趣事業而成了新政府的國策。故從人民政府成立，國家進入了一個新時代，科學事業也進入了一個新時代。

二、隨着科學事業的進入新時代，我們的科學家應該負起一種新責任，自不待言。要負起新的責任，我以爲科學家應該有幾個覺悟。第一、研究科學是極深精微的事業，故非專心沉靜，積多時間的努力，不容易得到眞實的結果。科學家不問政治，雖已成過去的錯誤觀念，但如離開試驗室而從事政治活動，亦非科學家所以貢獻國家之道。謹守崗位，盡吾人最大之努力，以實現『努力發展自然科學以服務於工業農業和國防建設』的號召，方是正當辦法。第二、目下我國科學人才爲數有限，而科學事業待辦者指不勝屈。唯有團結一致，通力合作，方能收較大的效果。我輩科學家，無論所從事者屬於理論的研究，或應用的範圍，合作則相得而益彰，分馳則事倍而功半。這個原則，在平常已上軌道的科學事業已是確立不易，而在我們建設方始的國家尤爲重要。第三、科學方法是共同的，科學問題則因地域環境而各不同。我們能運用共同的方法以解決不同的科學問題，即是新智識新貢獻。故我們此後工作的方向，不但要繼續世界上科學家未完的工作，也要發見我們自己的科學問題，靠了自己的力量去解決它。這個工作不但重要而且饒有趣味，我們的科學家必定能切實担負起來。

三、最後我希望社友們注意一點：一個強有力的學會組織在發展科學上極關重要。它是發表新知，交換智識，聯絡感情，討論問題，發展新事業的適當場所。本社在艱難困苦中掙扎了三十五年，此後的三十五年正是它一展身手的時代。希望社友諸君以愛護科學的精神並愛護本社。

慶祝三十五週年社誕
上海社友大會會程

十月十七日至二十二日　註冊報到

十月二十三日

上午九時　慶祝典禮　地點　本社演講室

（一）社長致開會詞

（二）首長致詞

（三）來賓致詞

（四）贈旗

（五）攝影

中午十二時聚餐　地點　本社演講室

下午一時　社務討論　地點　本社演講室

（一）社務報告

（二）討論修改章程

（三）討論提案

下午五時　文娛表演　地點　本社草坪

兒童劇團演出

（一）秧歌劇　兄妹開荒

（二）腰鼓舞　勝利腰鼓

下午六時　聚餐　地點　本社演講室

下午七時　游藝晚會　地點　中華學藝社

（一）男中音獨唱　謝靜生

（二）女高音獨唱　何詠寧

（三）男低音獨唱　李志曙

　　王　羽（鋼　琴）

（四）三重奏　嚴開禮（小提琴）

　　司徒宏文（大提琴）

（五）蘇聯教育倫理電影

　　桃李滿天下

《社友》最后一期首页

发表中国科学社灵魂任鸿隽《敬告社友》，对新社会充满希冀，也对中国科学社在新社会的未来充满希望。